本成果系赤峰学院会计学省级一流专业建设成果

"互联网+"时代企业财务管理的转型应用及创新研究

张笑蕾◎著

中国商业出版社

图书在版编目（CIP）数据

"互联网+"时代企业财务管理的转型应用及创新研究 / 张笑蕾著 . -- 北京：中国商业出版社，2023.11
ISBN 978-7-5208-2666-2

Ⅰ.①互… Ⅱ.①张… Ⅲ.①互联网络－应用－企业管理－财务管理－研究 Ⅳ.① F275-39

中国国家版本馆 CIP 数据核字 (2023) 第 196833 号

责任编辑：杨善红

策划编辑：刘万庆

中国商业出版社出版发行

（www.zgsycb.com 100053 北京广安门内报国寺 1 号）

总编室：010-63180647 编辑室：010-83114579

发行部：010-83120835/8286

新华书店经销

定州启航印刷有限公司印刷

*

710 毫米 ×1000 毫米 16 开 16.25 印张 210 千字

2023 年 11 月第 1 版 2023 年 11 月第 1 次印刷

定价：98.00 元

* * * *

（如有印装质量问题可更换）

前　言

　　21 世纪以来，互联网的普及让人类的生活和社会经济模式都发生了翻天覆地的变化，而随着移动终端的飞速发展，互联网开始向移动互联网的方向靠拢。大数据、云计算、人工智能、物联网等互联网技术的兴起和应用，使得人类真正进入了"互联网＋"时代。

　　"互联网＋"时代的到来，意味着人类进入了一个新的经济形态，一大批以互联网为中心的经济模式开始出现，日新月异的互联网技术也开始为万物互联提供扎实而新颖的技术基础。"互联网＋"时代最为显著的特点就是能够使企业在发展过程中，在生产要素的配置、经营形态的改革、商业模式的创新、财务的架构等方面得到优化和集成，从而真正将互联网的创新特性与企业各个环节深入融合。

　　互联网的发展使传统的实体经济模式受到极大冲击。"互联网＋"时代所带来的经济模式的改变，就是为了提升实体经济的生产力和创新力，即借助以大数据、云计算、物联网为代表的新一代互联网技术，实现互联网与传统制造型企业、生产型企业的融合创新。而企业要想真正适应"互联网＋"时代所带来的各种冲击，第一步要做的就是转变自身的财务思维，将原本传统的财务管理模式对接互联网思维，逐步实现企业产品互联网化、企业服务互联网化、企业营销互联网化、企业运营互联网化、企业管理互联网化，最终让传统制造型企业和生产型企业适应当前消费移动化、传播社会化、需求个性化、服务全面化的市场发展趋势。

　　本书以企业财务管理和"互联网＋"时代相关背景为基础，阐述了

1

"互联网 +"时代的企业应该具备何种财务思维，并通过对接互联网的财务思维引导企业整体发展和变革。本书分别从资本结构、投资管理、营运管理、商业模式等方面详细分析了企业的发展路径，并以最新兴起的社区 O2O 发展模式为基础，论述了企业财务管理模式该如何进行创新。本书属于理论结合实践的专业性著作，笔者也力求在融合互联网思维的基础上阐述企业财务思维的转型模式。鉴于笔者水平和经验有限，书中出现错误或不当观点在所难免，恳请同行专家学者予以批评指正。

目　录

第一章 财务管理概论

第一节 企业财务管理的概念、内容和特点

企业财务管理的本质就是机关、企事业单位或其他经济组织的资金管理，属于企业财务的结果导向性思维，是集企业资金的筹集、投资运用、利润分配于一体的管理工作。从企业管理的角度讲，企业财务管理就是一项企业从建成开始所有和财务资本相关的活动的经济资本管理工作。企业财务人员只有对企业财务管理的概念、内容和特点有所了解，才能形成企业财务思维，从而为企业的最终目标——赚取利润服务。

一、企业财务管理的概念

企业财务管理的概念是由企业的财务活动以及企业和各方的财务关系架构起来的。可以说，企业财务管理和企业的财务活动、财务关系息息相关，并形成了一个不可分割的整体。

（一）企业的财务活动

企业的财务活动，简单而言就是企业以资金获取、资金流动、资金增值、资金分配等资金走向为基准的各种活动。从根本上来说，只要企业组建成功，那么企业的任何活动都可以归属为财务活动，其具体可以分为以下四个方面。

1. 筹资

筹资就是企业为了实现各种投资和运用资金的需求，利用各种方法进行所需资金的筹集和筹措的过程。任何一个企业从组建到运营、从商品开发到商品宣传、从商品售卖到商品更新，都需要以具备一定的资金为前提。企业活动的起点就是资金的筹备，所以企业为了良好地运转和发展壮大，会不断从各种渠道以各种形式进行资金的筹集，这个过程就是筹资活动。

企业进行筹资活动是为了满足自身的需要。在进行筹资的过程中，企业不仅需要考虑筹资的渠道、筹资的方式以及筹资的工具，从最为合理的角度来规划筹资模式和筹资结构，以便降低在筹资过程中的成本和风险；还需要考虑筹资的规模大小，以便确保在投资或运用资金时所需的额度充足。一般情况下，企业筹资可以从两个方向实施，这两个实施方向同样也会形成两种性质的资金来源：一种是企业通过自有资金和资源转化来筹资，如向投资者提报项目、发行企业自身股权股票、收集企业本身内部所留存的潜在收益，此项资金来源的性质属于自资产或隐形资产变现模式，筹资源头包括法人、个人、风投公司等；另一种是企业通过发行债券、申请银行贷款、应付款项暂压等方式来筹资，此项资金来源的性质属于透支变现模式，会产生一定的筹资费用，且在一定的时间限制或条件下，企业必须偿还贷款或借款、支付对方利息、付出自身股利或利润等。这两种筹资方式一种表现为资金的流入，而另一种则表现为资金经过企业运转后重新流出。这些因筹资而引起的企业财务活动是企业财务管理的一项重要内容。

2. 投资

企业通过筹资的方式获得资金后，必须将所得资金投入使用令其运转，以此来谋求该资金最大的经济效益，这也是企业筹资的最终目的和期望达到的效果。企业在投资过程中，必须进行综合性考虑，如投资规模，即进行多大的投资能够保证企业的经济效益达到最佳，同时不会对企业的运转造成拖垮式影响；投资方向，也就是投资项目的筛选，企业既需要选择和自身发展相匹配且相适应的项目，也需要拥有足够的基础和手段进行项目推进；投资方式，企业需要在选定投资项目和确定投资规模后，对投资的结构进行合理化分析，实现最根本的需求——提高投资带来的效益，降低投资带来的风险。

具体来说，企业投资活动主要可以分为两种。一种是狭义的投资活动，即对外投资。这种投资活动的本质是企业在本身主营业务之外，以各种投资方式向非本企业的境内外其他单位进行投资，以期在未来获得收益的经济行为。对外投资的一般方式为支付现金、购买实物、投资无形资产（如科技投资），或购买股票、债券等，类似于风险投资模式。另一种是广义的投资活动，即企业将筹集而来的资金投入使用的过程。广义的投资活动包括对外投资和对内投资两个方向，对内投资就是指购置固定资产、无形资产、流动资产等。不管是对内还是对外的投资，最终导向都是企业通过变卖对内投资所得的资产或回收对外投资所得的资产，产生资金收入。这整个因投资而产生的财务活动就是企业的投资活动。

3. 营运

企业的营运活动就是指企业在日常生产、运作和营业过程中所需要进行的一系列资金支出和收入，其最基本的内容主要是两项：一个是企业资金支出，一个是企业资金收入。企业资金支出主要包括采购生产材料、商品、技术、设备，以及采购研究成果和专利等，以便企业能够正常进行生产和商品研发，最终进行商品销售。另外还包括支付给各层员工的工资、企业宣传的费用、销售活动中的支出等各方面营业支出。企业资金收入则主要包括产品售出之后的资金回笼，另外还包括企业在现有资金无法满足营运需求时进行的短期筹款。一般情况下，企业营运资金就属于企业的流动资金，其周转的速度会和生产销售周期达成一定的协同频率。例如，在一定的时间段内，营运资金周转速度越快，就相当于企业利用同等数量的资金频率越高，也就意味着其生产出的产品越多，售卖出的商品越多，企业获取的利润越多。所以，加速营运资金的周转速度，提高资金的利用率是企业财务管理的主要内容，其与企业的利润息息相关。

4. 分配

企业分配活动建立在企业投资和营运活动实现资金增值的基础上，只有投资或营运具有成效，分配才会作为投资或营运活动的结果出现。企业的分配活动主要是对企业的投资收入、营运收入和利润进行分配的过程，可以分为两个阶段。首先，是用营运收入弥补企业的各种支出，如生产经营耗费的资金（材料投入、人员投入、设备投入、宣传投入、销售过程投入）、流转税缴纳。在弥补这些支出之后，剩余的部分就是企业的营业利润。其次，就是将投资净收益、营业利润，以及营业外收支净额综合到一起，成为利润总额，然后针对利润总额进行分配，如需要按规定缴纳所得税，需要弥补亏损、扩大企业积累（再次对内投资）、改善企业员工福利等，剩余的利润则是投资者的收益，可以分配给投资者或暂时留存积累，也可以成为投资者的追加投资再次进入投资循环中。

在利润的分配过程中，投资者的不同处理方式会形成不同的资金运动模式。例如，投资者可能会携带资金和收益退出（如负债偿还），也可能会继续留存企业追加投资（如抽走部分红利但投资本金留存）。不同的处理方式自然会造成企业的资金运动规模和结构有所差异，所以在进行资金分配时，企业需要在长期发展的基础上进行规划和分析，从而产生合理的分配方式和分配规模，这些同样属于企业财务管理的工作范畴。

（二）企业的财务关系

在运行过程中，企业势必和内部、外部等多部门或个人产生各种经济利益关系。这种以企业为主体所产生的各种与经济利益相关的关系，就是企业的财务关系。根据产生关系的部门或人士的不同，企业的财务关系可以分为以下五个方面。

1. 与行政管理者的纳税关系

企业的所有运作都是在社会运转高效、各种法律法规条例清晰规范、生产运行所处的社会环境安全无隐患的基础之上的。从行政管理者为企业提供优质社会环境和各种规范条例等方面考虑，企业需要向国家行政管理者分配一部分利润，而执行这个过程的方式就是企业按照规定缴纳各种所得税、流转税及相关税金，以纳税的形式来支持行政管理者的工作。

2. 内部各部门之间的财务关系

任何一个企业都无法独木成林，一个企业的正常运作往往需要各个部门的参与，不管是生产经营还是人员管理，也不管是对外洽谈还是对内调整，企业内部的各个部门会在企业运作过程中相互协调，从而形成一定的经济关系。例如，销售部会以差旅和库房调货的形式先行支取费用或调用未回款的商品，之后再通过回款的形式将资金注入财务部门形成闭环。这种企业内部各部门之间形成的经济转移，会以企业内部转移价格进行核算，属于企业运作中的内部营运支出，这种各部门之间形成的资金结算关系体现的就是各部门的利益均衡情况。

3. 与员工之间的财务关系

任何企业的生产、营运、销售、宣传、研发和技术迭代等，都离不开企业的职员。职员靠自身为企业提供各种劳动，使企业合理运转，最终为企业带来收益，这是职员参与企业分配活动的最直接依据。企业需要向职员支付工资、津贴或奖金等，来实现职员和企业之间的劳务关系，这种职工参与企业劳动成果分配的活动就体现了职员和企业的财务关系。

4. 与投资者和受资者的财务关系

投资者的主要形成方式就是企业所有者或注资者向企业投入一定的资本或资金，最终与企业形成所有关系，其主要体现模式就是独资、控股或参股。独资就是企业所有者单方投入资本使企业得以运转，在这种模式中，企业所有者享有对企业的绝对控制权；控股一般为多方投资者向企业投入资本，从而获得企业一定的股份，多方投资者以不同比例享有企业的控制权，如一方控股达 50% 以上则会成为主控制人，也被称为"绝对控股"，其能够控制企业的重大决策及营运活动等；参股则主要是投资者向企业注资数额较少，在这种模式中，投资者无法享有企业的控制权，却能够获得分红，参股最为常见的形式就是股民购买某企业发行的股票。

企业以购买股票或直接投资的方式向其他企业投资，这时，其他企业就成了受资者。企业由于向受资者出资，会形成参股、控股和独资的情况，其能够根据出资份额参与受资者的利润分配或重大决策，乃至拥有对受资企业的绝对控制权。

5. 与债权人和债务人的财务关系

债权人和企业之间会形成贷放资金的关系，即债权人向企业提供资金，企业则按照借款合同的规定向债权人支付利息和归还本金。虽然债权人不会拥有企业的经营权，也不参与企业的收益分配，但债权人在合同范围内拥有债务索要的权利，即使企业破产清算，债权人也享有优先受偿权。

当企业向其他单位以借款、购买对方债券或商业信用的形式提供一定资金，其他单位就会成为债务人，需要按照合约条件向企业按时支付利息和归还本金。

投资者和受资者、债权人和债务人，彼此就类似主动与被动的关系，只是针对的对象有所不同。若企业作为投资者，那么向哪些单位或企业进行投资，哪些单位或企业就会成为受资者，在一定程度上就需要受到企业的限制；若企业向其他单位或企业提供借款，或购买对方的债券，企业就会成为债权人，对方需要在合约条件下向企业提供利息或本金。若反过来，企业接受其他企业投资，或向其他企业借款、发行债券等，则企业就会成为受资者或债务人。

二、企业财务管理的内容

企业财务管理的主要工作就是管理企业的所有财务活动。有了财务活动就会有资金的流动、变化和分配等，因此，这些就成了企业财务管理的工作内容。

（一）企业筹资管理

企业从建立之始到发展壮大，只要其依旧在成长，那么就始终会有筹资和筹资管理，如企业追求扩大规模、营运需要进行周转，都有可能需要筹资。企业筹资的资金来源能够按照产权关系分为权益资金和负债资金。简单来说，权益资金就是企业在成立时得到的投资者投入资金，以及企业在营运过程中获得的各种注资或未分配利润等；负债资金则是企业通过各种方式借来的资金。权益资金和负债资金各有优劣，一般来说，企业不会完全依靠一种资金模式进行筹资，其需要在进行一定的情况分析后规划筹资决策，即确定筹资的额度以及筹资的方式。在此过程中，企业均需要考虑筹资的速度、成本、风险和筹资时企业所受的各种限制。因此，企业筹措来的资金按照使用期限还分为长期资金和短期资金，企业需要根据自身需求来调整两种资金的比例关系，以此来为企业规划最佳的资本结构和资金运作模式。

（二）企业投资管理

企业的投资就是企业根据不同目的，如获得收益或避免风险，进行资金投放。企业投资的规模、项目、方式、模式分配等，都属于企业投资管理的范畴，企业投资管理最终的目的就是提高投资的收益，降低投资的风险。企业投资管理也被称为"投资决策"，其对企业而言是最为重要的一项管理工作，因为投资决策和企业的未来息息相关。

企业投资的方式分为直接投资和间接投资两种。直接投资大部分属于对内投资，即企业将资金投放到自身生产、扩张等经营活动之中，如购置设备、兴建厂房、开办分企，还包括收购其他企业、购买技术等无形资产，企业进行直接投资最根本的目的就是通过资金投入来获取利润；[①] 间接投资则主要属于外部投资，其是指企业用自身的合法资产对其他企业或单位的金融资产进行投资，如购买政府或其他企业的债券、买入其他企业的股票、和其他企业进行联营，企业进行间接投资主要是为了减少投资的风险，提高收益获取的稳定性。

根据企业投资影响的时间长短，投资可以分为长期投资和短期投资。一般长期投资的影响时间超过一年，也叫"资本投资"，如对固定资产进行投资，扩建厂房、购买设备、购入实业，其本身能够形成长期的资本回报；短期投资的影响时间一般都少于一年，如短期证券投资、应收账款短

---

① 曾俊平，李淑琴."互联网 +"时代下的财务管理 [M]. 长春：东北师范大学出版社，2017：2-3.

期积存、存货，其也被称为"流动资产投资"或"营运投资"。相对来说，长期投资的风险较大，因为其涉及时间长，会和企业的生存、发展、规划等深入关联。

（三）企业营运资金管理

企业的营运资金属于流动资金的一部分，一般是流动资产去掉流动负债之后的盈余部分。流动资产就是企业在短期内或一个营运周期内能够变现或运用的资产，主要是为了维持企业的各项生产、短期投入、销售等工作的正常运行，具有周转快、易变现和时间短的特点，一般情况下，企业的流动资产越多，企业就可以在一定程度上降低自身的财务风险；流动负债则是指企业的短期负债，如短期贷款或借款，具有偿还期短、成本低的特点。在企业运转较为正常的情况下，其流动资产和营运资金是持平的，即使出现流动负债，企业也会在很短时间内偿还。相对来说，企业营运资金管理是企业财务管理最日常的一项工作。

（四）企业利润分配管理

企业的利润就是企业通过投资活动获得的收入，利润分配就是对企业的投资成果进行合理的分配。企业的利润分配涉及一个比较现实的问题：企业在缴纳各种税后所获得的利润，要分配多少给投资者、要使用多少做再投资。如果再投资过少，必然会影响企业的生产，从而令企业的未来收益减少；而如果给投资者分配的利润过少，则会引起投资者的不满，从而影响企业和投资者的关系。所以，企业利润分配的管理也是一项非常重要的财务管理工作，被称为"利润决策"。这项工作主要解决的问题就是确定利润分配的比例，即利润向投资者分配的支付率。企业利润分配需要从企业自身情况、投资者情况等各方面考虑，然后根据具体情况制定出益于企业发展和让投资者满意的利润分配决策。

三、企业财务管理的特点

在企业中，财务管理工作贯穿于整个企业发展始终，大到企业并购，小到采购办公用品，都属于财务管理的范畴。总体来说，企业财务管理有以下四个特点。

（一）涉及范围广

企业的财务管理不仅涉及企业内部，还涉及企业外部。就内部而言，涉及企业生产、供应、销售、营运等各个环节的资金流动，同时还涉及企业所有部门的资金转移和流动。甚至可以说，企业内部任何与企业相关的活动肯定都和资金有所联系，如人力物资、营销管理、生产管理。所以，企业内部的任何事务都和财务管理有关系，尤其是在使用资金、节约资金和提高资金使用率等方面，都受到财务管理部门的约束、指导和监督。同时，财务管理部门还需要在其他各部门进行活动前，提供准确、完整的资金资料以及决策结果，使各个部门根据这些结果和资料对工作活动进行妥善的安排和管理。财务管理部门在企业内部就如同一个总指挥，通过对各个活动的分析，得出决策，最终执行资金的轮转。就外部而言，现今任何企业都处在市场经济环境之下，不管是企业进行融资还是进行投资，或者是进行借贷和利润分配，都会和企业外部的各种利益群体产生联系。企业的财务管理就需要在各种利益联系中处理好各种资金管理，包括和股东之间的投资管理、和政府之间的税务管理、和金融机构或债权人之间的借贷管理、和供应商及分销商之间的销售管理、和客户及内部员工之间的回款及薪金管理等。总结来说，就是企业的财务管理涉及企业中任何与资金有关的活动，涉及范围较广。

（二）综合性强

任何企业都包含着对各方面的细节管理，如人事管理、生产管理、质量管理、技术管理、设备管理、物资管理、营销管理、财务管理，这些管理子系统综合到一起，形成了错综复杂的企业内部管理体系。其中的绝大多数或者说除财务管理之外的所有管理系统，都属于物象管理，即进行对人的管理、对物品的管理、对项目的管理。由于这种物象管理存在局限性，因此，这些管理系统都只负责考虑某个阶段或某个项目的部分管理工作，包括组织、实施、协调、控制、运输等方面，大体是不同管理系统负责某一个或几个方面，且只在企业的局部拥有一定的制约作用，不会对整个企业进行管理。但是财务管理不同，其本身的管理模式就是结果导向，不管是对部门还是对活动，不管是对人还是对物，财务管理都有参与，其是一个以价值管理的方式对整个企业进行整合性管理的部门。企业的财务管理渗透在企业的生产、营运、供应、销售、扩张等各个环节，同时还涉及人员、物品、财产、成效等各个关键性要素，综合性较强。

（三）关键性高

现今，任何企业都处在市场经济大潮中，每个企业都是大潮中的竞争主体，企业想生存下去，就要做到经济效益最大化；想要提高竞争力，就必须不断扩大收入和投入。企业的这些目标都对应着各种资金和资本，自然也就涉及财务管理，而且企业的竞争力和生存力，最终也会从企业财务层面得到全面展示。可以说，财务管理属于企业一切管理的基础和核心，甚至企业管理的关键就是抓好财务管理，这样企业的任何管理都会快速而直观地落到实处。

（四）思维模式特殊

除财务部门之外，企业中任何部门的思维模式都是过程导向和部门中心导向。例如，针对业务部门而言，其不需要考虑生产的成本、营运以及研发的预算，只需要考虑产品如何能够更快占有市场、如何降低残次品率、如何开发新的供应商确保市场拓展、如何进行更好的研发来提高产品的质量从而保证产品竞争力等。因为对业务部门而言，只要能够通过部门的努力，将产品的竞争力提升起来，就能够令产品更快地占据市场并形成优势，最终为企业带来"利润"。但业务部门所有这些的考虑其实都是片面的，因为其中的降低残次品率、产品研发、营运和市场拓展等，都是涉及企业成本的，这些都无法直接转化为真正的利润。大部分业务人员所考虑的"利润"，是产品在快速卖出之后产生的回款和收入，但这些不能算是真正的利润。针对财务部门而言，其思维模式就会完全不同，财务部门根本不会考虑任何过程，而仅仅只需要考虑结果就能够做到一定的评估。例如，业务部门所经手的一些活动，所带来的分别是企业的资产变动、现金流流动、负债和净资产变化，以及收入的改变，最终是否能够真正带来利润才是财务部门所考虑的问题，其本身的思维就是结果导向和整体导向。任何财务部门的人员在思考问题时都需要从结果入手进行反向推导，仅仅某个部门或环节的变量，根本不足以确定最终结果。同时，财务人员也要考虑企业的整体情况，任何一环的投入、支出及收入都要囊括进去，只有这样才能够做好企业的资金控制和财务管理。

第二节　企业财务管理的目标、作用与原则

目标决定方向，这一点在企业之中同样适用。企业财务管理的方向需要以财务管理目标做指引，企业财务管理期望达到的目的就是财务管理的目标，只有确立正确的目标，企业才能最终实现良性循环和发展。企业财务管理的目标和企业本身的目标息息相关，因此在确定企业财务管理目标之前，需要首先明确企业的目标。

一、企业的目标

任何一个企业在存续期间的最终目的都是营利，也就是赚到钱。在

实现利润的过程中，企业会始终处在市场的竞争之中，其时刻都会在生存和倒闭之间徘徊，同时也时刻都会在发展扩大和维持现状的矛盾之间踌躇。可以说，企业的存续就如同生物的进化一般，适者生存，企业只有能够生存下去才有可能谋求发展，也只有在发展之中获得了生存，才能以此为基础追逐利润。

（一）企业生存

企业的生存指的就是企业能够在市场条件下达到以收抵支，这是企业生存的基本条件，即企业一方面通过支付资金的形式从市场上得到自身所需要的实物资产，维持自身的运转；另一方面则通过生产向市场提供产品或服务，从而换取货币回笼。企业从市场上获取的货币回笼至少要和支出持平，这样才能长期维持经营。

当然，企业不可能时时刻刻都有足够的资金去支付自身所需，当企业进行借贷活动，并将贷款用于满足营运或扩大规模后，还需要做到到期偿债，即在法律规定的范围之内，企业能够在借贷后如期偿还利息和本金。只有企业能够满足这两个要求时，才能称得上生存了下来。

（二）企业发展

任何企业发展的过程都是在市场中求得生存的过程。也可以说，企业需要在能够生存下去的基础上不断进步和壮大，也要在进步和壮大的过程之中生存下来，两者缺一不可。毕竟现今的世界发展迅速，任何企业都需要不断推出更好、更新、更契合市场需求的产品或服务，才有可能在市场上获取一席之地。现如今，企业的发展和生存是相互依存、相互影响的，任何一个企业如果只谋求生存，不追求发展，势必被市场直接淘汰；而企业在发展过程中如果不能稳步求存，也有可能会直接被其他竞争对手挤出市场，从而陷入生存危机。

（三）企业获利

企业在发展中求得生存后，最基础也最迫切的需求就是获利，只有能够营利的企业才具有存在的价值，营利是每个企业最根本的出发点和落脚点。如果说生存和发展是企业存在的前提，那么营利就是企业存在的诉求。如果将企业比作一个人，那么企业的生存和发展就类似于人的出生和成长，而营利则是这个人在生存和成长的基础上完善自身的各种认知和性格，从而体现出自身的独特，实现自身的价值。

很多企业在发展过程中经常用"战战兢兢、如履薄冰"这句话，来形容企业生存、发展和营利的现状。只有在这样的危机意识之下，企业才能够不忘市场中的残酷竞争，才能够在不断完善和提升自身的过程中保持生存和发展，并谋求利润最大化，这是任何企业都需要面对的情况，也是每个企业最直白、最实际、最终极的目标。

二、企业财务管理的作用

既然企业的终极目标和根本目的就是营利，那么从企业财务管理的角度而言，其作用就是力求让企业在得以生存的基础上，通过合理筹资和利润分配保证企业的发展壮大，从而扩大收入，使投资获得超出其资产的回报，也就是让投资获得增值。根据企业的目标，企业财务管理的作用主要有以下三点。

（一）辅助企业生存

现如今，市场竞争压力较大，某些企业的生存一直处在具有威胁的状态之中，一般体现在两个方面。一个是长期的亏损，入不敷出的企业自然会越来越艰难，最终无法继续生存；另一个则是无法做到到期偿债，企业资金的周转过程必然会有债务出现，如果企业长期无法做到到期偿债，那么其必然会无法生存。这两个方面通常是同时存在的，一般情况下，入不敷出的企业为了能够继续运营和坚持下去，就会被迫进行债务性融资，以借贷来的资金填补亏空，如果继续亏损下去，自然就变成了借新债还旧债，其最终会因为无法继续进行资金周转而无法到期偿债。到了这种地步，企业要偿还债务就需要出售企业的资产，最终导致自己无法生存。财务管理的第一个作用也是企业对其的第一个要求，即辅助企业做到以收抵支和到期偿债，维持企业长期而稳定地生存，降低企业破产的风险。

（二）促进企业发展

在稳定生存的基础上，企业还需要进行发展，其最终的体现就是扩大收入，而扩大收入的途径无外乎扩大销售额度，以及提高产品质量或服务质量，这就需要企业能够提高人员素质、更新生产设备、改进生产技术、完善生产工艺等。在这个过程中必然需要各种资本的投入，这部分投入发展的资金就需要财务管理人员进行恰当的筹资决策，然后筹集到合适的资金。这是财务管理的第二个作用，也是企业对其的第二个要求。

（三）谋求企业获利

企业要获得营利，从财务管理的角度而言，就是要实现企业的资产能够获取到超过投资的回报，这里的投资就是指企业通过筹资所得到的资金。只有让企业筹措的资金得到增值，且增值要超过各类成本，才能保证企业获利。在此过程中，财务管理的作用就是要以最恰当的方式对资金加以有效利用，包括对企业正常经营产生的利润以及其从外部获得资金的利用。这是财务管理的第三个作用，也是企业对其的第三个要求。

三、企业财务管理的目标

（一）企业角度下财务管理的目标

企业财务管理的目标从结果导向而言，是和企业的目标完全一致的，即在企业生存和发展的基础上实现企业经济效益最大化。从企业的角度而言，财务管理的目标有以下四种，也可以说是企业的四种理论化目标。

1. 实现企业利润最大化

此理论化目标就是假定企业财务管理以实现企业利润最大化为目标。毕竟现今任何企业都属于自负盈亏的经济组织，没有利润，企业就无法开展各种经营活动；没有利润，企业也无法生存和发展下去。只有产生利润，并使利润促进企业的生存和发展，企业才能获取更多的利润。

利润在企业中最直观的体现就是企业拥有和控制的经济资源的多少，包括企业的规模、技术、知识、资金等，这些都可以转化为货币值来进行展示。[①] 企业实现的利润越多，那么企业所拥有和控制的经济资源就越多，实力也就越强，这是一个企业综合实力的体现。

企业将财务管理目标定为利润最大化，第一个优势就是能促进企业开源节流，为了实现这个财务管理目标，企业不仅要加强管理水平、研发新技术或产品、加强经营核算、降低各方成本等，还要充分了解和研究市场，以加强竞争实力和把控更多市场份额为目标，有条理、有计划地开发新产品，然后在合适的时机将其投入市场并获取利润；第二个优势就是能够通过利润指标来核算企业拥有和控制的经济资源，企业能够获取更多经济资源的使用权，就能够拥有更为强大的竞争力，获取的利润也就会越多，从而生存能力就越大，发展的机会也就越多，最终形成良性循环。很多企业在创建初期和发展期，都会以利润最大化作为财务管理的目标，为实现此目标所实施的措施很大程度上有利于企业对资源进行合理配置，从而提高整体的经济效益。

以企业利润最大化为目标虽然可以促进企业稳定发展，但同样有很

---

① 南京晓庄学院经济与管理学院 . 企业财务管理 [M]. 南京：东南大学出版社，2017：
  4-5.

大的缺陷，主要体现在四个方面。一是其较为绝对化的指标。这一目标没有考虑企业的规模、投入资本的多少和发展的不同时期等特性。例如，两个投资方案中一个企业的规模较小，投入十万元，年利润为五万元，而另一个企业规模较大，投入百万元，年利润为十万元，以利润最大化为目标，企业必然会选择第二个方案，但相对而言，第二个方案的投入和获利比例明显较差。二是没有考虑获取利润所付出的时间成本和利润的时间价值。相对来说，企业越早取得收益就能越早再投资，从而扩大规模获得更多收益。也就是说，利润会受到时间成本的制约，如十年前的一万元利润和现在的一万元利润明显具有极大的价值差距。三是没有考虑到行业的风险问题。以利润最大化为目标容易增加企业的风险，毕竟收益越高则风险越大。例如，高科技企业风险相对较大，而实业、制造业风险相对较小，两个行业的企业同样以利润最大化为目标，高科技企业就会承受更高的风险。四是以企业利润最大化为目标容易令企业陷入财务投资决策短期化的困境。企业的利润可以分为短期利润和长期利润，前者为生存发展需求，后者为长远发展需求。企业直接以利润最大化为财务管理的目标很容易造成过于重视短期利润而忽略长期利润的问题，如有两个方案，一个方案以一个季度为期，企业可获利 30 万元，而另一个方案以 3 年为期，企业在第一个季度仅能获利 10 万元，但之后每个季度的获利均能增加 10 万元。若企业完全以利润最大化为目标，在决策时就很容易选择季度型方案，却忽略了长远型方案最终获利是短期方案的一倍以上。

2. 实现股东利润最大化

这种财务管理目标就是指，企业若是由股东投资创建，则假定以股东利润最大化为目标，股东属于企业的投资参股者，其收益主要体现在资本溢价和股利分配方面。其中，资本溢价就是指企业在发展过程中投入的资金得到投资回报后的超出部分。简单举例就是在企业创办初期，某股东投资百万作为企业注册资本，一年后企业资本公积达到 120 万元，那么，超出注册资本的 20 万元就属于资本溢价。股利分配则是指企业根据股票市场价格和股东所持股票数量进行红利分配。一般来说，在参股投资人持有股票数量不变的情况下，股票市场价格越高，则股东收益越大。

以股东利润最大化为企业财务管理目标充分考虑了股东的既有利益，其优势是考虑到了风险因素，股票价格的波动能够在一定程度上衡量风险的大小，同时也有利于企业进行长期的财务决策。由于股票价格会受到很多因素影响，不仅企业当前的利润会影响股票价格，企业对未来利润的预期也会影响股票价格，即企业的潜力值情况。所以，以股东利润最大化为目标的财务决策会将目光放长远，并且股票价格也能够比较直观地体现股东的收益情况，彼此之间成正比。

但相应地，以股东利润最大化作为企业财务管理目标同样具有极大局限性。上市企业股票价格能够直观看到，但非上市公司只是股东以企业持股和控股的模式来展示，一般无法较为直观地感知自身收益。另外，过分强调股东利润和权益，很容易令企业忽略其他相关者的利益情况，如企业合作者、经销商、代理商、员工、债权人，这些都属于企业的相关利益者。如果仅关注股东的利润情况，就有很大可能会损害其他相关者的利益，从而不利于企业的长期发展。

3. 实现企业价值最大化

以实现企业价值最大化为企业财务管理的目标，就是假定以财务管理实现企业的价值最大化，此目标主要考虑的是企业所有资产的市场价值，也可以称为"企业估值"。这种企业财务管理目标最大的一个优势是考虑了资金的时间价值变动，毕竟资金的价值会随着时间的变化而变化。一般情况下，我们认为同等数额的资金，现价值比未来价值更高，即现在 100 万元的价值比一年后 100 万元的价值高。第二个优势是考虑了企业的风险及收益，任何企业的收益并非越高越好，因为收益越高风险越大，所以企业要重视风险和收益的平衡，要在一定的可接受风险下，为企业谋求更多的收益。第三个优势是考虑长远。企业要实现价值最大化，就要对企业进行长远的预估和评价，然后根据多方面衡量来进行财务决策，这就需要企业在进行财务管理时不能仅看当前利润，还需要考虑到企业的未来发展，这些都会影响企业的价值体现。第四个优势是多方位考虑了企业相关利益者的利益情况，包括股东、合作者、代理商、债权人、企业员工等多个利益群体。这些利益糅合在一起，共同体现企业的价值，企业价值越高，这些利益群体的收益也就越大。

以企业价值最大化为财务管理目标的优势虽然明显，考虑也较为全面，但相对来说过于理论化，因为对企业价值进行估值并不是一成不变的。影响企业价值估值的因素本就较多，而且还会受到评估方式、评估标准以及评估者的影响，无法较为准确地体现企业的价值。

4. 实现相关者利益最大化

任何一个企业都不是孤立存在的，其本身定然会和各种利益相关者紧密相连。例如，股东作为企业主要所有者，其承担着企业最大的义务、权力、利润报酬，但同样也承担着最大的风险；而其他如债权人、企业经营者、员工、客户、供应商，也或多或少承担着一部分风险。企业以相关者利益最大化为财务管理目标，就是以股东权益为主要考量对象，但同时也考虑了其他如债权人、员工等风险分摊者的利益。相关者利益最大化的最大优势就是考量全面且目光长远，其本身秉承的就是合作共赢的价值理念。同时，此目标还是一个多元化、多层次的目标体系，能够很好地兼顾所有利益相关者的利益，从而实现股东获得极大利润、债权人承担风险降低但利息较高、员工确保福利及薪金、政府获得良好社会效益、客户得到高质量服务或商品、供应商拥有稳定材料输出等。

但相对而言，这种目标体系太过于理论化，很难实现所有利益相关者不形成任何冲突也不产生任何矛盾。毕竟任何利益相关者都会站在自身角度去看待问题，都希望争取到对自己而言最大的利益，尤其是利益相关者的相关权力越大，其想谋求的利益也会越多，毕竟其付出更多。这是一个较难协调的矛盾，而且企业本身由多层利益关系交织，从实际运行角度而言太过艰难，毕竟能够考虑得面面俱到、严丝合缝根本不切实际。

（二）企业财务管理的具体目标

从企业的角度来看企业财务管理的目标，其内容更偏向理论，是企业为之努力的目标方向，其作用类似于风向标。而在企业的实际运作中，企业具体的财务管理目标还需要根据企业不同的经营活动和发展的不同阶段进行调整。

1. 不同经营活动的不同财务目标

企业根据不同的经营活动，其本身的财务目标也会有所变化。例如，筹资活动，其根本的目的是实现企业扩张。在针对此活动制定财务目标时，企业就需要从各个需求、预期以及风险等方面进行分析，其根本目标就是在满足扩张的情况下，以小风险、低成本来筹集到相同数额的资金或更多资金。又如，投资活动，其根本的目的是企业对自身或对其他企业进行投资来获取收益。不管哪种投资活动必然存在失败的风险，若投资失败不仅会使企业毫无收益，还可能会损失投资资金，也可能会收获远远低于预期的回报，这就是投资风险。企业在针对此活动制定财务目标时就需要综合分析，然后以较低的投资风险和较少的投资资金，来获取更多的收益。再如，营运活动，其根本的目的是售出更多的商品回收更多的资金。而这往往需要一定的成本投放来产生经济杠杆获取回报，企业以此制定财务目标同样需要考虑成本投放模式是否有效、其成本是否能够收回等多个因素，其目的就是实现风险小但收益大。最后，分配利润活动，其根本的目的是既要满足投资者的一定需求，又要保证企业获得投资留存，从而使企业获得最大的利润利用率。企业以此制定财务目标就需要合理进行利润分配的比例划分，在令投资者满意的同时提高企业潜在收益能力。

2. 不同发展阶段的不同财务目标

企业的发展并非一条直线上升的过程，而是根据不同阶段表现出不同的发展模式，所以针对企业的不同发展阶段，企业的财务目标也需要有所变动。例如，企业在发展初期，最大的问题是生存，而最直接的生存验证之地就是市场。因此，企业在制定财务目标时就需要以市场需求为基本导向，以降低市场风险为主，稳中求存，在逐步适应市场风向的基础上，确定投资方向和筹资方式，以最稳妥的模式进行收益获取，从而维持企业的生存。又如，企业在发展中期，对市场把握逐渐熟悉和顺畅，此时的财务目标就需要再次变动，企业需要继续追加投资，拓展生产规模，从而在不断增大自身占据的市场份额基础上，获取更多的收益。企业在这个阶段的财务目标就是保持优势并将其扩大化，通过追加投资来获取高收益，使企业更加稳妥。再如，到企业成熟期，即产品在市场份额趋于稳定后，企业面对的将是成本问题和资金周转问题，以及后续服务和市场保持。在此阶段，企业的财务管理目标应该变化为降低成本，同时加强内部管理和加速资金周转，减少资金的占用率，减少投资，规避投资风险。最后，产品开始进入迭代期，企业也进入一轮衰退期。此阶段产品的市场份额会逐步减少，市场上的替代品会逐步产生，这个阶段企业需要的是优化自身的资本结构，然后进行战略转移，如开发新的相关产品进行迭代，或从其他方向进行产品研发。此阶段企业的投资管理目标是降低企业经营风险，通过优化资本结构和产品结构来优化企业的资产结构，从而谋求更多收益，保证企业能够进入下一阶段。

任何企业的发展都处于以上不断循环更替、进步发展的过程。企业在发展过程中每个不同阶段的财务管理目标都会有所变动，企业若想不断做大做强，并且长久生存和发展，就需要在管理、资本运作、产品结构和投资管理等各个方面协调发展，并针对不同情况完善自身的资产架构，最终成为长久生存、持久收益的市场化企业。

（三）利益矛盾和协调过程中的企业财务管理目标调整

虽然从根本而言，任何企业的相关利益者最终的目标都是获取更多经济利益，但在不同的阶段和过程中，不同的相关利益者也会因为不同的相关目标而形成一定的利益矛盾。而协调相关利益者的利益矛盾也属于财务管理的一项工作，其最终要达到的目的就是让所有相关利益者能够将利益捆绑，形成共同利益链，最终一同为创造企业收益而努力。在此过程中，企业财务管理的目标是要维系企业相关利益者动态平衡。一般情况下，相关利益者的利益矛盾主要体现在企业所有者（投资者或股东）与经营者（职业经理人）之间，以及企业所有者与债权人之间。

1. 企业所有者与经营者矛盾协调

企业的经营者一般为企业所有者聘请而来的管理和运营企业的职业经理人，其本身并不拥有企业的支配权，而仅仅是代替企业所有者管理和运营企业。正因如此，企业所有者才容易与经营者产生利益矛盾，毕竟企业所有者期望经营者能够为他们的利益而工作，最终实现企业所有者的利益最大化；但经营者因为不具备企业的支配权，所以其自身同样有自己的利益诉求，这份诉求一般体现在报酬上。两者之间的利益矛盾主要就是经营者希望自己在为企业营造收益的同时获得更多的报酬，而企业所有者则希望经营者在为企业营造更多收益的同时，索取更少的报酬。

要解决两者之间的利益矛盾，可以从三个角度着手。第一，进行激励。通常的做法是将经营者的报酬和经营者为企业创造的收益直接挂钩，从而保证经营者能够在提高企业收益的同时来提升自身报酬，关于这一做法，企业所有者可以通过股票期权激励或绩效股激励的方式进行。股票期权激励就是指企业所有者给予经营者一定权限，让其能够在特定条件下以彼此认同的价格购买企业一定股票。这部分股票一般不会令经营者对企业拥有过多支配权，但通过经营者对企业的运作，使股票价格高于约定价格后，经营者就能够获得更多报酬，同时也会为企业创造更多收益。绩效股激励则是通过划定经营者为企业带来的收益份额，如以股票收益和资产收益率等指标为绩效评价，根据经营者的绩效高低来给予他们不同的股票报酬。若经营者未达成指标，企业所有者可扣除经营者原本持有的部分绩效股。第二，间接约束手段，即企业转让模式。当企业经营业绩无法达到企业所有者预期，其并未获得预期收益或实现预期目标时，企业所有者可以通过企业转让或企业被强行收购的方式，致使经营者丢失工作，影响其职业前途。在这种间接约束手段下，经营者为避免企业被收购，就会想方设法实现所有者预期，从而达成所有者的目标。第三，直接手段，即进行经营者解聘。在合法的情况下，若企业所有者发现经营者并没有按照合同或协议进行企业经营，或根据协议未达到所有者与经营者协商的预期目标，则企业所有者可以在合法的情况下按约定条款解聘经营者。

2. 企业所有者与债权人矛盾协调

企业的债权人以借款或购买债券的形式向企业注资，最终目的是获取收益。一般情况下，企业的主债权人会对注资资金有一定的用途预期，如果企业所有者转换了资金运用的目标，从而与债权人期望的目标相悖，企业所有者就会和债权人产生利益矛盾。例如，企业所有者将资金用于风险更高的其他企业项目，从而增加了企业偿债的风险，造成债权人风险和期望收益不匹配，尤其是高风险项目成功后的额外收益会被企业所有者独享，但高风险项目失败则债权人要和企业所有者共同承担损失。再如，企业所有者在未征得现有债权人同意的情况下举借新债，使得企业偿债风险增加，并导致债权价值降低，这也会使双方产生巨大利益矛盾。

以上这些情况均需要债权人对企业所有者进行一定的约束，如事先规定借款用途和借款信用条件，让企业所有者无法通过前面两种手段来降低债权价值，若企业所有者依旧有违反约束条款的行为，债权人即可进行违约追责。债权人也可以在发现企业所有者有违规意图时，直接行使债权收回借款或停止继续借款，以此来减少自身利益损失。

四、企业财务管理的原则

企业的财务管理，需要遵循一定的理念或标准，以期达到一定的目的。这种需要遵循的标准是所有财务管理工作者共同的认识以及默认的规范，其不仅是企业财务管理的理论指导，也是企业财务管理实践的准则，更是理论结合实际的重要纽带。

（一）成本、收益、风险均衡原则

任何企业的存在都是为了获取收益。而在企业财务管理工作中，收益的获得必然意味着成本的投入，有成本付出就必然会面临一定的风险。所以，从财务管理的角度而言，企业的成本投入、收益获得以及面临风险三者是同时存在的。作为财务管理人员，其首要遵循的原则就是能够树立三者三位一体的观念，然后以控制三者，实现某种均衡而努力。

首先，企业财务管理人员需要做到的是成本和收益的权衡。在长期投资过程中，企业财务管理人员需要对投资成本和投资收益进行权衡，要考虑时间成本、资本时间价值等各个方面。在筹资过程中，企业财务管理人员需要对筹资成本和筹资收益进行权衡，维持筹集到的资金额度和筹资过程中的成本投入，以及运用资金获取收益的额度和时间之间的均衡。在企业运营过程中，企业财务管理人员虽然无法预估和量化收益，但需要尽量减少成本投入，追求成本最低。在利润分配管理过程中，企业财务管理人员则需要在保证分配管理成本最小的同时协调企业、投资者之间的关系。

其次，企业财务管理人员要做到收益和风险的权衡。收益与风险之间较为基本的关系就是高收益面临高风险，低收益面临低风险。但反过来就不再对等，即高风险不一定能带来高收益，甚至还会带来高损失，低风

险同样如此。因此，企业财务管理人员对收益和风险的权衡，需要考虑众多因素，而且需要做到理性权衡。在投资管理中，对于投资的风险预估和投资的收益预估，财务人员都需要进行多方权衡考虑；在筹资管理中，财务管理工作的最主要任务就是权衡资本杠杆收益和风险，这需要结合企业本身的资源和情况进行最为合理的预估和资源整合。企业的任何收益，都是具有一定风险性的，两者之间矛盾共存。因此，企业财务管理人员需要遵循的原则就是将风险固定在一定程度上，然后让收益达到更高，或者在收益较为固定的情况下将风险削弱。

最后，企业财务管理人员要维系成本、收益以及风险的三位一体。其实在企业财务管理过程中，根本没有绝对的前两种情况下的权衡，必然需要在三者之间综合考虑之后才能进行综合权衡。这个权衡的过程，就是企业财务管理工作需要遵循的最基本原则之一：优化。[①] 在任何财务管理过程中都会有这三者的权衡，其首先需要对决策进行优化，然后在实施过程中对过程和结构进行优化，最终从企业角度进行整体优化。

（二）系统优化原则

企业的财务管理工作不仅涉及财务的相关内容，更涉及企业的方方面面。企业财务管理工作的本质就是对企业不同的融合性系统进行不断优化，这也是财务管理工作最重要、最基本的原则。企业财务管理的系统优化原则主要从企业、资源配置结构和内外环境分析方面进行优化，企业财务管理的系统优化原则是稳定企业架构、合理分配资源以及实现企业目标的首要原则。

企业财务管理的系统优化原则可以从三个角度进行体现。首先，企业层面的整体优化。企业财务管理必须从企业的整体战略出发，包括企业

[①] 南京晓庄学院经济与管理学院 . 企业财务管理 [M]. 南京：东南大学出版社，2017：8-9.

中的各个项目、部门，乃至各种分支内容，财务管理都需要从企业整体利益入手进行系统优化，将各个部门和项目的利益与企业整体利益关联起来，这样才能够拥有整体性思维。其次，合理分配资源方面，也就是资源结构优化原则。对于企业来说，资源的分配是非常重要的一个环节，从财务管理角度而言，资源的分配就是成本的投入，这是运营过程中必需的环节。企业财务管理需要做的就是对资源分配的结构进行优化，如资金结构、资产结构、时间精力结构、分配比例结构，这样才能做到合理利用资源，才能够用资本杠杆来撬动预期收益。最后，内外环境分析优化。企业生存的环境是一直处在变化中的各类环境的统一体，既包括企业内部的环境，也包括市场的环境和合作者的环境。企业财务管理人员要在各种环境变化之中，保持适当的弹性，对各种环境的交织进行分析和优化，通过自身弹性去适应环境变化，这样才能应对各种困境，最终帮助企业实现目标。

（三）现金流转平衡原则

在企业财务管理过程中，最为基本和常见的内容就是现金的流入和流出，即收付实现制。财务管理所秉承的原则就是需要将现金流入和流出达到平衡，这是企业筹资和投资活动平衡、营业收入和营业支出平衡的具体体现。企业的种种财务活动，最终都是以资金流的形式展现的，不管是筹资还是债务，都是以资金流入的模式切入企业，然后以资金流出的形式进行利用，再以收入的形式完成资金再流入，之后再以流入的资金循环投资，完成资金流转。在这个过程中，资金的价值会产生变化，现金出现增值则完成利益收入，现金流实现收支平衡则保持企业生存和发展。企业财务管理的现金流转平衡原则就是在一系列复杂的业务关系中保持现金的收支平衡和流转平衡，这是企业运营中财务管理最重要的一项工作原则。

（四）代理捆绑原则

在现今的企业中，有些企业的所有权和经营权是分离的，即使不分离，企业之中也会有各种各样的委托代理和雇佣关系，如债务人、职业经理人、员工、各部门高层管理，他们多数都是以合约模式进驻企业，形成委托代理的关系，因此都属于代理人。企业和代理人属于相互依赖，但同时利益也容易相互产生冲突的关系，毕竟企业有其自身发展目标和利益目标，而代理人有其自身的需求和目标。当代理人的利益需求和企业利益目标有所冲突时，就需要财务管理进行协调来实现目标一致化，即财务管理需要将代理人和股东的利益结合起来，一荣俱荣、一损俱损，形成利益捆绑，最终缓和企业和代理人之间的矛盾。这就是财务管理的代理捆绑原则。

（五）货币时间价值原则

任何企业在进行财务管理时都需要具备的最基本观念就是货币时间价值，而且货币只有被作为资本和资源，进入生产流通、营运销售等环节之后，才会变得更有价值。在企业做任何项目的决策时，企业财务管理的任务就是需要通过货币时间价值原则，来评估项目的现成本、未来成本、未来收益等，并根据评估的结果来确定项目是否合适。在评估过程中，企业财务管理需要将所有现成本、未来成本、收益等以现值来表示，在折现过程中，必须考虑货币时间价值，如货币机会成本的大小及利率，加入项目的风险和时间，进行综合考虑后才能确认项目能否运作。

（六）战略管理原则

企业的财务管理还需要帮助企业实现既定的战略管理，通常情况下，企业为了实现自身既定战略，需要对产品和企业架构进行管理，其根本的目的就是让企业在市场中增强竞争力，提高产品优势和架构优势，从而产生更多的利润。企业财务管理在此过程中需要契合企业的战略管理，如让产品具有独特性，从市场角度提高产品的潜在竞争能力，避免和市场其他产品进行正面竞争，而是以产品的独特性来区别于其他产品，实现竞争优势。产品独特性可以从广告、专利技术、本身质量和后续服务质量等各个方面体现。另外就是财务管理要在企业架构管理中实现降低产品成本的需要，这里的产品成本包括企业的规模和产品产量、企业的部门协调，以及企业项目架构合理性等。例如，产品线模式和规模化生产是在产品具有独特性的基础上加强产品线的完善和规模化生产，不仅能够提高产品的市场竞争优势，还能够在成本方面大幅度降低，如此一来，自然就能够实现利润的提升。

第三节 企业财务管理的环境和方法

一、企业财务管理的环境

任何企业的生存发展都置于市场的大环境之中，而企业财务管理就是需要根据这些环境的不断变化，来影响企业外部的各种条件，从而提高企业对大环境的适应力及利用力，这就是企业财务管理的环境。站在企业的角度进行划分，企业财务管理的环境可以分为内部财务环境和外部财务环境。

其实内部财务环境和企业的决策者或所有者、企业的经营管理者、企业的资本实力、企业的整体架构、企业的生产技术水平等都有关系，在一定程度上，企业是能够通过一定手段或措施对内部财务环境加以控制和改变的。经营管理者水平问题可以通过更换管理者或协作管理来解决，企业的资本实力能够通过招商或筹资等形式来提高，企业的决策者或所有者的决策能力也可以通过各方面进行影响和提升，企业的生产技术水平不足可以通过引进技术或购买专利等手段来改变。也就是说，内部财务环境是较为灵活多变的，企业虽然会受其影响，但能够通过各种手段来减弱这些影响，促使企业平稳发展。

但外部财务环境却明显不同，其不会被企业控制和改变，属于客观存在的外界环境。企业更多的是进行适应或借势，而无法让外部环境随企业进行更改，这不仅考验企业的适应能力，还考验企业对外界环境的分析能力。外部财务环境是影响企业财务管理的主要因素。

（一）外部法律环境

企业所处的市场经济环境也是一种法治经济环境，也就是说企业的任何经济活动都需要在一定法律法规的范围之内进行。法律环境不仅为企业提供了进行所有经济活动必须遵守的规范，对企业的经济活动进行了系统化的约束，而且还为企业的经济活动提供了一定的规范性保护。法律环境让企业的一切经济活动有迹可循、有法可依，也为企业的合法经济活动提供了最大限度的保护，让其免受不合规、不合法行为的侵犯。

1. 企业组织法

企业按照其不同的组织形式，能够以不同的架构和模式组成企业，其不同的组织形式也对应拥有不同的适用法律，这就是企业组织法。企业主要可以分为个人独资企业、合伙企业和公司制企业，不同组织形式的企业都需要在企业组织法律允许的范围内进行对应的财务决策。

个人独资企业就是由个人出资创办，独资进行经营的企业。这种企业的自由度较高，在法律法规限定内，可以自由进行经营，如雇用谁或多少人，需要从银行贷款筹资多少，实施什么项目，全部由出资人决定，出资人对企业拥有完全决策权。在依法纳税的基础上，出资人能够独自享受企业所带来的利润，同样也需要独自承担企业在经营过程中产生的任何责任和风险。我国的个人独资企业主要以个体户和私营企业为主，其突出的特点是企业规模、章程、架构等全部由出资人决定。个人独资企业在经营过程中，出资人的个人资产和企业资产没有太大区别，企业赚取利润则个人资产增加，企业出现亏损则个人资产也随之缩水。同时，这类企业受到的限制较少，缴纳所得税也以个人所得税模式进行。相对来说，这类企业的规模较小，资金来源有限，所以发展较慢，筹集资金较为困难，抵抗财务风险和经营风险的能力也较差。

合伙企业就是由两个或两个以上的人共同出资进行创建，合伙经营、共负盈亏，对企业的债务共同承担的企业。根据合伙模式不同，合伙企业可以分为两类，一类是普通合伙制，即不管有多少合伙人，所有合伙人都同意注入一定资金和参与企业经营，按约定分享企业的利润或亏损，每个合伙人都在享有企业经营权利的同时，承担相应的义务，而且每个合伙人都对企业的债务负无限责任（若企业无法清偿到期债务，则所有合伙人要以个人资产进行清偿）。另一类是有限合伙制，即合伙人中至少有一个是普通合伙人，其对企业的债务负无限责任，非普通合伙人则是有限合伙人，其根据出资额度对企业债务负有限责任，同时其不执行合伙事务，不参与企业管理。合伙企业容易受到合伙人个人变化的影响，如企业中有一个普通合伙人撤出、死亡或丧失民事行为能力，普通合伙企业就会随之完结。普通合伙企业中任何一个普通合伙人转让其产权必须所有合伙人一致同意；有限合伙企业中的有限合伙人有权利出售自身在合伙企业中的权益，但应提前通知其他合伙人。

公司制企业是现今最重要的企业组织形式，其按照创办模式分为有限责任公司和股份有限公司。有限责任公司不发行股票，股东的资本不需要划分为等额股份，一般这类公司中的董事或高层管理也同时是股东，企业所有权和管理权的分离并不彻底，股东仍可以参与企业管理，比较适合中小型企业；股份有限公司则是将企业注册资本划分为等额股份，然后通过发行股票来筹集资本，一般股东不会直接参与公司的经营管理，即企业所有权和经营权的分离较彻底。

相对来说，公司制企业中股份有限公司的设立程序较复杂，法律要求也较严格，公司股东不仅需要缴纳个人所得税，也需要缴纳企业所得税，因此对股东来说是双重纳税。而且因为股东控制股权份额不同，会造成小股东易受大股东掣肘的局面，但若股权过于分散，大股东对公司的控制力也会减弱。另外就是股份公司要面对市场经济部门、行政部门和法律部门的多重监管，这对公司的规范运作和经营管理具有极大考验。

企业财务管理工作需要工作人员对企业的组织形式了解透彻，然后在相对应的法律法规下进行一些决策的规划和制定。企业运营同样需要企业财务管理人员遵循对应的法律法规，其相应法律法规主要有《中华人民共和国个人独资企业法》《中华人民共和国合伙企业法》《中华人民共和国公司法》《中华人民共和国企业破产法》等，根据不同组织形式，企业要参照不同的法律法规。

2. 税法

这是调整企业税收征纳关系的法律规范。和企业相关的税种有所得税类的企业所得税和个人所得税，流转税类的增值税、消费税、进口关税，行为税类的城建税、烟叶税、印花税等。企业涉及哪类税种，就需要依法依规进行税费缴纳。

3. 其他相关法规

除以上相关的法律法规外，还有一些其他和企业相关的法规，如《中华人民共和国证券法》《中华人民共和国民法典》《中华人民共和国票据法》《中华人民共和国银行法》。整体而言，这些法规对企业财务管理的影响主要体现在筹资活动、投资活动、分配活动、销售活动、雇用活动中，任何和企业财务管理相关的活动，一般都有相关的法律规定来规范活动的条件、方式、标准和范围。所以，任何企业都需要对相关法律法规非常熟悉，只有以此为主要规范和标准，才能合法合规地进行企业运营。

（二）外部经济环境

企业财务管理同样属于微观经济管理，因此其活动模式与所处的经济环境息息相关，主要的外部经济环境有宏观经济调控政策、经济管理体制、经济发展状况和社会经济结构四种。

1. 宏观经济调控政策

在一定的时期，政府有时为了协调经济发展，会通过一定的财税、金融或计划手段，对国民经济总运行机制提出一些政策措施，从而对经济环境进行调控。这些政策会对企业财务管理产生直接影响，所以任何企业都需要及时关注政府颁布的最新宏观经济调控政策，以便快速做出适应经济环境的变化。

2. 经济管理体制

经济管理体制分为宏观经济管理体制和微观经济管理体制两类。其中，宏观经济管理体制就是国家在宏观方面制定的基本经济制度，企业必须服从和服务于宏观经济管理体制。因此，企业在制定财务管理目标时，财务主体、财务管理手段、财务管理方法等都需要与宏观经济体制契合。而微观经济管理体制的主要作用是协调企业与政府、企业与所有者之间的财务关系，其本身与宏观经济管理体制相联系，类似于补充和细化的经济管理体制。

3. 经济发展状况

无论哪个国家的经济都不可能长期直线快速上升，总体而言都是波浪式前进、螺旋式上升的态势，这就是经济发展状况。当国家整体的经济发展处在上升期和繁荣期，那么整体环境下的经济发展速度就较快，市场的需求也比较旺盛，会对企业产生促进作用，这时企业想扩大生产、提高利润，就需要增加投资，通过筹集大量资金来满足需求；而当国家整体经济发展处在衰退期时，整体环境下的经济发展速度就会放缓，甚至可能会出现经济负增长，这时受整体经济环境的影响，企业的产量和销量都会相应下滑，资金也会出现不稳的状况，同时投资锐减。企业财务管理需要根据国家经济发展状况，适时调整企业的情况，尤其是财务活动需要和国家整体经济发展状况吻合，只有这样企业才能在经济发展状况上升时快速成长和发展，提高利润、扩大规模，也能够在经济发展状况衰退时缩紧企业财务，平稳度过艰难期。

4.社会经济结构

社会经济结构需要企业通过考察社会生产和再生产的构成，最终反映到企业之中，尤其是社会的产业结构。不同的产业需要的投资规模、资金规模及需求规模都不同，产业的不同也造成企业需要的资本结构存在差异。企业财务管理需要根据社会经济结构，来适时建立产业项目，同时社会产业结构的变化和调整，也会促使企业财务管理做出相应变化和调整，只有顺应社会经济结构的需求变动，企业财务运行才会较为顺畅，才能最终实现企业的利益目标。

（三）金融市场环境

金融市场就是资本流动的场所，也是企业进行资金筹集最主要的场所，其交易方式一般为货币借贷、有价证券买卖、黄金外汇买卖、票据承兑、产权交换等。企业进行投资活动和筹资活动，除了部分资金由所有者投入之外，其他资金主要从金融市场获得，所以金融市场环境是对企业影响最为广泛的环境因素，金融政策的变化必然会影响企业的投资和筹资。

一般情况下，金融市场能够为企业提供良好的投资及筹资场所，企业需要资金时可以到金融市场选择合适的方式进行筹资，如货币借贷、票据承兑、产权交换；而企业若有闲置资金时，则可以通过金融市场寻找合适的投资,如有价证券买卖、黄金外汇买卖。另外,因为金融市场具有不同的金融形势和买卖风格,企业能够通过金融市场将自身的长期资金变现为短期资金,也能够通过金融市场将短期资金转化为长期资金,由此可见,金融市场也是企业主要的资金转换渠道。而且金融市场能够反映出很多信息,如金融市场利率变化能够体现资金的供求,有价证券市场的行情变化能够体现投资人对企业的投资评价,这些信息都能够成为企业在进行财务管理、生产经营乃至生产规划时非常重要的依据,但相应需要企业具有财产管理的分析能力。

二、企业财务管理的方法

企业财务管理的方法就是指实现各种财务管理目标、处理各种财务关系、组织各种财务活动的具体实施手段,一般情况下需要以下六个模块进行相互配合,综合形成方法体系。

(一)财务预测

企业财务管理的基本方法就是进行财务预测,即根据现今企业面临的外部情况,结合企业的发展历史,综合考虑企业未来一段时间内的需求,有针对性地对企业未来某个阶段内的财务收支等活动进行全面分析,然后做出一定的预估和推断。财务预测包括的范围极广,如生产成本预测、收入预测、筹资预测、利润预测,其能够通过不同的预测方法进行有效预测,为企业的财务活动提供指导性建议。

(二)财务决策

有了财务预算,下一步企业财务管理人员就需要针对财务预算结合不同条件综合考虑,根据所得的不同方案进行财务数据的推论和分析比较,这是企业财务管理的核心内容,也是对企业方案和企业规划的优化。财务管理工作需要结合各种需求、环境以及条件,综合考虑、全面权衡,然后对方案进行完善和优化，以达成降低风险、提高收益的目的。

（三）财务预算

对财务决策进行优化之后，就可以进行方案的财务预算，这是对企业方案在实施时涉及的各个方面进行财务规划的过程，是组织企业财务活动的依据，也是控制企业财务活动的依托。同时，有了目标和行为方案，就需要有规划的实施，财务预算就类似于行为规范，需要通过财务预算来一步步推进，并确保其能够实施顺畅。

（四）财务控制

如果说前三项企业财务管理方法属于理论阶段，那么从财务控制开始则进入行动阶段。财务控制的根本就是企业在执行财务活动过程中，发生脱离目标的行为偏差，通过财务管理的手段，以财务预算为依据进行调整，通过干预来实现偏差校正。这一步就类似制订计划后的实施过程，财务管理人员需要尽最大努力让计划按部就班进行，从而最终获得计划中的结果。当然，财务控制不可能像普通个人计划校正那么简单，企业财务管理人员可以通过细节步骤的分段控制来逐步完成校正，这就需要企业财务管理人员在执行过程中时时关注企业财务运作情况，及时发现偏差，并及时进行调整。

（五）财务分析

财务分析需要建立在财务活动执行过程或产生结果之上，其是针对过程或结果，以财务预算和会计信息为依据对财务活动进行分析和评价，这是企业财务管理工作的重要步骤和方法，也是企业财务管理工作不断完善的法宝。财务分析的目标是总结财务活动的规律，从而为后续的财务活动提供数据和经验支持。企业财务管理人员也能够通过财务分析来完善财务预测、财务决策、财务预算和财务控制。

（六）财务考核

财务考核与企业奖惩紧密联系，是企业财务活动的重要评判标准，其主要是通过考核指标与实际任务完成数的对比，来确认有关责任人的工作质量。贯彻责任制原则，以奖励制度和约束制度进行工作考核，是企业财务管理在一定阶段形成项目闭环的关键环节。

第二章 "互联网+"时代概述

第一节 "互联网+"时代相关基础

21世纪，互联网的发展进入快速的连续突破之中，互联网已经覆盖了中国大部分人的工作和生活，互联网的兴起也给中国经济带来了各种变化，"互联网+"进入了大众的视野。

"互联网+"代表了一种新的经济形态，这种新的经济形态就是在充分发挥互联网在生产要素配置方面的优势和集成作用的基础上，将互联网的创新成果深度融入经济社会的各个领域，最终利用互联网提升社会的生产力和创新力。"互联网+"就诞生于互联网迅猛发展的时代背景之下。由于互联网深刻影响着人们生活、娱乐、工作、交际等各个方面，因此，互联网也会对国家经济发展产生巨大的影响。我国经济处于快速转型升级期，互联网的特性决定了其能够成为社会经济转型的巨大助力。

要想解读"互联网+"，首先要了解什么是互联网。互联网诞生于20世纪60年代末，其在刚出现时仅仅是四台计算机的连接，其最初步的设计就是为了提供一个通信网络。之后的20余年，互联网的发展一直非常稳定，但受到很大局限，直到 1995 年，商业网络的兴起使得互联网真正解锁，从而开始了它的野蛮生长。21 世纪之后，互联网的普及和发展进入了高速期，并一直延续至今。但不管互联网如何发展，其最基本的含义并未产生变化，即互联网是由能够进行彼此通信的设备组成的网络。也就是说，互联网的本质是一种通信连接模式，其所带来的是信息的传递，互联网就是一个连接各种信息，最终实现信息互通的工具。从此意义上去延伸理解"互联网 +"，将会比较透彻。

在"互联网 +"这个词语中，拥有三个主体，一是互联网，也就是能够实现连接通信的工具；二是"+"，也就是由工具对另一个主体产生作用；三是隐含在加号之后的未知，这个未知就是应用互联网这一工具的主体。[①] 通过对其最基本含义的挖掘，我们可以发现，"互联网 +"最突出的贡献就是能够和任何行业、任何主体相连，从而对整个网络主体产生影响。例如，与各种传统行业相连，加媒体形成了网络媒体，加零售形成了电子商务，加出版形成了电子阅读……而且任何被互联网渗透的新兴行业和主体，都会对原行业和主体造成巨大的冲击和影响，尤其传统行业更是如此。究其根本，就是因为在互联网未和传统行业相连时，传统行业各自的信息都是孤立存在的，并且处于信息受限状态，即使彼此之间合作密切，双方所能够了解到的对方信息也非常有限。但是在被互联网连接之后，不仅传统行业本身的信息交互和融合产生了信息增幅，不同行业之间的信息同样会产生交互和融合。互联网依靠自身的特性，打破了信息不对称的传统状态，也正是如此才催生出了很多新的行业生态。

"互联网 +"本身的潜力巨大，信息的汇集使得各个不同行业、不同服务，乃至不同产业链都开始产生信息交互，最终彼此之间达到了一定的升华。例如，就服务而言，原本的服务行业发展极为受限，但现今不

---

① 曾俊平，李淑琴."互联网 +"时代下的财务管理 [M]. 长春：东北师范大学出版社，2017：21-22.

论任何行业、任何企业，服务都是非常被看重的一项工作，出现这种情况最根本的原因就是"互联网 +"使得信息汇集。同时，信息的汇集也促进了互联网的飞速发展，如大数据、云计算、物联网，这些技术能够帮助与互联网相连的各个行业和企业共享、分析用户数据，使这些行业和企业为用户提供精准、优质及个性化的服务，从而缔造出一个又一个新兴的产业。

第二节 "互联网 +"的特点和内涵

一、"互联网 +"的特点

随着"互联网 +"的兴起和快速发展，越来越多的企业、技术、人才、服务、平台等深入融合，创新互联网新形态和新业态将会快速演进。综合而言，"互联网 +"拥有以下六大特征，而且随着"互联网 +"形态的完善，其基本特点也会越来越全面。

（一）开放性跨界融合

"互联网 +"最主要的特点就是信息交互和信息开放性，这无形中对各行各业都产生了巨大影响，各行各业的行业壁垒、技术壁垒和信息壁垒都在被快速削弱，因此就形成了开放性的跨界融合。这种融合并非简单地将几种行业和产业放在一起，而是使它们之间产生重塑和变革，这种融合能够使企业产品从研发到生产都越来越细化。这就会出现一种情况，即客户不仅是消费者，更可能是投资者；企业不仅是生产者，更可能是研发者。开放性跨界融合的发展，也促使了跨界创新。

（二）创新驱动经济

社会经济发展的模式原本属于资源驱动增长，即拥有的资源越多，增长的速度越快，增长的条件也就越好。但随着"互联网＋"时代的来临，资源经济已经不再是经济发展的原始驱动力，"互联网＋"的开放性融合，致使资源不再是影响经济发展的最关键因素。"互联网＋"时代，经济发展的关键元素是创新，信息的交互和融合、产业壁垒的消失等，都决定了创新必须成为经济增长的驱动力。企业只有以创新思维为根本，用互联网思维来进行自我革命和变化，才能够真正意义上实现产业创新、产品创新和服务创新。

（三）生态式发展

在"互联网＋"时代，生态思维是非常重要的特性，就如同大自然的生态一样，所有的环境、生物、气候等全部都是开放的，彼此之间互相影响、互相促进。"互联网＋"所形成的社会模式就是生态式的，过去的任何制约条件都会被弱化，仅仅拿创新来说，互联网的交互模式就决定了孤立式创新不再是常态，融合式创新才是根本。现如今，互联网将人才、技术、理论、实验都放入了同一个空间，只要敢于创新、勇于努力，任何新思维、新模式就都有机会在"互联网＋"时代创造出巨大的价值。

（四）结构形态重塑

"互联网＋"时代，很多原本清晰可见的壁垒正在快速消失，这也就使原本的社会结构、经济结构、文化结构、信息结构等都在发生巨大的变革。互联网的兴起使得整个世界开始进行融合式变化，因此，各种结构形态都将根据互联网的变化和发展产生变化。基于互联网业的虚拟社会圈、虚拟文化圈、虚拟经济圈、虚拟地域圈都在逐步形成，这些不同形态的互联网圈的管理，也促使人们的思维模式发生改变。

（五）以人为本

人是社会的主体，也是推动经济发展的关键元素和主要受众，正是因为社会的发展一直在围绕人进行，所以才会出现文化的繁荣、经济的增长、科技的进步。而在"互联网+"时代，人的参与性越来越高，以人为本的发展模式也就越来越明显。互联网能够呈指数发展，就是因为其真正做到了以人为本的发展，不仅对人的创造性加强了重视，更对人的体验性表现出了足够的尊重和敬畏，这也是"互联网+"时代体验服务越来越重要的原因。

（六）知识社会经济

人类社会从初步形成发展至今，都建立在知识体系不断完善的基础之上，可以说因为知识才形成了人类社会；因为知识的传承和累积，才最终让人类在区区数千年就得到了飞跃式发展。"互联网+"时代更加注重知识的重要性，因为只有知识在不断积累和提高，才会出现更多的创新。因此，在现在的时代，人们对知识产权的保护和认识都在快速提升，尤其是在信息交互越来越普遍的情况下，建立在知识体系下的需求型社会经济将会逐步代替以前的供应型社会经济。简单来说，就是不再以将产品卖到客户手中为结果，而是通过挖掘和拓展来预见性地满足客户的消费需求，如网购就是在满足客户使用需求之上，增加了便捷性和垂直性，这种预见性的根本就是融合化的知识体系。

二、"互联网+"的深层内涵

"互联网+"不仅仅是将一个行业主体与互联网相融合，其依旧还有更深层的内涵存在。想要在"互联网+"时代不被社会经济发展趋势浪潮淹没，就需要对"互联网+"进行内涵深挖，从根本上了解其代表的含义，只有这样才能在机会来临之时将其牢牢抓住。"互联网+"中内涵最深且最具有挖掘潜力的，就是其中的"+"。这里的"+"不仅仅是互联网和主体的连接，也不仅仅是主体去借助互联网的特性拓展自身，而是融合，这也是自互联网出现后社会经济和各种行业主体可预见的基本趋势。

（一）渠道融合阶段

从社会经济的角度来看，任何企业想要实现自身的最根本目标——利润，就离不开渠道。在传统时代，所有的商品和产品都受到了极大的地域限制，形成这种情况的最主要原因就是信息的不对称。如果客户从未听过或见过企业的商品或产品，客户并不会轻易掏钱进行购买，也正是这个原因，广告业才会得到巨大的发展，其本质就是地域信息争夺。

随着互联网的兴起，尤其是信息传播速度的提升，以及信息大数据库的建立，任何行业中的各种企业也都开始从普通的地域信息争夺中解放出来，开始真正进行渠道的融合。以前所说的渠道都属于线下渠道，即各种代理商、门面、超市、区域商等，但互联网信息的互通使得线上渠道迅速发展，线上渠道不仅使人们购买商品更加方便，而且能够让人们通过互联网进行信息的交互，从而大大拓展了企业的渠道宽度。[①]其中最为直白的例子就是，一个看似门脸极小的小型作坊类企业，其背后却有可能拥有当地乃至全国的销售渠道，其不需要挖掘各种代理商或线下渠道，仅仅靠线上渠道就能够让自己的产品销往任何地方。对于企业而言，产品销售的渠道拓宽了；对于客户而言，了解商品的渠道也拓宽了，客户能够在海量商品中，选择最适合自身的商品种类，甚至能够通过互联网与企业进行沟通，了解其最为深层的商品理念。

可以说"互联网 +"对经济和企业最明显的影响就是其通过将原本的地域壁垒直接打破，让商品原本的地域之争，转化为质量、价格、种类、客户服务等的比拼。"互联网 +"的渠道融合依托物流行业的兴起，正是因为有了互联网的信息交互以及物流的运输网络铺设，最终才有了渠道的大融合模式。

[①] 曾俊平，李淑琴."互联网 +"时代下的财务管理 [M]. 长春：东北师范大学出版社，2017：23-24.

（二）平台生态融合阶段

前面已经提到，"互联网 +"促成的渠道融合，使得原本的企业竞争模式都发生了一定改变。而随着"互联网 +"的普遍化，会有越来越多的企业加入这个巨大的网络之中，这也就加速了各种平台的兴起，同时也代表了另一种商业竞争模式的出现。"互联网 +"促成的各种平台不一定是产品的生产者，甚至可能仅仅是产品的搬运工。企业依托各种网络平台来扩大自身产品的销售范围，社交平台、物流平台、广告平台、专项商品平台、综合商品平台（商城）等，这些平台的本质是电商，其提供的就是针对卖家（企业）和买家（客户）的服务，赚取的也是为双方进行针对化服务所得的服务费。

"互联网 +"时代的企业与互联网相融合，一方面可以自己来做平台，即企业商城模式，如华为官方商城、美的官方商城；另一方面可以加入其他平台，即进驻电商平台，最终形成综合性电商平台，如京东、天猫。不管是企业自身建构的电子商城，还是加入综合性电商平台，其最终的目的都是统一的，即通过互联网平台，来完成自身的生产、销售、服务、品牌营造等一系列网络生态。这时的企业竞争也不再是由产品质量、销售模式、商品价格、服务模式、品牌铸就的竞争，而是转变为综合性竞争，即以用户需求和用户体验为核心，打造生产和服务融合的生态企业。现今的企业发展就处在平台生态融合阶段，对于企业来说，平台生态融合还有很长的一段路要走。

（三）万物互联融合阶段

万物互联就是通过互联网的连接，将所有运用互联网的人和企业，与各种流程、数据以及最终的产品、服务、技术等全部都融合在一起，最终以互联网的信息交互为基础，以计算机科技的发展为依托，通过人工智能、计算机计算和分析等进行整体的提升，然后进行真正意义上的定制性生产和服务，这里的定制性生产和服务不仅是针对传统的个人客户或企业客户，还可以扩充到国家层面的各种需求方向上。用简单的例子来阐述，万物互联就是在融入互联网的所有人才、企业、政府的帮助下，实现互联网社会融合统一的状态。例如，某一个具有特定需求的产品，通过某个企业、某些人才或某些技术根本不足以支撑其完成生产，但是通过万物互联的融合就能够将各个方面的人才，以及技术、生产线、理论等都融合到一起，从而实现快速的突破和产出，这也是万物互联融合阶段最为基础的服务手段。随着 5G 技术的全球普及，万物互联很快就会出现，而随着计算机技术和科技手段的飞速发展，以及人机交互、远程打印、智能生产和智能物流等技术的出现，万物互联必然会是将来企业发展的重要趋势。

第三节　经济模式与互联网思维

以现代信息技术为核心、以互联网为依托而崛起的网络经济为中国的社会经济模式开启了一个新的时代，其使中国的社会经济不仅充满创新和机遇，更充满颠覆和淘汰。网络经济的发展不仅颠覆了普通的经济思维，更淘汰了无数个无法与时俱进的企业。

一、传统经济模式：供应链

传统经济模式总结起来就是一种从企业到客户层层供应赚取差价的供应链模式。[①] 这种经济模式在传统的制造业中表现得更为清晰：从生产企业开始，其先进行原材料采购，然后经过制造商加工成产品或半成品，再通过销售渠道将产品销售到客户手中。在这个过程中，产品需要经历多层供应，如供应商提供材料、制造商进行生产、分销商提取货物、零售商

---

① 李永延，赵一蕾，王馨.短处竞争 社区模式下的财务管理 [M]. 北京：机械工业出版社，2016：2-3.

进行销售，最后才会抵达消费者手中。可以说传统的经济就是一条完整且不可分割的供应链条，只要中间缺少一环就会出现很大的问题，而且会影响到整条供应链上所有企业。

这种传统经济模式的核心竞争力是供应链的传递、稳定性以及广阔性。也就是说传统经济模式下企业想获得竞争优势，不仅需要产品自身的硬实力，还需要企业对供应链进行整体的升级和改造，最终才能提高企业的生存能力和竞争能力。一个企业最主要的竞争手段无外乎产品价格、产品质量、销售渠道网络、品牌效应和知名度等。

二、互联网经济模式：需求关系

随着互联网的发展，人们的生活发生了翻天覆地的变化，互联网的普及以及移动互联网的飞速发展，使人们获取信息的能力得到了大幅加强。也正因如此，社会经济模式开始改变：逐步从传统的供应链模式转变为需求链模式。

在供应链模式时代，传统的企业在进行产品开发和生产时都具有极大的自主性，即企业不会花费过多精力倾听用户的声音，而是用更大的精力去挖掘和自身产品相关的供应链，以求其掌控的供应链更加完善，从而提高自身的竞争力。但是互联网的出现，打破了企业这种传统的思维模式，在互联网时代，信息的传递越来越迅速，企业之间竞争的焦点不再是供应链，而是用户，即产品和用户的需求链。[1] 这时企业想提高自身竞争力，就需要以用户为核心，将自己的产品和服务完全渗入用户的生活，只有以用户的需求为主要考察标准，才能最终将企业的竞争力提升起来。

经济模式之所以发生这样的转变，就是由于互联网思维的产生，或者说是由互联网的普及催生出来的供需思维。互联网的出现，使得企业

---

[1] 李永延，赵一蕾，王馨 . 短处竞争 社区模式下的财务管理 [M]. 北京：机械工业出版社，2016：5-9.

和用户之间不再像以前一样阻隔着数个供应渠道，而是越来越紧密，供应渠道被挤压得越来越扁平，这些情况的出现都和互联网思维的特性有巨大的关系。

三、互联网思维相关内容

（一）信息数据思维

信息数据思维就是要注重信息数据的重要性，即要基于互联网的各种信息和数据，有针对性地进行各方面的应用和研究。互联网的发展使得信息数据的搜集和获取更加方便和快捷，而对海量信息进行筛选和分析，最终进行信息化预测，对提升用户体验有非常重要的价值，因此信息思维就成了互联网思维中最为重要也最为广泛的一种体现。从信息角度而言，互联网思维拥有大数据集成、信息透明化、信息去中心化以及信息智慧分享等特性。

大数据集成就是互联网吸纳海量信息，并通过计算机技术对这些信息进行归纳和筛选，然后形成大数据库，能够进入互联网的任何信息都能够被集结起来，最终成为大数据库的一部分。也正是互联网的这个信息特性，使得每个个体、每个企业、每个国家的数据都融合为一个巨大的整体，最终推动了全球化进程。

信息透明化就是建立在大数据集成基础之上的另一个特性，由于互联网容纳了海量的信息，且互联网的形式是信息互联，因此形成了一个非常特别的互联网特点，就是信息透明化。在互联网未兴起之前，传统行业中时常流传一句话：教会徒弟饿死师父。不能说这种危机意识不妥，而是时代差异造成人们对这句话产生了理解偏差，任何行业的内部都由多个不同企业构成，"同行业是竞争对手"的思维就是建立在行业信息不对等的基础之上，如果"师父"自己不留下几手绝活，靠着"徒弟"年轻且敢想敢干的特点，很容易出现师父无法竞争过徒弟的现象。但是随着互联网的兴起，信息的不对称性被极大削弱，人们在某一处无法获得足够信息，可以直接换到互联网的另一个信息节点去查探相关信息。同时互联网的信息传播速度不断提升，致使信息交互的壁垒也消失殆尽，最终形成了信息透明化，即人们不管是想了解专业的还是非专业的信息，只要有需求，在互联网中都能够获取足够的信息。

信息去中心化和信息透明化息息相关，在传统思维理念下，任何东西都具有其中心化及核心化特征，掌控住中心或核心，就等于掌控了这些东西的命脉。但是在互联网思维中，所有东西都已经信息化和数据化，自然也就不再具有中心和核心，而是以信息交互和关键词的形式存在。任何一个原本是核心的信息集合点，都能够通过互联网的网络架构延伸出无数个相关的信息。也就是说在互联网思维中，任何东西都是去中心化的，也许这些东西拥有所谓的核心，但通过互联网的信息筛选和网络架构追本溯源，这些核心最终都会分散成为非核心的信息集合点。

信息智慧分享是建立在以上三个特性之上的延伸特性，互联网大数据集成的特点，使得这个信息大数据库范围极广，囊括了方方面面。而随着计算机技术的综合提升，其针对某些需求进行数据筛选和数据分析的速度也越来越快，这就成了信息智慧分享的根基。同时，随着越来越多的个体及各种领域的主体加入互联网，各种各样的信息也开始在互联网中进行碰撞和交织，最终使得个人智慧逐步被集体智慧取代，从而形成了信息智慧分享的特性。

（二）免费交互思维

免费交互思维是基于互联网信息数据思维之上的一种运用，在互联网时代，人与人之间、企业与企业之间、人与企业之间的地域壁垒被完全打破，使得彼此之间的交互更为顺畅和便捷，这种交互的思维也令互联网的信息化发展越来越快，双方彼此促进，形成共同攀升的态势。免费交互思维可以从免费和交互两个方向来阐述，互联网能够拥有如此多的参与者，其最根本的原因就是互联网的免费性，如信息交互免费、使用互联网工具免费、服务免费、获取信息资源免费；而交互则建立在众多免费服务的基础之上，正是因为互联网的免费性，才使得互联网的参与者越来越多，这也为互联网交互带来了巨大的便利。免费交互思维主要体现在互联网的应用之中，如交互零距离、操作便捷化、惠及范围广。

交互零距离最主要的体现是人和人的交互，以及企业和客户的交互。对于人和人的交互，最直白的体现是互联网的表达和参与感方面，人与人之间最大的不同就在于彼此的感官、想法、观点、认知、体会等方面，在互联网未曾普及之前，人和人之间除了面对面的对话沟通，主要还有行为和结果的沟通，但这些沟通交互的局限性非常大。随着互联网的应用普及，互联网的免费性和信息数据集成化，促使人们能够非常简单和方便地表达和表现自己，任何人都渴望表达和表现自己，因为这些行为能够提高他们的参与感。互联网让人的最基本渴望得到了发挥，也正是因为这样，互联网的覆盖率和参与度才会不断攀升，而人们表达自己的思想、愿望、意见、建议等，无形中也为人与人之间的沟通提供了便利。而企业和客户的交互推动了企业服务模式的巨大变革。在互联网未普及之前，企业和客户之间存在着无数道壁垒或鸿沟，企业不会特别在意客户的感受，客户即使有所建议或反馈也无法及时和企业进行接触和沟通，这就造成了企业发展逐渐滞后。往往在市场开始排斥企业产品，企业利润和市场份额大幅度减少之后，企业才后知后觉去寻找出现这种情况的原因，但往往已经太迟。在互联网普及之后，企业和客户的沟通壁垒越来越少，通过互联网，企业甚至能够和客户直接进行面对面沟通，用户对各种产品的使用感受、反馈、建议和意见等都能够快速融入企业的数据库，这种交互零距离的特点使企业能够快速了解产品乃至企业自身的问题，从而既快速又极有针对性地产生反应，所以在交互零距离的互联网思维督促下，企业的发展和创新都会更加迅速。而且因为其能够搜集海量用户的真实体验，所以针对用户所作的改进和优化措施都会更加契合市场需求，不仅能够在提升用户体验的同时赚取利润，还能够提高企业的品牌知名度。

操作便捷化是互联网思维中信息特性的直接体现，因为信息的集成度极高，且拥有去中心化的特性，所以用户在利用互联网进行信息检索或寻找所需时都会异常迅速。随着互联网技术的飞速发展，各种平台层出不穷，互联网的大数据分析、各种搜索引擎以及集成化平台，使原本用户进行某种产品的选择时进行对比、参照、使用反馈探查所耗费的时间都能够通过互联网技术便捷化。而且因为用户和产品之间的零距离反馈以及信息透明化的存在，使得任何用户都能够根据已有信息筛选出最适合自身的产品，之后用户只需要在互联网集成化平台点击付款，即可在平台物流的帮助下快速拿到产品进行使用，这种操作的便捷化无疑会极大提高用户的时间利用率。而且操作便捷化不仅仅体现在用户身上，对于企业来说同样如此，企业若想快速提高产品的质量或产品对用户的适用度，只需要通过互联网进行用户反馈数据分析，即可得知产品的问题到底出在哪里，从而更快捷地对产品进行有针对性的调整，根本无须花费大量的精力和时间去对用户进行使用调查，这也在无形中为企业进行产品迭代、产业创新提供了异常便捷的依据。

惠及范围广主要体现在互联网的普适性方面，因为互联网的网络化组成以及参与者众多等特点，其反哺的能力也异常强大，不管是何种需求，互联网都能够快速并有针对性地满足。同时，互联网的信息交互模式使得信息智慧分享的特性得到了巨大发挥，所以即使用户当时无法在互联网得到需求上的满足，也能够通过交互零距离的特性快速得到反馈。

互联网思维逐渐渗透各行各业，致使企业的思维观念在发生改变，尤其是互联网促成了企业和用户之间的交互，因此用户体验就成了企业发展中一项非常重要的参考要素。从根源上来说，企业的基本目的是利润，而利润的创造者就是用户。随着互联网信息透明化越来越彻底，企业想要获取更多利润，就需要回归本源。任何企业都需要服务于用户，然后让用户满意，最终从用户那里获取到属于自己的利润，就如同人类商务活动的开端——以物易物，目的就是让彼此的需求得到满足，从而进行物品的交换。现今的企业和用户之间同样如此：企业以最大限度满足用户的需求，而用户以货币来换取。现今，大部分企业都已经加入互联网，其中的竞争异常激烈，企业要想更好地生存和发展，获取更多的利润，就需要持续关注用户体验，并以用户体验为核心来完善自身。只有用户不论是精神方面还是物质方面都得到了满足，企业和用户之间的连接才会更加紧密，从而企业才能够提升自身的竞争力，最终在互联网中占据一席之地。

第三章 "互联网+"时代企业发展分析与市场定位

第一节 "互联网+"时代企业未来发展趋势

随着计算机技术和移动互联网技术的飞速发展，"互联网+"时代的发展步伐越来越快，"互联网+"的未来发展趋势，从根源而言依旧是互联网思维的转变和应用。对于企业而言，互联网思维的转变是基础，而应用则是依靠互联网思维和层出不穷的互联网新技术对企业进行改造，最终达成互联网与企业的深度融合。企业想要达成这样的目标，就需要进行三项巨大的核心变革，不仅是思维的变革，更是产业链和企业模式的变革，即打破商业信息不对称的局限、打破信息技术创新的局限、打破以价格为主的产业模式的局限。

一、企业变革核心

（一）打破商业信息不对称的局限

对于企业和用户来说，信息的对称是实现交易公平的基础，如果在交易过程中彼此的信息不对称，一种结果是交易无法成功，另一种则是形成不公平交易。

在互联网未普及之前，企业和用户之间的信息就经常具有不对称性，如企业很难对用户的信息进行掌控，用户到底是基于什么目的才需求自身产品，用户使用产品后效果如何，产品应该如何有针对性地进行迭代，这些问题企业很难从用户那里获得，或者在获得时都会引发一系列的麻烦；而用户对企业的了解也非常有限，他们在购买某些产品时同样对产品不够了解，具体到产品质量如何、运用情况如何、效果如何、出现问题企业会如何等，对于这些信息，他们都没有太多获取的渠道，很容易造成购买商品后却利用率不足的情况。[①] 有时企业为了获得更多利润，甚至利用这种信息的不对称性诱导消费者，如大范围进行广告投放，用户仅仅知道这个产品名气巨大，而且在广告中所阐述的效果极佳，因此争相购买，但对自身的作用到底如何，用户只有购买之后才能体会到。而当用户购买之后，企业就能够获取到这部分利益，具体用户体验到底如何，企业甚至不去关心。

但是在"互联网 +"时代，信息是否对称已经无关紧要，在去中心化和去平台化的趋势之下，企业要想争取更多的用户从而获取更多的利润，就必须下功夫深挖用户信息，从根源处去了解用户的需求，从而有针对性地对产品进行升级和迭代，并且要做好售后的服务，获取用户的

[①] 曾俊平，李淑琴 ."互联网 +"时代下的财务管理 [M]. 长春：东北师范大学出版社，2017：45-47.

良性反馈；而对于用户而言，他们不需要从企业那里得知大量数据，也不需要去关注企业的品牌，只需要从互联网去搜集与自身需求相符的用户体验信息，做出自己最佳的选择即可。这种情况下信息是完全不需要对称的，因为企业和用户之间的交易模式已经发生了根本上的改变，企业想得到利润就必须用尽心思去争取用户比例，而且这种争取还需要建立在产品质量提升、用户体验反馈提升、产品价格可参考性提升、售后服务质量提升的基础上。"互联网 +"时代，所有的商业模式都已经改变成以用户为中心，信息不对称已经无法成为企业的竞争核心，企业需要快速适应和改变。

（二）打破信息技术创新的局限

在互联网普及之前，企业针对市场的竞争往往是企业之间的竞争，彼此所拼的是对各种信息的掌控能力，因此需要企业自身的信息技术不断创新。企业的信息技术创新不是狭义上的计算机等硬件设备和软件工具的创新，而是掌控市场信息方面的如信息采集、信息分析、信息掩盖等技术创新。这段时期企业把控的信息越详细，对市场、对手、用户等越了解，那么企业的竞争力就越强，企业也可以使用掌控的信息实施心理战、价格战、品牌战，使自身获得巨大市场优势，从而获得利润。

但是互联网本身所携带的信息量就极大，如果企业再将巨大的精力和成本投入信息技术的创新方面，就会得不偿失。现如今，以用户体验为导向的商业模式，对信息的采集和分析等都可以通过大数据渠道来获取，成本远比以前打信息战时低得多。而且现今用户体验才是根本，掌握的信息再多、竞争的手段再丰富，最终用户体验没有得到提升，那企业依旧会被用户淘汰，被用户淘汰就意味着被市场摒弃。所以，"互联网 +"时代的企业要突破信息技术创新的局限，将更多的精力放在如何提升用户体验方面，这样才能够争取到更多的用户，从而占据更大的市场。

（三）打破以价格为主的产业模式的局限

传统行业的竞争，时常会形成以价格为主的成本战和营销战，为了获得更多的市场份额，竞争企业不断降低产业成本、压下产品价格，甚至不惜将产品的质量压低，从而通过更低的成本和投入，赢得价格战。这样的竞争模式不仅对企业来说是一种巨大的负担，对用户来说同样是一种极不负责任的做法，毕竟将产品的成本压低，质量就很可能下滑，用户体验也必然会受到影响。而且这种竞争方式还容易使企业陷入大鱼吃小鱼、小鱼吃虾米的恶性竞争之中，毕竟实力越雄厚的企业，进行价格战的优势也越大，因为其产业链丰富，承受长久产品价格打压的能力极强，能够通过自身强大的资本一步步将其他竞争对手拖垮。

但是"互联网 +"时代，传统意义上"价格为王"的竞争手段已经不再是主流，这不仅和互联网的发展有关，也和大众生活水平逐步提升有很大关系。"互联网 +"时代，用户在选择商品的过程中，价格仅仅是其中一项参考元素，除此之外，他们还会参考商品质量、商品口碑、企业口碑、后续服务质量、商品销量等各个方面。综合而言就是现在的用户选择商品靠的是用户体验，参考的是其他用户的体验效果，而不再仅仅是商品的价格，他们还会考虑使用效果和使用心情。也就是说，在"互联网 +"时代，企业竞争是多方位、多层面的竞争，其根源依旧是以用户体验为核心。

二、企业发展趋势分析

"互联网 +"时代，企业都面临着巨大的变革考验，根据"互联网 +"时代的特性，企业未来的发展也具有一定的趋势。

（一）连接聚合趋势

从互联网的本质而言，未来企业的价值就在于连接聚合，这也是互联网商业化的特征之一。未来，连接聚合将是互联网商业化的主要载体，其能够通过所有信息的连接，最终实现强大的聚合能力，这也将会成为未来企业发展的一大趋势。这一趋势在现今的电商、门户、搜索、社交等各个方面都已经有所体现，尤其是电商和社交，它们就是运用互联网连接聚合能力之后的商业化体现。

互联网从最初的信息连接和聚合，发展到现今的消费互联网连接聚合，以及移动互联网连接聚合，其连接和聚合的趋势越来越强，空间维度在互联网的带动之下已经不再是限制和问题，甚至随着物流业的飞速发展，时间维度也已经不再是商业化进程的限制。现今流行的同城一日达以及各种餐饮配送服务等，无不在向大家阐述时间和空间的影响在互联网的连接和聚合之下越来越弱。

随着云计算和大数据的应用，物联网也已经崭露头角，互联网的连接聚合能力正在发生着巨大的蜕变。即使在未来一段时间中，互联网的连接依旧会持续，但万物互联才是互联网发展的最终目标，这些连接不仅限于商品和用户，更涵盖着各个方面，如社交互联、产业互联都在逐步渗透传统产业的层层壁垒。从企业的角度而言，连接聚合本身就具有极强的经济效益，所以万物互联的连接聚合，必然是未来的主要趋势之一。

（二）产业互联金融化趋势

在传统的认知中，不同的产业根本不会拥有任何交集，但是随着"互联网 +"时代的来临，以互联网为核心的产业互联已经成为一个巨大的潜力股，现在所流行的共享经济、个性经济、粉丝经济、体验经济等，都是典型的产业互联。

在互联网的催生之下，世界上将不再存在价值不足的产业，企业发展的关键在于如何运用互联网来进行产业互联，从而让产业的价值提升。同时产业互联也使金融服务融入其中，在物流体系的支撑下，任何有市场需求的产品都能够拥有与其自身相匹配的价值，这就是产业互联的金融化。现今的网络支付功能、互联网金融服务、信用借贷等，都属于产业互联金融化的产物。未来一段时间，随着万物互联的趋势化发展，产业互联必将越来越兴盛，同时其催生的产业互联金融化也将会成为一大趋势。

（三）定制需求趋势

互联网的发展，使得全球的各种资源都开始进行整合，近几年海外带货的兴起，就在一定程度上满足了一部分用户的消费需求。可以说，随着"互联网 +"时代步伐的推进，用户体验和用户需求必然会成为企业服务的核心。这种现象的产生，一方面是因为互联网连接功能造成的资源短缺向资源过剩的转变，另一方面则是因为用户消费需求逐步被挖掘。用户是企业创造利润的主要因素，但是随着琳琅满目的商品进驻互联网，用户不再满足于最基本的商品需求，更多的则是追求购买商品和使用商品过程中的体验需求，这种需求所满足的就是用户的个性化，而满足用户个性化需求的手段就是企业定制。

原本的产业模式完全是以企业为中心的标准化生产，即企业生产出商品后，用户进行购买和使用。但是随着互联网的推进，用户开始重新回归商业化的交易中心，企业一切的产品、服务、体验等，都将围绕用户展开。但不同的用户会有不同的个性，不同的用户所需要的商品也会不同，当产品过剩的情况出现后，互联网则开始向尊重个人个性的方向发展，企业也开始关注用户真正的个性化需求。有些时候用户可能都无法清楚自身的个性化需求到底如何，但通过互联网的产业互联与以大数据、云计算、人工智能为基础的互联网技术的快速发展，洞悉用户个性将不再是难题。这也就加速了以满足用户个性化需求为主要目标的定制产业的出现，也就必然会成为未来短时间内企业的发展方向。

（四）线上线下结合趋势

线上线下结合，也被称为"O2O"，指的就是线下的商务机会与互联网的结合，从而让互联网成为线下交易的前台。所有兼备线上电商服务和线下实体服务的企业，都可以被称为拥有 O2O 商业模式的企业。这种趋势的出现，是由于互联网的发展速度远远超过传统行业的转型速度，为了将传统行业的剩余劳动力和产业价值发挥出来，企业通过线上预约、线下满足服务的方式进行资源整合。

从根源上来说，互联网属于信息聚合网络，其本质就是数字和各种数字化的信息，这些信息本身是无法为任何用户提供任何实质意义上的商品或服务的。但也正是因为互联网的这个特性，本来发展受到互联网极大排挤的线下产业，因为其本身产能过剩（少人用、少人买）的状态开始被互联网挖掘，最终形成了线上和线下的融合产业趋势。

现今已经开始展示巨大潜力的社区化经济模式，就属于线上线下的融合产业模式。这种产业模式在未来必然会形成巨大的潮流，因为其本身具备了线上的方便快捷和高选择性，同时也具备了线下的切实性商品服务。由此可见，社区化经济模式不仅将线上线下两者的优势发挥了出来，而且解决了很多线下产业本身产能无法得到充分利用的问题。

（五）生态工业趋势

互联网的发展不仅令信息产业得到了飞速进步，而且也使计算机硬件科技得到了飞速发展，这种发展模式也催生出了生态工业领域。生态工业就是在物联网、大数据、云计算等信息互联的基础之上，造就的新的工业体系，如无人汽车、VR 设备、可穿戴智能设备、无人机，这些和互联网数据化相融合的工业体系，将会成为产业互联中非常重要的一个组成部分。

这些工业体系的发展，不仅能够在一定程度上解放很多人工劳动力，其还拥有安全、高效、服务性能高、节约成本等特点，并且在一定程度上促进了智能工业的发展，可以称得上生态工业。而且大数据、云计算、物联网等技术的提升，使传统工业体系也迎来了巨大的变革，人工智能机器的应用，使得传统工业体系和互联网相连接，不仅能够降低工业产业成本，还能够在一定程度上降低污染、修复生态。

以上所说的五个趋势，属于已经有所端倪且初见成效的互联网产业发展模式，相信随着互联网产业的不断推进，将会有越来越多的互联网产业融合模式走入人们的视野，新兴产业的发展也必然会越来越精彩，越来越鼎盛，从而让人类迎来真正意义上的万物互联。

第二节 "互联网 +"时代企业的市场定位

在"互联网 +"时代，任何企业想要在竞争激烈的复杂市场中站稳脚跟，就必须拥有其特性，要么是产品独特，要么是企业战略独特，要么是经营模式独特，要么是品牌独特，要么是服务独特。不管是哪种特性，都要求企业拥有其他企业没有的特性，只有这样才能在市场之中占据一席之地。总体来说，不管是企业的独有特性还是企业的生存技巧，其根源就是企业核心竞争力以及企业的市场定位，只有把握住这两个关键元素，企业才能在市场扎根，才能靠稳固的根系进行快速的生长。

一、企业核心竞争力

企业的核心竞争力是企业能够在市场竞争中提高竞争强度的关键元素。相对而言，任何企业的核心竞争力都离不开产品、客户、战略和销售渠道，即使在"互联网 +"时代也依旧如此。

（一）竞争主体：产品

企业在市场中的竞争，都拥有一个承载竞争的载体，那就是企业的产品，这个产品也许是实物，如手机、电器、日用品。一般情况下实物产品会形成一定的系列产品链，用以满足市场多方位的需求，这个产品也有可能是服务，即虚拟的产品。这种情况下，企业可能没有其自身的实体生产线，但是企业的服务链条却可以承载各种各样的实物产品，以强化自身的服务。不管是实体产品还是虚拟产品，在"互联网 +"时代参与市场竞争时，产品本身的质量、特性等都仅仅代表了一个竞争点。随着互联网深入人们的生活，产品的竞争侧重也逐渐从原本的成本、质量、使用感受等方面拓展到更深、更广的方向，其侧重更加综合也更加偏向情感元素，如认同感、使用感。也可以说因为产品和客户之间的联系更加紧密，所以产品的竞争侧重已经和企业的所有竞争元素融合了。

在这样的竞争模式之下，产品自身的特性其实已经被弱化，以前的反复式、轰炸式广告已经不再是企业使产品提高知名度和占据市场份额的主要方式，而是变为渗透式、心理暗示式。同样，客户对产品的了解和感知也已经不再是铺天盖地的各式直白性广告，而是结合了互联网的信息特性，加入了客户本身对产品的认可、情感、客观和主观评价等各个方面的因素，生活融入式和应用式软广告开始成为宣传产品和提高产品知名度的新方式。

（二）竞争方式：销售渠道

在互联网未曾普及之前，企业进行产品销售最为简单也最为奏效的方式就是考察市场黄金区域，之后在资金允许的情况下占领这片黄金区域，依靠区域本身所带有的客户流量来提高产品的销售额度，这种区域占领式销售至今都占据一定的地位。而当企业进行产品的迭代或研发上市新的产品时，则需要就新产品的发布广而告之，以新品发布会的方式进行造势以及批量宣传，而且所选择的依旧是黄金区域，其类似于产品的广告造势，是通过区域性投入来拓宽销售渠道，从而占领销售市场。

但是在互联网已经渗透人们生活方方面面的今天，网络经济已经成为主导经济模式，黄金区域所存在的地理优势已经被极大弱化。这是因为随着时代的进步和客户购物观念的改变，传统的逛街虽然可以带来更大的视觉震撼和参与感，但其本身也会花费更多的时间和更多的体力。对以快节奏为主要生活模式的现代人而言，黄金区域虽然依旧有存在的价值，但已经不是企业竞争的关键性元素。客户可以通过网购的形式满足自己的需求，这种方式不仅轻松快捷，而且安全性高、实用性好，客户在网络平台上完成下单之后，只要等待物流快递送货上门即可，节省了大把时间和精力。

企业传统的搭建供应链式的金字塔式销售渠道已经不再是主流，这主要有两方面原因。一方面，搭建供应链和销售金字塔需要投入巨大的区域租赁成本和装修成本，此外，企业还需要进行货源补充和区域就近仓储，这无疑又是一项巨大的成本投入；另一方面，传统销售渠道需要非常多的人参与，用以对客户进行点对点、面对面的服务和跟随，不仅浪费时间，而且容易做无用功。例如，销售员或引导员不断跟随一个客户进行商品介绍、推荐，但最终花费了很长时间客户却没有选择，无疑会出现投入成本和最终结果不匹配的现象，另外客户与销售员还容易因为沟通模式的不同产生矛盾，从而极大影响客户对企业和产品的好感度。

在"互联网 +"时代，企业根本无须搭建复杂且投入巨大的销售渠道，仅仅需要拥有自身的产品链和生产线，不管企业的商铺到底在哪，甚至没有商铺仅有厂房，同样可以通过互联网进行产品的销售。针对客户而言同样如此，不管是对产品的需求时间紧急还是数量极为稀少，也不管是身处偏远小镇还是身处城市中心，只要拥有电脑或手机，就能够以同样的价格在同一时间买到同样的产品和服务。可以说，互联网让企业和客户之间的关系变得不再像以前那样中间隔着层层壁垒，现在的销售模式已经成为信息完全对等、需求供应完全匹配的形态，各种网络销售平台的出现，让企业的销售渠道不再受到限制，这无疑会对企业产生巨大的影响。举例来说，一个是在城市中心繁华地带盘店销售的企业，一个是作坊式家庭小店通过网络销售，如果二者销售的是同类产品，虽然企业实力更强、名气更大，但在利润赚取方面不一定比小作坊高。因为企业投入的成本更大，不仅盘店租金更高，人员投入成本也更大，库房和产品运输的成本同样都较高；而小作坊只需要投入物流成本即可，同样价格售卖同种产品，小作坊的利润会比企业实体店高数个乃至数十个百分点。

"互联网＋"时代要求企业尽快转变销售渠道的搭建模式。首先，企业需要在网购平台尽快上架企业产品。企业要针对客户常用的网站或购物平台，在网站或平台较显眼的位置制作产品场景，令客户对产品有初步的认识和深刻的印象，最佳的方式是根据企业自身实力情况，铺设属于自身产品的网购渠道。其次，就是需要企业通过网络销售渠道和客户进行交流和互动，根据客户的各种反馈来对产品进行适当的调整。同时，企业也可以通过和客户的交流和互动，将企业其他相关产品推荐给客户，以此来实现一条龙服务效果，还可以结合线上和线下双管齐下的模式，来为客户提供最佳的购物体验，增强客户对企业的认可度，最终实现利润增值。

（三）竞争导向：客户体验

企业想提高自身产品的竞争力，就需要明白到底是哪些因素在促使市场份额产生变化。在"互联网＋"时代，网购平台的便利性无可置疑，那么到底是哪些因素让客户喜欢在网上进行购物呢？综合而言，产品的价格和质量是最重要的一环，而且一般价格和质量还经常相互影响，然后是企业的售后服务效果，这些因素融合到一起，就构成了网购的竞争导向，即客户体验。

客户购买企业的产品是为了实现自身的需求，这里的需求不仅仅是产品本身，其包括产品的价格和产品的质量，另外还包括客户在购物以及使用产品过程中的整体感觉，相信没有人会喜欢一个产品价格合适、产品质量优秀，但说话很容易惹人生气、出现问题后推卸责任的商家，不管是在实体店购物还是网购时均是如此。

首先，产品的价格和质量。价格虽然时常会和质量挂钩，但是相对而言，价格对于客户来说是最为直观也最为重要的一项体验元素。网购能够快速兴起，最主要的一个原因就是完全相同的一种产品，在实体店售卖的价格要比网络平台上的价格高很多，既然如此，客户为什么非要去实体店购买这个产品呢？毕竟在网购平台进行购买，不仅方便快捷，而且价格低。网购平台产品价格低的主要原因，就是其省却了传统企业销售渠道的所有中间环节，包括代理商、零售商、店面成本、物流成本、仓储成本等。完全一样的产品直接从企业库房流向客户，这与经过多个环节再流向客户的销售模式相比，无形中减少了数层成本，价格自然就会更低。这种基于互联网的网购模式，对企业和客户来说都具有巨大的好处。一方面，对企业而言，这种模式能够令其节省一大笔成本；另一方面，客户也能够通过网购模式得到物美价廉的产品。由此可见，现如今的网购模式是一种基于互联网的双赢商业模式。

其次，用户在购物环节中的服务体验。这一项所包含的内容较多，包括网购平台购买体验、发货及收货体验、使用产品体验、后续问题反馈及解决体验、与店铺后台的沟通体验等各个方面。这些体验形成一个反馈体系，能够对客户的认可度以及整体情感产生巨大的影响。

产品的价格和质量，结合客户在购买产品过程中产生的服务体验，最终构成了用户体验。这份用户体验并不会直接给企业带来利益，但相对而言会提高企业在用户心目中的形象和感觉，这份形象和感觉会让用户自发帮企业进行口碑宣传。最为直白的例子就是，进行过某个产品网购的用户，在满意度极高的情况下，会非常自然且自豪地将其推荐给亲朋好友，虽然网购的商业模式和传统商业模式有所不同，但"250定律"（每个客户身后都有250个潜在客户）却依旧适用。也就是说，当客户对企业的产品具有认可度之后，客户会自动激活其身后的潜在客户，而不再需要企业花费大量时间和精力去对潜在客户进行挖掘。

另外，"互联网+"时代还存在一个非常特别的未来商业模式，那就是免费商业模式。通俗来说，这种模式就是根据互联网的特性以及企业的产业调整，将产品和服务的成本压低到趋近于零的状态，最终实现免费商业竞争模式，这也是未来一段时间企业重要的生存法则。也许多数企业会认为，产品和服务都免费，那么就意味着需要自身去贴补产品开发、生产以及服务的成本，会将企业推到真正的深渊。其实，这里所谓的免费商业模式并非一直完全免费，而是一种较为婉转的商业策略，即通过提供免费的产品和服务，来获取海量的庞大客户市场，以及这些客户的忠诚度、认可度，最终将企业和客户的关系拉近：企业一直在为客户着想，而且会为客户提供高质量的产品和服务。相对而言，这是企业将真正的竞争放在了争取客户的角度上，而不再是与同类企业进行激烈的商业化竞争。这种争取客户群体的竞争导向，不仅不会让企业因为商业化竞争而两败俱伤，而且还会促使企业做出最利于客户的同时也最利于自身发展的各种战略决策。

（四）竞争背景：战略决策

任何企业进入市场，都需要完善企业的经营战略，也就是进行全局性、长远性、战略性的经营布局，以此来解决各种问题，这就是企业的战略决策，也是企业进行市场竞争的深层背景。一般情况下，企业的战略决策都是由企业高层决策者来完成的，尤其是对企业具有所有权和经营权的股东及职业经理人。企业的战略决策需要基于企业的市场定位，分析行业的竞争机会，对行业竞争局面进行剖析，最后结合企业能力来完成，其属于企业赚取利润这个终极目标的细化和布局实施，起着企业和市场连接、显化竞争力的枢纽作用。

企业的战略决策思路多种多样，企业高层决策者可以针对不同的出发点来制定不同的战略决策，不过整体而言主要思路都源自内外两个方向，即企业内部的资源和企业外部的市场机会。任何企业制定战略决策，都离不开这两个关键元素，没有内部资源，就无法完成整体的战略布局；而没有外部的市场机会，企业内部的资源就无法真正应用于市场，也就无法将资源转化为最终的利润，两者相辅相成，缺一不可。根据企业针对的重点不同，企业的战略决策可以分为资源导向和机会导向两类。

资源导向就是企业首先考虑自身拥有哪方面的资源，然后分析解构这些资源所能创造的价值，再结合市场中存在的各种机会，制定出企业的战略目标。企业的资源范围极广，包括企业本身拥有的土地资源（如厂房）、机械化设备资源（如生产器材）、交际资源（如企业人脉）、技术资源（如研究成果和科技手段）、项目资源（如项目策划能力）、人才资源（如专业技能人才）等各个方面。通过对资源的整合与分析，企业可以实现对市场的把控和了解，从而将资源进行合理的运用，使其转变为市场竞争力。这种导向的战略决策虽然有利于运用企业现有的资源不至于让资源浪费，但相对应的是资源一般较为分散。有些资源的融合会成为一个较为独立的产业，多种资源甚至会形成多种产业，从而导致企业主营产业不清晰，也会因为企业向每个产业投入的精力较为均衡造成其自身没有强大产业支撑。

机会导向则和资源导向相反，即企业先进行市场分析，从市场中寻找机会，在拥有较为独到的机会之后，再通过组织资源来抓住机会，这种模式的战略决策非常考验决策者对机会的准确判断和预估。这种战略决策在互联网初兴起时体现得最为明显，阿里巴巴的兴起就是抓住了网络经济的第一波机会，之后通过从风投处获得投资而逐步完善。机会导向的战略决策模式对于一些资源匮乏但具有敏锐市场察觉度的企业而言，是一种非常好的企业发展模式。但相应来说其缺点也异常明显，那就是由于企业对市场的机会非常敏锐，很容易造成企业想将看到的机会都抓到，最终导致很多机会抓不牢或抓不住，而且其有时对机会的感觉不够清晰却又怕错失机会，从而分出部分资源进行尝试，最终造成企业资源分散。

还有一些企业的战略决策属于决策层对企业战略布局并没有完善的构想，但是受到市场上同行或外界企业的影响，或者感受到同行或外界企业的战略对企业有利，于是就照猫画虎进行硬搬，完全跟风。例如，看到连锁经营模式所得利润很高，就不顾自身企业的情况、不进行市场把脉，直接跟风进入。再如，看到有些企业进行多元化发展将企业办得风生水起，自己的企业也直接入行，最终不仅事与愿违，还拖垮了自己的企业，这样的案例不胜枚举。也有些企业因为完全不关注外部变化，一直低头赶进度却从不看眼前的路，最终外界都已经进入网络经济时代，而其自身依旧在生产、盘店、架构供应链等，直到最终企业无法跟上时代步伐才不得不进行痛苦转型。在这样的情况下企业根本毫无准备，而且对新时代情况也并不了解，只能通过等待来谋求机会，殊不知在这种思维模式未成长和转变的情况下，直接以企业自身为试验品的做法往往会得不偿失。

前面的战略决策是以从企业创立到进入市场站稳脚跟的阶段为依托，若企业已经占据了一定的市场份额，并且自身具备了一定的竞争能力，企业的战略决策就需要进行一定的改变，其主要方向有三种。一种是从决策层入手，以对市场机会高度敏感和企业资源灵活运用的优势，来进行战略扩张，这属于扩张战略，其目的是尽可能地扩大市场占有率从而提高竞争力。例如，小米最初靠粉丝经济和手机产品高调打入科技行业，经过三年的发展后，开始进行多方面技术延伸，先后研发了高清电视盒、窄边智能电视，之后一年又在此基础上开发了路由器。近些年则以智能手机为核心，以互联网电视、智能家居生态链建设为主营方向，进行了大规模扩张。另一种是针对市场的挑战，企业不断提升自身的核心领域竞争能力，从而形成有别于其他企业的竞争地位，捍卫企业最有价值的资源和产品，维护好企业已有的竞争优势。这属于防御战略，其目的是尽可能保护自身的市场占有率。还有一种是围绕自身资源和产品线进行多元化产品经营，最终形成战略群组来开发新市场、引入新产品和完善企业战略布局。这属于多方位经营战略，其目的是尽可能拓宽市场，从而增加产品用途，拉拢新的使用者。

进入"互联网＋"时代，不仅经济模式发生了巨大的变革，企业在市场的竞争机制也已经悄然发生改变。战略决策是企业发展的风向标，若企业无法制定一个契合市场变化、适应时代发展的战略决策，最终的结果只能是被市场淘汰。针对不同的战略决策模式，企业要灵活进行运用，尤其现今已经进入网络经济时代，市场的变化和需求模式一直在发生变动，因此企业的战略决策应该更灵活。企业只有通过资源和机会融合分析考虑，才能有针对性地制定出最适合自身的战略，从而越走越远。

二、企业市场定位

前面提到，企业战略决策的制定取决于企业的市场定位，其实市场定位应该属于企业在创建时就需要进行思考和完善的内容。企业进行市场定位的根本目的是通过分析市场上竞争者现有产品在市场中的优势，包括成本、特征、性能、款式、可靠性、实用性等各个方面，从而针对客户对此类产品某些特征或属性方面的重视程度，来为自身塑造与已有的市场产品与众不同的、能够给客户带来深刻印象的产品，然后通过产品来传达企业的品牌形象、风格以及特点，最终让企业产品在市场上找到最佳的位置，实现竞争定位。综合而言，企业的市场定位分为三项：目标市场定位、产品定位和竞争定位。

（一）目标市场定位

目标市场定位包含两个方面内容：一个是企业定位，另一个是消费者定位。企业定位就是要确定企业想塑造一个怎样的形象、想打造一个富含怎样企业特性的品牌，然后在此基础之上，对企业由上到下所有员工的能力、知识、语言行为特征、可信度等方面进行详细评测。简单来说，就是想要将企业打造成哪一类企业，是以高度垂直化、针对某类产品进行深挖和不断完善的技术型企业，还是以打造服务精神、针对以为用户服务为主的服务型企业，或者是以优质、高产量产业链为主，针对产品综合化高的生产型企业。针对不同的企业定位，企业要打造不一样的企业文化，创建不一样的企业品牌形象，其最为主要的目的就是让用户能够轻松记住企业，并使企业能够通过某些产品或服务在用户心中形成立体形象。消费者定位则是为了确定企业所面对的目标客户群体，这一步企业所考虑的就是使用企业产品或服务的目标客户到底是哪些、他们到底有什么特性等，企业的消费者定位必须做到足够详细且数据准确。一般情况下，企业可以从消费者的性别、收入、行业、思维模式、时间自由度和空间自由度、外在需求和潜在需求、依赖性和习惯性等各方面进行综合分析。

目标市场定位就是通过将消费者定位和企业定位相结合，根据企业自身的优势，如产品特性、企业特性，通过对消费者的分析，最终锁定目标市场。在"互联网+"时代，企业目标市场定位的特点是细分化，即在竞争激烈的网络经济环境下，要通过扬长避短找到最利于发挥自身优势的市场，做到更加针对、更加垂直，满足目标消费者的某一类或某几类需求。

（二）产品定位

产品定位基于目标市场定位。企业需要在产品设计之初就开始进行产品的定位，在此过程中还需要将企业品牌融入产品，形成具有企业特色的产品，其根本是要考虑目标客户的生理、心理需求，站在客户的角度进行深度解析。

一般企业的产品定位可以分两步完成。第一步是产品差异性分析，企业要针对产品自问其与市场普遍存在的同类产品有什么显著的差异，以及是否能够让客户明显感受到这份差异。之后，企业要从产品可以给客户带去怎样的利益角度出发，自问产品为客户带去的利益是不是客户认为的最重要的元素，这一步需要进行广泛的消费者群体调研，以消费者在面对同类产品时最习惯性考虑的元素来有针对性地进行改变。长期如此，自然就能够获得更多消费者认可。第二步是产品价值确定。产品的价值主要由质量、价格、服务、选择性等各方面组成，企业要通过消费者的感知去分析产品价值，即消费者认为用这份钱去买这个产品到底值不值。这种方法的最终目的就是让产品去适应消费者最深层的需求，产品能够投其所好，自然就物有所值。

（三）竞争定位

产品的定位完成后，企业就需要针对产品和消费者进行竞争定位，其最根本的目的就是提高产品投入市场之后的竞争力，这一点就必然会和企业的战略决策、产品特性以及消费者群体的习惯等相联系。现今处于网络经济的节点位置，众多企业之间的竞争还依旧围绕在产品和服务两方面。但是随着"互联网 +"时代的推进，众多元素融入互联网的程度越来越高，企业之间的竞争模式已经悄然变化，转变为商业模式的竞争。

关于通过企业市场定位最终在同类产品中脱颖而出的典型案例有两个：一个是通过团购拉低产品价位从而产生巨大销量的拼多多，另一个是开创了全新新闻阅读模式的今日头条。

拼多多创立于 2015 年，成立不到 3 年就在美国纳斯达克证券交易所上市，并且上市首日股价暴涨 40%。当时拼多多的爆发式发展引起了互联网行业的争议，很多人认为拼多多根本没有实力去和已经发展极为成熟的淘宝、京东以及唯品会等网购平台竞争。但是随着时间的推移，拼多多并未被市场淘汰，而是一路高升。2019 年 7 月，拼多多排名全球上市互联网 30 强榜单第 19 位，2020 年 5 月，拼多多进入福布斯全球企业2000 强。拼多多的成功在很多人眼中就是其在互联网的夹缝之中寻找到了一线生机，但是进行仔细分析会发现，拼多多的成功并非偶然也并非运气，而是一种新型商业模式下的必然。仔细研究拼多多所针对的用户群体会发现，拼多多的竞争对手并不是淘宝和京东，它所针对的用户是那些快要被淘宝和京东等综合性网购平台遗忘的"价格敏感"用户。这些用户并不太重视产品和服务的质量，而是更加关注价格。拼多多为这些用户提供了一个通过凝聚他人的力量进行拼团，从而能够以更低的价格购买到所需商品的渠道。相对来说，拼多多的竞争对手并非网购平台，而是遍布中国广大区域的街边店、小卖店等。从这个角度而言，拼多多并没有直接跳进网购平台的竞争之中，而是绕过众多网购平台激烈争抢的用户，挖掘其他平台忽略了的那部分看似并不起眼却数量异常庞大的用户群体。同时拼多多还开拓了轻松拼团网购，这种网购模式能够大幅度拉低商品价格。

今日头条是字节跳动独立研发的一款 App，其特性是通过人工智能和大数据，根据用户的阅读习惯，结合用户阅读的文章内容、用户所处的环境等，有针对性地向用户推荐个性化信息。和普通新闻浏览平台不同的是，今日头条推荐新闻或文章的模式，是以用户体验为出发点。也就是说，用户的观看时长、观看体验、阅读习惯等，都能够转化为大数据被纳入 App 数据库，然后通过其背后的人工智能进行分析，从而极有针对性地向用户推荐他们喜欢阅读的文章。这是一种完全的用户体验导向产品，其最终所实现的就是以提升用户体验为根本目标的商业模式。分析今日头条的市场定位会发现，其产品完全是一种人工智能模式下的推荐服务，但是这种简单的服务却带给了用户极佳的体验效果。其一，想看的自动来，不想看的自己走。用户不仅自己方便，而且能够一直拥有很好的使用体验（尤其对比需要自发从海量信息中寻找自己感兴趣和有用处信息的 App，这种想找却找不到，找到后已经疲惫不堪的状态，相信无人会喜欢）。其二，全民参与性。只要是加入进来的用户，都能够非常轻松地成为参与者，不仅仅是和内容发布者进行互动交流，更方便的是用户可以申请成为发布者，从而将自己想说的、想聊的、想分享的任何不违规的东西发布出去，这种极大的参与度，对用户的吸引力不可谓不强。其三，参与平台转化为创业平台。在进入今日头条平台的用户成为发布者之后，平台逐步催生出很多专业领域，而这些领域发布者的作品质量和作品反馈，也成了提升作品流量的一大保证。当发布者获取到的流量达到一定程度，并且其作品拥有一定的质量稳定性和更新稳定性之后，今日头条就会针对这些高流量发布者进行利益分成，即让发布者赚取利润。这三个对用户而言极为重要的体验效果，被今日头条开发得淋漓尽致。甚至可以说，今日头条只需要维护好自身背后的数据库和人工智能分析系统，按部就班地筛选和屏蔽违规信息，然后根据不同用户的不同需求，为所有用户进行恰当的信息推荐即可。而这些信息的来源，仅靠用户自身就完全能够撑起来，根本不需要为获取海量对用户有用的信息挖空心思和投入大量精力。当然，由于今日头条参与者的层次和水平较为驳杂，所以出现过多次信息违规的事件，但相应来说，其开拓出的新的互联网商业模式对于众多身处"互联网 +"时代的企业而言，非常具备借鉴意义和研究价值。

第三节 "互联网 +"时代企业的转型与发展对策

一、"互联网 +"时代企业的转型

互联网的延伸和发展，使广大企业不得不有针对性地进行转型和调整，以便适应这个瞬息万变的商业经济环境，或者从这个商业经济大潮中抓取大把机会。

（一）树立互联网战略思维

"互联网 +"时代已经到来，如果企业的管理层仍然没有意识到社会经济模式在快速转变，那么企业就必然会被经济互联网化加快以及技术日新月异的外界环境淘汰。现今企业所面对的市场环境，是完全动态且复杂的，具有非常大的不确定性。因此，企业首先要转变自身的思维，摒弃原本传统的供应链决胜等思维，与互联网模式进行深度融合，探索企业产品互联网化、服务互联网化、营销互联网化、运营互联网化、管理互联网化的路径，以便企业适应当前消费移动化、传播社会化、需求个性化、服务全面化的市场发展环境。最佳的做法就是以用户为中心进行各种企业战略调整。以传统生产型企业为例，首先，企业就要从产品线进行调整，需要先确定产品到底适合哪些用户群体、用户群体的个性化如何从产品来展现，以及哪些产业链的变化和更新能够符合用户多变的需求。其次，企业需要从经营线进行调整，需要对用户群体的特性进行深挖，了解哪些运营手段能够让目标用户感兴趣或提高体验度，怎样的经营模式能够实现用户的需求。最后，企业要从服务线进行升级，多去倾听用户到底想要什么，从而有针对性地对产品进行升级迭代，令用户的体验更好。实现该产品线的稳定站位之后，才能够继续进行下一步——扩大需求面，聚拢更多流量用户，提高用户黏性和广度。

（二）平台化运营

自人类世界拥有商品和发展商业经济以来，市场环境最大的掣肘就是空间的局限性、时间的局限性以及交易手段的局限性。在互联网未普及之前，任何经济市场都具有极大的限制，包括参与产品的限制、参与用户人数的限制、市场辐射半径的限制等。例如，在互联网未普及之前，有通知下发到各企业：北京会举办某工业器械产业的开放交流会，届时会有众多客户参与。这不仅是一个宣传企业的绝佳手段，还是和客户近距离沟通从而达成合作意愿的绝佳机会，但很多企业根本没有足够的准备时间和运输器械的工具，时间不允许、空间不允许、手段不允许等限制很容易令众多本来很有实力的企业无法参与。随着"互联网 +"时代的来临，这一切限制都将不复存在，信息不再继续被封闭，地域垄断也将被完全打破，商业信息的流动速度和广度都会出现不同程度的提升，即使时间和空间完全无法突破，企业也可以通过互联网手段直接将自身的产品和各种理念传达出去，从而让更多的客户了解、选择。这种突破空间和时间的手段就是平台化竞争，此时的企业已经不再是产品和服务的比拼，也不是产业链和供应链的竞争，而是商业平台的构建和孵化能力、各种平台利用能力、商业模式创新能力等方面的竞争。

（三）跨界融合模式

在传统模式下，企业之间存在着极为坚实的行业壁垒，在互联网普及之前，一个做服务的企业想和做实业的企业进行竞争，是完全不可能的。但是进入互联网时代后，这种行业壁垒已经逐渐消失，支付宝和银行、微信和运营商之间的竞争，都属于跨界融合式创新的竞争。尤其是电子商务开放平台的兴起，致使本来的跨平台竞争转变为跨界竞争，这无疑是"互联网 +"时代最为突出的特点。原本"非专业永远无法压垮专业"的商业竞争特性已经不复存在，甚至互联网时代中多数的跨界企业都不是专业的，而且其压垮的专业企业不仅仅是一两个。

"互联网 +"时代，产业的边界已经完全打开，很多企业能够以前所未有的速度从一个领域切入另一个领域，这两个领域也许完全没有关系，甚至是完全无法融合的领域，但在跨界融合的商业模式下这些都不再是问题。现今企业不再存在产业竞争壁垒，而是完全转变为商业模式创新能力的竞争。就如以前所说"酒香不怕巷子深"，在互联网时代，"酒香不香""巷子深不深"已经不再是竞争关键点，争夺流量、跨界融合才是真正的竞争节点。如今的企业若想在互联网竞争环境下生存乃至快速发展，就需要不断整合企业内部以及外部的资源，实现跨界创新和战略融合，最终才能为企业提供源源不断的驱动力。

（四）企业组织体系转型

进入"互联网 +"时代，企业的转型之路不仅仅是要切入互联网，更重要的是要用互联网思维对企业进行组织体系的重构，这一点针对传统企业而言极为关键。传统企业多数是生产研发型企业，其转型的思路应该是用互联网思维来解析行业本质，然后从互联网角度的行业本质来引导产品研发、生产、销售和运营，如传统的研发、采购、生产、销售、服务、仓储、物流都需要进行减负，减少不必要的环节和资源消耗。这样做不仅能够减少成本投入和时间投入，还能够使企业更加契合现今的运营思路，实现企业和用户快速对接。从这个角度而言，企业的互联网战略转型覆盖了企业各个方面，整体来说有三个主要组织体系。

第一个是全产业链、全产品要素的数字信息化。企业的生产关系和产业链都需要进行革新。例如，在传统的思路中，生产型企业首重研发能力，次重生产能力。但小米却完全颠覆了传统思路，其最初根本没有任何手机零件的研发和生产能力，但通过跨界思维的引导，小米从拼装手机开始，借助其核心产品"MIUI"的整合能力，以及创新式"饥饿营销"手段，实现了全产业链、全产品要素的数字信息化。在第一代小米手机进行预售时，其产能完全无法达到用户需求，但这并不影响其牢牢抓住一大批忠实用户，最终实现了企业的壮大和飞速发展。

第二个是全时在线、全网在线。在线就意味着企业要搭建起完整的服务体系，最大限度实现与用户的实时沟通，广泛接纳用户的反馈，从而有针对性地做出战略调整，这也是增加用户参与度和提高用户体验感的最佳方式。企业的服务体系想完整架构起来，在传统思维中需要极为庞大的投入，包括咨询客服、预售客服、售后客服、售后维护站等，不仅是巨大的人力投入，还是庞大的成本投入，但在互联网时代却不需要用传统的方式搭建全时在线和全网在线的服务体系。随着人工智能的发展，现今绝大多数的服务后台均可以用大数据云端基础下的在线机器人来实现和用户的简单互动。这种在线机器人不仅能够帮助绝大多数用户解决大部分常见问题，还能够因为其具有特殊的服务模式和反应方式，给用户带来奇特的感受。通过数字化信息的收取和大数据分析，绝大部分无效信息能够快速被筛选出去，仅留下与企业发展和提高用户体验度相关的少量信息，可以让企业在很短的时间内寻找到问题所在，从而快速进行处理。

第三个是企业完全互联。就是企业从研发、生产到销售、运营，以及最后的服务、回款、资金投入等整个流程，使器械、人员、运营模式、服务渠道、财务管理等各个方面都与互联网相结合，这是一种新时代企业应该拥有的全新分工协作方式。这种全新的分工协作方式不仅能够促进企业进行产业优化升级，还能够促使企业快速与互联网进行对接，最终实现万物互联。

企业的组织体系转型还需要考虑互联网时代的用户特性和生产特性。从企业未来发展的角度看，现今的生产型企业更加趋向小批量、个性化生产模式，原本的大规模、大众化生产模式已经不再是竞争优势，还有可能成为企业转型的巨大限制。从互联网时代商业模式转变为用户中心的角度考虑，可以知道用户体验的完美实现依靠的就是产品的个性化发展，这一点毋庸置疑。所以，企业的组织体系转型就需要从人才结构、人员配置、企业资源利用度、财务管理模式等方面进行整体性改造，最终形成扁平化、敏捷化、适应度高的组织模式。

二、"互联网 +"时代企业发展对策

前面提到了新时代企业亟须转型，那么具体而言，企业该如何进行转型？到底需要基于一个什么样的标准和特性进行改造？这就需要企业了解"互联网 +"时代最基本的核心到底是什么。

现阶段企业和用户之间的关系决定了互联网时代企业要以用户为中心进行各种各样的改造和升级，但用户永远是变化的，如何才能为用户把脉，从而真正了解到用户的内心需求就成了企业最需要做的。这个答案可以基于互联网本源进行深入挖掘。

（一）"互联网 +"时代企业管理本源

对于互联网来说，最本质的只有两个字：数据。因为互联网的存在，所以企业和外界的信息交互越来越频繁、越来越快捷，这里的外界信息不仅仅是指市场环境的信息、同行竞争者的信息，还包括企业培养出的用户的各种信息。这些信息在互联网的展示形式就是数据，数据已经转化为企业越来越重要的战略资源。传统思维中的企业资源就是各种材料、设备、

人员、技术等，但其实还有很多资源是无法实体展示的，如用户的群体特征、材料的来源及价格走向、企业内部人员的想法、外界专利技术的突破，这些信息都是以各种数据形式来体现的，相对而言，这些数据对企业的发展和企业的管理有非常大的影响。同时随着互联网的深入发展，企业的各种信息也逐渐变得更加公开和透明，这些信息同样会以数据的模式存在于互联网中，从而受到公众的关注。这也就要求企业必须承担起自身的社会责任，只有这样才能架构起更加正面的、被用户广泛接受的企业形象和品牌形象。

互联网中的数据，对于企业而言就是一笔巨大的财富。以用户数据为例，通过各种互联网平台，企业能够得到海量的用户数据，包括注册信息、购物习惯、浏览习惯、评论图像、评论话语等，这些数据都蕴含着企业的用户群体情况，如用户年龄段、性别比例、消费习惯、用户体验、消费倾向、用户黏性。企业通过对用户的数据进行分析，能够了解用户的需求，从而有针对性地调整企业战略，实现以用户为中心的服务理念，最终为企业带来利润。

（二）"互联网＋"时代企业管理对策

在互联网时代，企业若不想被市场淘汰，就需要顺应时代的发展，最佳的方式就是让企业和互联网相互融合。具体可以从以下四个角度进行企业管理的完善。

1.建立信息平台

数据化时代，企业要想立于不败之地，就要建立有效的信息化平台，通过信息平台来收拢各种信息数据。例如，将客户的资料收集起来进行科学分类，通过大数据分析将客户分为不同的群体，详细研究客户的习惯、行为、特点和爱好，从而有针对性地确立企业产品特性，更好地为客户进行服务；针对大客户组建重点客户需求管理，保障对大客户的产品供应，并借助信息平台提高大客户对产品质量改进、技术革新、产品升级和服务管理方面的参与度；对小客户需求进行数据整理和分析，进行差异化产品分支管理，最终确定企业产品线，尽量满足大、中、小客户的各种需求，降低企业的经营风险。

2. 融合信息技术，加快产业升级

在互联网时代，企业不再是较为独立且具备产业壁垒的个体，而是融入了互联网数据中心，成为互联网中的一员。在这个庞大且复杂的数据系统中，各种信息技术穿插且不断碰撞，形成各种各样新的信息技术。如果企业不进行信息技术的融合，很快就会因为无法跟上互联网的发展速度而被淘汰。例如，对于生产型企业来说，各种信息技术早已经和智能机械相融合，各种新型机械、新型材料、新型技术层出不穷，只有不断融合这些信息技术，才能令企业自身牢牢抓住互联网时代的科技浪潮，不至于被快速淘汰。而产业壁垒的消失，也令各种行业开始融合，如智能交通和餐饮服务、人工智能和快递分拣都已经逐渐融为一体，这种信息技术的相互融合，不仅在督促着企业进行产业升级，同时也在促使新商业模式企业的成型和发展。

3. 借助外脑完成企业迭代

没有任何企业能够涉猎所有的专业范畴，在互联网时代，企业想进行升级迭代，不需要完全靠自身的能力，毕竟自身能力带有极大的局限性，尤其是对于刚刚接触数据分析和信息处理的企业，这些企业可能没有相对专业的数据分析能力。针对这样的情况，企业完全不需要靠自身的投入去建立完整的数据挖掘工具，只需要借助外脑即可。将数据信息综合之后，企业可以将这些数据信息交给专业的数据分析企业来进行专业的分析诊断，企业可以根据这些专业的诊断，进行具有科学性的战略决策。

4. 加强企业责任建设

企业作为社会经济主体中的一员，其发展和社会价值是息息相关的，如生产型企业和环保责任之间密不可分。在"互联网 +"时代，信息的透明化将企业完全放置到受公众监督的环境之下，企业的品牌价值、企业形象等均和企业的社会责任挂钩。一个能够长久发展的生态型企业，必然要经受社会各界对其的考察。而结合互联网的数据背景，企业要将社会责任、经济利益以及企业发展方向等融合考虑，这样不仅能够避免企业忽略自身的社会责任，还能够帮助企业尽早发现新型商业模式，从而让企业拥有互联网数据的庞大驱动力，形成巨大的竞争优势。

第四章 "互联网+"时代企业财务管理系统与模式

第一节 "互联网+"时代下的企业环境

"互联网+"时代的到来，对人类社会各个方面的影响都极为巨大，如人们的生存和生活状态、社会经济形态、企业的战略和营销状态。从根本上而言，互联网对人类的影响完全是基于人类自身的各种需求所造就的。原本随着全球工业化进程的发展，绝大多数人已经逐步脱离了贫困、饥饿，在世界上安稳地生存已经成为常态。正是因为人类社会的进步，使得人们从生存的需求转化为提升生活状态的需求。

一、"互联网+"带来的进步

（一）人、社会、企业的转变

互联网的出现，使人类的生活状态出现了颠覆性转变。20年前，没有几个人能够想到20年后人和人之间的沟通交流可以相隔万里却"面对面无障碍"；也没有几个人能够想到如果想查询某些信息仅需要随便找一个搜索引擎，输入需求后不到一秒就能得到海量答案；更没人能够想到仅仅动几下手指，想买的东西就能很快地"自动"来到手中。

互联网的出现，同样让社会的经济形态发生了巨大改变。以前的社会经济靠的是实业——主要是看得见、摸得着的产品，所以经销商、实体店随处可见；但随着互联网的兴起，社会经济不再以单纯的实体来展示，而是转变为虚拟产业和实体产业相结合的形式。用服务贯穿始终的模式给用户带来了完全不一样的使用体验，甚至连社会经济的商业模式也出现了全新变化。

对于企业来说，"互联网+"时代不仅要求企业转变自身的经济思维，还需要在战略和营销方面有所转变：用户不再是单纯使用产品的人，更多的是成为使用者、体验者、反馈者、参与者和传播者，这种用户角色的转变也加速了企业的转型——从生产型企业转变为生产结合服务的综合型企业。[①] 当然，"互联网+"并不会颠覆商业的本质，更多的还是关于展现商业形象和使用产品体验方面的转变。从这个角度而言，互联网更像是催化剂，其使得企业整个产业价值链的各个环节都发生了转变，延伸而来的是企业生产、经营等各个层面的改变。

---

① 曾俊平，李淑琴.《"互联网+"时代下的财务管理 [M]. 长春：东北师范大学出版社，2017：47-48.

（二）"互联网 +"带来的整体性提高

互联网刚开始在世界范围内普及时，就有人称整个地球已经成为"地球村"。可见，互联网让信息交流更加便捷，互联网的存在也让信息资源成为一个统一的整体。仅仅数十年的发展，互联网已经成了一个全球各地共同进行信息交流和资源共享的"场所"，人们的生活方式都出现了崭新的变化。例如，购物方式线上、线下相结合，阅读方式纸质、电子相匹配，学习方式有课堂和网课，工作同样具有了视频会议和网络商业洽谈的形式，这些改变已经渗透人们生活工作的方方面面。

在工业化时代，社会大生产经过了细致的分工，使生产者成了流水线上的零件，那时，想维系整个工业产业链的快速有效突破，靠的是专业化、专家式人才。但是随着互联网的普及，专业化信息也开始逐步积累发酵，原本坚实的行业壁垒已经因为互联网信息的广度和深度的逐步蔓延，变得越来越脆弱乃至消失。现如今，行业融合、领域学科融合已经成为新的趋势，可以说互联网已经让不同的领域学科边界变得非常模糊，在互联网中，知识传递已经没有界限，思想的碰撞也毫无障碍，这一特性使创新的火花一直在互联网蔓延，形成了一系列创新思维和创新理念。这一点从众多互联网企业的快速崛起就能够感知，如并非手机行业出身的雷军创造了以手机生产为主的小米。此类外行颠覆内行的情形层出不穷，跨行业、跨领域成了互联网最为出彩也最具潜力之处。

社会的结构和框架也在互联网的冲击之下产生了巨大变化，传统意义中社会结构偏重垂直分布，类似于传统的企业，做一行就要精通一行。但"互联网 +"时代却并非如此，互联网的存在让原本垂直分布的社会结构形态完全转变，网络中的社会结构不再是垂直分布，更多的是多元网状结构，即一个网络连接点能够在四面八方连接不同的其他网点。这种分布更倾向个体的兴趣、爱好和钻研精神，不在乎进入其中的个体是否专业，而是更注重进入其中的个体是否热爱。这种情况下的社会结构发生了重组，同时也令本身的单一结构框架得到了巨大的拓展和延伸。而且互联网的存在使人们以前传统的价值观念和行为模式都出现了巨大的变化。最初互联网的到来令人与人之间的沟通变得方便，但同时也出现了很多的麻烦，如互联网的虚拟性、开放性以及匿名性，对互联网的发展造成了很大的负面影响。但是随着互联网信誉度和实名制的普及，互联网在空间和价值上都重塑了人们的认知。

随着"互联网 +"时代的发展和深入，互联网逐渐形成了其特有的文化属性：这不仅是一个虚拟社会，更是一个和外界社会相互融合、相互促进的融合性社会。这一文化属性的蔓延，促使人们的行为模式也产生了巨大的变化，互联网中原本虚假、欺骗、掩盖的恶意等都已经被摒弃，逐步形成了一个和现实社会完全匹配乃至更加具有规范和特性的空间。①

可以说互联网为知识、文化、思维等一些较为虚拟化的人类亮点赋予了意义，知识不再是老师口中的一个颇具想象空间的名词，而是可以用真正的数据和结果展示出来的具象表达；文化也不再是一个靠前人的总结和归纳才能被后人理解和接受的存在，而是一种潜移默化的传承；思维更不再是大脑中的一个想法，其能够通过互联网显现出来，并进行传播和传授。这些都在一定层面颠覆了人类的认知，相信随着互联网的发展，这种颠覆会越来越多，世界各国之间的距离也将越来越小。

二、"互联网 +"引发的市场环境变动

在传统的工业化经济时代，市场环境更加偏向规模化和多样化，即成功在市场中生存和壮大的企业需要先将产品定位在某专有市场，然后随着产品的普及和推广，用户壁垒不再如以前那么明显，企业则开始向大规模和低成本转变。企业需要实现的是产品的涵盖面足够广、产品的各项成

① 曾俊平，李淑琴."互联网 +"时代下的财务管理 [M].长春：东北师范大学出版社，2017：48-49.

本足够低，否则企业就容易被市场淘汰，最为直白的例子就是电子数码产业。在初期，因为电子数码产品的研发成本和使用专业度都较高，所以其面对的多为专业化市场和新锐群体。随着电子数码产品的普及，这类企业则开始向平民化、大众化转变。实现规模化的企业下一步则需要满足市场的多样化需求，企业需要进行市场细分、品牌创新和品类扩充，这些无疑是顺应市场需要所做出的改变。

随着互联网经济时代降临，市场环境也发生了巨大的改变。规模化和多样化的企业发展战略已经无法满足市场的需求，因为此时的市场环境开始围绕用户体验进行变动，仅仅提升规模化和多样化，却不去考虑用户的感受，企业根本无法长久存活下去。现如今的企业需要追求的是以流量为基准的用户黏性和使用频率，所关注的是用户的时间和注意力，需要注重的是用户使用产品时的整体体验感。这一点从基于移动互联网发展出的微信就可见一斑。微信是腾讯旗下的一款重量级产品，打造于 2011年，其最初借助腾讯 QQ 广大的后台用户流量，实现了初步的用户转化。但微信真正的崛起却并非仅靠用户流量转化，而是靠着其具有的创新性和颠覆性的社交模式。微信主打的是熟人社交，和 QQ 等即时通信工具不同的是，微信没有在线和离线的概念。也就是说在微信进行社交不需要用户考虑即时性，其不会给用户带来任何使用压力（QQ 的在线状态就是即时通信的最大特点，给在线的人发送信息，会带给接收者极大的心理压力，尤其是对于熟人而言，信息出现却没有及时回复，很容易造成彼此的误解）。微信主打的就是用户的心情分享和自我展示，是一个展示自我的平台。微信这种突破性用户体验式产品，令所有人都眼前一亮，这无形中为其增添了更多的用户群体。

淘宝、小米、京东等企业同样如此。以京东为例，其创建于 1998 年，2004 年开辟了电子商务领域，之后就开始了以用户体验为核心的完善及改版之旅：2007 年京东建成北京、上海、广州三大物流体系，随后启用了移动 POS 机上门刷卡服务，成功让用户的购买体验从普通的线下改为半线上；2009 年，京东尝试出售特色上门服务，从而开拓了增值服务领域的发展；2010 年，京东开通了全国上门取件服务，彻底将网购拉到线上，只要用户有需求，一个电话就有京东快递上门取件并进行物流配送；2011 年，随着智能手机的普及，京东启动移动互联网战略，并上线包裹跟踪服务，用户可以实时了解并追踪到自己所购或所发物品；2013 年，京东正式将京东商城域名缩减为京东（JD），其根本目的就是让用户直接登录以及方便记忆；2014 年，京东帮服务店上线，其目的就是使京东渠道下沉，将京东的服务范围从一、二、三线城市正式下沉到四、五线城市，京东的这一举动不仅提升了用户覆盖面，而且令自身的配送速度大大提升……在京东二十多年的发展过程中，其业务范围一直在扩大，从电器到服装、从家居用品到个人护理、从图书到玩具、从实体商品到虚拟商品，至今已经涵盖了用户生活、工作所需产品及服务的方方面面。

现今互联网企业的突破和壮大已经不再是规模化、一体化、标准化、多样化以及零和竞争，而是转变为开放、互动、共赢、融合的新理念和新思维。企业和用户之间已经不再是完全孤立的两个体系，而是完美整合为一体；企业和竞争对手之间也不再是产品线、产业链、营销网的竞争，而是转变为商业模式和用户体验反馈的竞争。这种以用户体验为中心的商业模式，就是现如今的市场经济环境，其不仅能够促进社会经济的和谐共进发展，而且为商业的生态系统发展提供了可能。

第二节 "互联网 +"时代企业财务管理系统

"互联网 +"时代的特性就是网络普及。在这样的时代背景下，企业财务管理系统也开始以互联网为中心形成新的网络财务系统。基于互联网而形成的网络技术，使得企业只需要通过网络就能够打开国内和国际市场，从而让企业跨越时间和地域的界限，打造出一个新的信息交流环境。这种新的信息交流环境既能够降低企业的内部管理成本，也能够降低企业外部的交易成本。而节约成本，本就是企业财务管理非常重要的一项工作。

一、网络财务管理系统

网络财务管理系统就是基于计算机网络技术，以财务管理为核心，使企业的财务、业务协同实现业务流程及资本管理重组，支持和实现企业电子商务，并构建企业在网络环境下进行财务管理的系统。企业网络财务管理系统的主要功能是对企业资金流动过程的管理，资金对于企业肌体而言就如同血液，属于企业的真正命脉。可以说，资金决定着企业的发展和生存，而资金的流动和循环过程是否顺畅和有效，主要依靠的就是企业财务管理系统是否运用合理。

（一）核心技术基础：网络

网络财务管理系统的核心技术基础就是网络，在企业中应用的网络细分之下有三类。第一类是 Internet，也就是国际计算机互联网。这类互联网连接了全球的网络和计算机，是最为开放的网络系统。通过互联网，任何人都能够进行方便快捷的信息交换，从而获得自己所需要的电子数据信息。第二类是 Intranet，指的是企业内部互联网，简称"企业内部网"。这类互联网本身就是一个局域网，能够将企业内部所有的计算机和信息网络连接到一起。在企业内部网上，企业员工之间能够彼此联络和进行内部财务管理、供应链管理、进销存管理、客户关系管理等。Intranet 是一种企业自行管理和操作，充分利用通信效率的内部专用网络技术。企业内部网的优势是运行效率高、管理效率好，但缺点也很明显，因为其建立在封闭的系统之上，所以无法连接互联网获取其中的信息。第三类是 Extranet，即企业外部网。这类互联网本身属于企业内部网的延伸，能够让企业和客户、企业和企业之间进行信息共享和彼此交流，其在公用互联网和企业内部网之间搭建了一道桥梁，可以帮助企业与外界进行有效沟通交流和信息共享，同时还不会将企业的核心信息暴露。[①]

综合而言，企业所能够利用的网络系统就是内部网、外部网和公用网。内部网主要用于企业内部的信息管理和各种信息协调，其安全性和隐秘性最高；外部网主要用于企业与外部进行信息交换，企业可以通过互联网协议实现网间通信，如利用外部网将企业的部分内部数据向公众开放，从而减轻企业内部员工的信息负担，如建立专线连接用于两个企业内部网之间的信息共享，即建立专用网络，除合法进入这个专用网络的企业，其他任何人和企业都无法进入，一般情况下利用外部网建立专用网络是为了企业和合作企业间的沟通，其安全性和隐秘性中等；公用网就是全球互联网，任何人、任何信息都能够进入其中，虽然公用网能够实现最大化的信息共享，但其信息量具有复杂和庞大的特点，其安全性和隐秘性极低。企业能够通过上述三种网络系统实现企业自身网络技术的应用。

（二）目标功能实现：电子商务

企业建立网络财务系统的目的就是帮助企业实现电子商务，从而让企业完成信息化改造。企业要想建立和发展强大的电子商务应用，就必须基于网络技术来实现财务及业务的协同，只有企业的财务和业务信息管理能够通过网络实现协同，才能够最终实现电子商务的发展。电子商务不仅仅是企业间和企业与客户间的商务活动，还包括企业内部的各种商务活动。而企业网络财务系统就是要通过三种网络系统的彼此协作，最终实现企业内部的生产活动、管理活动、财务活动，企业外部的合作、信息交流、商务共享，以及客户信息交流、达成订单和交易、完善服务等所有企业电子商务活动。

企业只有搭建起网络财务系统，才能够真正实现以用户为中心，将

[①] 张长城，张琦.企业财务的网络化管理[M].昆明：云南大学出版社，2012：50-54.

所有生产、业务、财务、服务以及供应链等融合到一起，实现最终的企业信息化。而且企业网络财务系统能够令企业内部、企业间、企业与客户间实现整体协作，如内部生产材料采购、资金准备、网上收款、电子预算控制；企业与供应链可以实现网上询价、网上交易、网上预订和形成生产计划；企业与客户能够实现网上下单、物流协调、网上支付及收款；企业与外部可以实现网上年检、网上报税。企业的网络财务系统能够实现企业在提高工作效率的同时，也提高信息传达的准确性，从而完成业务流程的减负与重组，实现成本控制。

（三）把控资本运作：财务应用

因为互联网的普及，企业的经营和信息、生产与管理、销售与合作等都可以用电子信息的方式进行沟通运行，尤其是在企业与外部沟通协调的过程中，若企业没有实现信息化管理，就容易被整个经济市场摒弃。网络财务系统能够让企业的管理者随时掌控内部财务运作与外部财务合作，其对于企业的在线管理、财务监控、财务决策、资本管理等各个方面都起到了关键作用。例如，运用网络财务系统，管理者能够随时掌控资金流动以及运营活动，然后通过对财务系统的应用来快捷、方便、精准地完成在线管理；又如，企业管理者能够通过网络财务系统时时监控企业各个下属机构的财务状况，从而准确进行财务决策和活动部署；再如，对于外部信息交流而言，企业管理者同样能够通过互联网进行网络借款、填报各种收支单据、网络税款提交等。整体而言，网络财务系统能够帮助企业管理者和财务人员利用互联网掌控资本运作，从而真正实现实时在线办公。

（四）契合内部改造：企业信息化

"互联网 +"时代来临，企业要想顺应时代发展的潮流，就需要对自身进行信息化改造，而企业的财务信息占据企业全部信息的 70% 以上，毕竟企业内的所有活动，都或多或少与企业财务管理有联系。例如，生产环节，原材料的采购、技术的迭代、产品的研发等都和企业资金有关；再如，销售环节，库房提货、订单物流活动、款项回笼等也都和企业资金有关。整体而言，企业信息化改造过程之中，财务管理贯穿始终，所以企业想适应互联网时代，首要就是进行财务管理信息化，即建立企业的网络财务系统。同时，在企业进行信息化改造过程中，管理层面的创新、业务流程的重组、生产方式的蜕变、营销模式的变革等都和企业信息化改造有关联，而这每个环节也都和财务管理密不可分。所以，企业网络财务系统的搭建是企业信息化过程中极为关键的一部分。

（五）适应外部变革：需求链

互联网的兴起，令企业原本赖以生存和发展的供应链完全过渡为需求链，即原本靠供应商、制造商、分销商、零售商、最终用户所连接形成的供应链，已经完全转变为以用户需求为中心。这种以用户需求为中心是指在用户提出需求后，根据用户的个性化需求，原供应链参与者重新形成需求链，通过彼此的协作最终完成市场需求。传统的供应链本已在企业财务管理系统的统筹之下形成了供应链共同体网络，但因为供需中心偏转，以及用户需求的不确定性越来越强，所以原本极为稳定的供应链共同体已经逐步演变为动态需求链网络，其链条中的各个参与者不再是完全相互依存的，而是通过各企业的网络财务系统糅合到一起，通过用户需求进行动态组合。当用户需求消失时，短暂形成的动态需求链就会解体，之后再根据市场的新需求，重新搭建起新的动态需求链。在这个过程中，所有的环节都是不断变化的，企业要想适应这种快速变化的节奏就必须依靠企业的网络财务系统，形成企业内部资源、信息系统、控制系统与外部需求、信息系统的无缝对接，最终实现快速反应、网上决策、网上管理、网上采购、网上交易、网上结算等高效经济活动。

（六）网络财务系统基础要求：信息安全

企业想达成信息化改造，并与外界需求链实现无缝连接，就需要企业内部信息系统和外部信息系统达成信息交换和共享，在此过程中网络财务系统的安全性是至关重要的。尤其是在交易过程之中，交易的安全性是交易双方最为关注的问题，因此企业搭建网络财务系统的最基础要求就是实现信息安全。信息安全不仅事关企业能否达成各种交易，更事关企业的商业机密，因此企业在搭建网络财务系统过程中必须加强网络的安全保障建设。首先，在网络建设过程中设置防火墙，以便抵御黑客袭击；其次，在信息传输过程中设置加密，对传输的信息进行加密处理或重新编码，从而避免被非法者获取真实信息；最后，设置内部及外部网络的访问权限，由网络财务系统管理者来决定参与者的访问权限，以层级权限的方式进行信息的逐层防护。互联网时代，企业的网络财务系统建设必须基于信息安全，否则发生一次网络信息泄露事故，就会影响整个企业的合作、交易乃至企业内部稳定。

二、网络财务管理系统内容

企业的网络财务系统对于企业而言，是为企业经营管理者服务的强大工具，因为其能够将所有信息进行数据化转换，实现会计核算、财务管理以及购销存业务一体化。企业经营管理者可以根据系统收集的各种数据，运用计划、控制以及后期分析的手段，来为企业经营做出预测和控制决策，以此来控制企业各种成本的投入以及减少企业在经营过程中的风险。

（一）一体化管理

通过网络财务管理系统，企业从最初的采购业务、产品生产，到产品检验、入库，再到后期的产品订单、运营活动策划与实施、销售业务完备，以及最终的款项回收等，都可以实现一体化管理。例如，网络财务系统在获取到项目决策之后，采购业务的入库清单将会自动生成，然后网络财务管理系统中的库存模块会根据入库清单进行自动存货与成本核算，之后将核算经过及结果转入总体财务管理模块。在这整个过程中，任何款项和决策的明细、资金流动、原始单据等都能够通过系统进行核查与比对，不仅能够减少人员在进行资金管理过程中的人为失误，还能够提升核算及核查的效率，实现财务处理和业务处理的高效一体化。

网络财务管理系统不仅针对企业内部形成了一体化管理，而且针对整个营销服务体系也实现了一体化管理。首先，是电子票据的应用。电子票据的应用避免了外部交易中的烦琐过程，通过在线交易系统的处理，交易双方就会拥有一个电子凭证，使用这个电子凭证就能够在网络上进行各项业务活动，如产品出库、产品发货、库存变更，这些信息和活动都能够通过网络进行数据化处理，因此在整个业务层面都实现了一体化。其次，是异地信息一体化。在企业进行业务活动过程中，不管是订货还是销售，都可以通过电子商务的模式来进行整体化处理，如个人进行采购订货，可以直接进行网络筛选然后选择，最终形成订单、结算，完成后续财务处理工作；企业销售工作同样如此，企业收到电子订单即可进行发货处理，客户完成签收回款即可入账，归入财务系统完成闭环。再次，是审计一体化。通过网络财务管理系统，管理者或审计机构可以直接通过网络授权，提取企业的相关会计信息，而且可以实行在线式随机审计，避免企业在经营过程中实施弄虚作假、推迟做账的不法行为。审计一体化的实现能够帮助企业提高监管力度，也能够减少人工审计过程中人为因素的介入，不仅极大降低了审计成本，而且提高了审计效果，同时还能更快发现财务处理过程中的问题并及时进行处理和解决。最后，是社会一体化。互联网的特性就是信息共享，虽然企业网络财务系统不可能将企业所有的财务信息共享，但针对股份制上市企业，其却能够起到一定约束作用。例如，将财务报表和信息公布，能够完善企业的在线披露机制，有效避免会计工作滞后所造成的副作用，还能够降低披露成本，有效避免会计报表弄虚作假。这种社会一体化作用为投资者提供了公平且准确的信息获取渠道，能够推动上市企业规范化和制度化发展。

（二）成本控制

在企业的整个财务管理过程中，各个环节都会产生一定的成本，如采购成本、生产成本、存货成本、工资成本、固定资产折损成本、运营成本。这些环节的成本都能够通过网络财务管理系统进行数据采集和归纳，每个环节的成本数据都能够自动生成并有效归集，甚至可以通过成本计划与成本核算的对比，进行成本差异化分析，从而快速得出成本控制数据。由此可见，网络财务管理系统对企业的成本预测与项目决策分析等各个方面，都可以起到巨大的作用。企业可以根据成本控制数据来适当进行部门运作的调整，最终促使企业实现成本计划与成本核算匹配的效果。

（三）降低经营风险

企业的生存和发展建立在经营效果之上，但是任何经营都会有一定的风险，不管是经营措施还是经营过程，乃至最后的经营结果，企业都需要参考各种因素。网络财务管理系统能够通过一体化管理模式，让企业的任何一项决策、任何一笔业务、任何一个流程都以财务账单的形式展现出来，通过这种完全数据化的方式实现真实成本、资金流动、工作成效的展示。企业管理者通过对财务账单的查看，就能够了解经营过程中的生产信息、销售信息、运营信息、库存内信息以及单据信息；通过查看每环节的财务账单，就能够发现并解决企业在经营过程中出现的各种问题，从而有效降低经营风险。

（四）提供决策数据

任何企业想发展壮大，都离不开企业高层对企业自身、外在市场、合作关系以及用户群体的分析和最终的管理决策。通过查看网络财务管理系统中完全数据化的信息，企业高层就能够全面了解企业的财务、生产、业务的信息。同时，企业高层还能够了解市场需求情况、用户体验反馈、行业发展前景、企业经营风险等相关信息，从而进行科学的数据分析，最终形成最契合市场和企业发展需求的决策。企业高层甚至还能够通过数据和项目流程模拟，来进行决策效果预测，这样就可以有效避免重大错误决策，促进企业的稳定生存和发展。

三、网络财务管理系统特点

（一）与信息技术高度契合

企业网络财务管理系统充分利用互联网通信等信息技术，按照会计准则和财务通则等财务信息处理的要求进行系统搭建，可以说，其适应了全球经济融合环境下现代企业的管理要求。企业网络财务管理系统虽然保持着传统财务管理模式中的会计程序、会计方法规范性、会计管理有序性等，却在规范化和程序化的基础之上实现了与信息技术的完美融合。企业网络财务管理系统的强大后盾是发达的互联网系统，互联网系统的每个分支系统既能够独立运作，又能够共同处理整个企业的财务事项。同时，每个分支系统之间共享互联网的信息资源，能够有效实现网络分布式并发处理模式，所有资金支付、流动都能够实时完成，由此可见，企业间的信息共享使得企业财务环境更加有条不紊。而且企业网络财务管理系统背后的数据化处理方式也能够保证整个财务系统节约资金成本，其在很大程度上节省了财务人员处理财务数据的精力，让财务人员能够同时实现移动办公和分散办公，是互联网时代信息共享环境下崭新的财务管理模式。

（二）与快节奏时代高度契合

互联网刚刚兴起时，就有人预测以后企业会实现无纸化办公，网络财务管理系统就是无纸化、网络化办公最典型的代表。互联网技术使得财务人员能够运用网络财务系统进行各种财务处理，不仅使财务数据输入和输出实现无纸化及自动化，而且因为数据传输没有延迟性，以及各个财务子系统可以独立处理各种财务事项，所以财务人员能够在同一时间处理各项财务事宜，并且不会因为人员接触事项的繁杂造成任何人为失误，极大节约了时间成本和审批成本。不管是企业哪些财务管理事项，包括内部的资金调度、系统维护、财务审批、数据审计、业务交易、款项收取、工资发放等，以及外部的投资资金管理、筹资资金管理、银行贷款管理等，都可以通过网络化数据快速进行，并且不会产生并行处理错误，这无形中和当今快节奏的生活方式相契合。快速的财务管理模式，不仅使企业内部和企业之间的财务交流更加快捷，也令企业在与客户进行交易时更加便捷。

（三）与集成化管理高度契合

网络财务管理系统实现集成化管理主要体现在三个大的方面。

一是企业资金流动方面。不管是同一时间多少个部门进行资金申请，如采购部门、运营部门、研发部门、技术部门同时申请资金，只要这些部门符合企业管理决策的要求和申请流程，资金的流动不仅快速而且有迹可循。同时交易产生的资金流动也实现了集成化，网上询价、网上结算、网上支付、网上报送、网上缴税、网上投资等，工作人员都能够在同一时间利用网络财务管理系统并行处理。资金的流动轨迹清晰可见，这对企业把控各种投资理财机会起到了极大的促进作用。

二是企业流程配合方面。从企业内部来看，不管是集团型企业还是部门型企业，它们协同工作的能力都得到了极大的挖掘。例如，对产品的研发生产以及市场试投，需要研发部门、生产部门、运营部门和销售部门同时运作。企业只要通过网络管理系统的信息流动，就能够协同各个部门有序运作，对合理调配企业资源、提高企业经营效率、加快企业运营速度等方面都有积极的影响。而从企业外部来看，企业也能够靠着信息流动来协同企业与外部合作的各个企业的业务关系，对节省运营成本、沟通成本等方面都有很大的促进作用。

三是企业决策方面。现今的企业处在激烈的市场竞争体系之中，想要生存和发展，一直保持取胜的优势，企业就需要拥有足够的创新能力。这里的创新能力不仅是指技术创新，还有各种经营思路、运营策略、服务模式等方面的软创新。在传统企业中，一个业务流程需要横跨数个部门和多个环节，而且部门和环节都是分割系统，彼此之间信息并不对称，很容易造成延误。但是在互联网时代，针对同一个信息来源，各个部门都能够做出快速的决策。而且在此过程中，企业还能够依靠不同人员对信息进行补充完善，完善的信息又能够实时被所有人接收，从而启发企业做出更多有创意和更契合企业发展道路的重要决策。这种信息化决策方式，是促进企业维持创新思路和灵活运营的重要源头，也是令企业保持旺盛市场生命活力的根本。

（四）与动态化管理高度契合

传统财务管理模式下，企业进行集中管理的限制极大，尤其是集团式企业，各个子集团受到很大的空间和时间限制。因此，企业在进行集中管理时很容易出现对某部分控制不足、了解不透、业务不清等问题，这对企业的整体管理非常不利。但是在互联网环境下，通过网络财务管理系统，企业能够将各个子集团与集团内成员的信息数据集中起来。例如，对于突发性业务，网络财务系统完全可以从最底层实时采集数据，从而根据其数据库中已有的各种信息，进行加工运算生成上层数据，管理人员只需要将各种信息和数据归纳分析，就能够快速找到最合适的处理方式。企业现在所处的市场环境本就处在动态变化之中，尤其从用户需求而言更是如此。用户需求的变动对企业的运营影响极大，在传统模式下，企业了解到用户需求的变动时往往为时已晚，而且有针对性地进行调整的效率极差，需要各方进行协调、控制。但在互联网环境下，网络财务管理系统可以直接将用户需求的变动快速反馈到上层，令企业能够在极短的时间内完成对自身的细微调整，因此企业对于外界动态的适应能力极强，更容易在多变的市场环境下生存发展。

（五）与远程处理高度契合

网络财务管理系统促使企业的各种财务活动都进入了互联网的范畴，使企业的财务活动完全突破了空间限制。不管企业与企业间、企业与客户间、企业集团间、企业员工间有多少重空间距离，在网络财务管理系统模式下，都缩减为触手可及的距离：PC端鼠标点击、移动端触屏点击。也正是因为企业的财务活动突破了空间限制，所以财务工作的方式出现了巨大变化，真正意义上实现了财务工作移动办公。不管是对财务数据的查询还是对财务款项的申请，抑或对企业资本的调用，只要是属于财务范畴的企业资本，都可以在任何地点进行需求申请，而进行申请决策也仅仅需要企业高层动动手指。也就是说，现代企业管理者通过网络财务管理系统，可以随时随地查看企业的财务走向和财务管理工作成效，不管是内部的考勤处理、借款申请、各项收支填报，还是外部的资金回笼、资本调动等，企业管理者都能够轻松掌握。

（六）与综合型人才高度契合

任何企业的财务管理都离不开人的参与。传统模式之下，企业对财务管理人员并没有太高要求，只需要精通财务知识就能够成为合格的财务管理者。因为传统模式下财务管理者的工作重心在于事后的财务监督，而真正的财务管理工作主要压在企业管理者身上。但在互联网环境下，网络财务管理系统对财务管理人员提出了新的要求，既需要财务管理人员懂得财务的相关知识，又需要他们拥有一定的管理能力，同时还要了解一定的网络通信技术。也就是说，现今企业对财务管理人员的需求已经转变为综合型人才，不再是专业型人才。而且财务管理人员的工作重心已经开始偏向事前预测和事中控制，这就需要财务管理人员对企业的经营情况了如指掌，对企业现有的财务状况一清二楚，还需要对市场发展规律有了解，并能够针对掌控的信息对企业未来财务趋势做出一定的预测。由此可见，现今的财务管理人员不仅要关注企业内部的各种财务信息和业务信息，还需要随时关注外部合作企业、客户和需求链的各种信息，并能够针对这些信息做出专业的判断和高效的处理。

网络财务管理系统以上的这些特点，不仅是顺应互联网发展的自然演变，更是对企业契合高效互联网社会经济的一种体现。传统财务管理已经明显无法适应互联网的发展步伐，而网络技术的不断迭代，也使得网络财务管理系统的构建拥有了扎实的基础。企业为了跟随互联网的发展脚步，对新型财务管理模式提出了强烈的需求，电子商务模式的购物理念和市场经济模式，同样对新型财务管理模式提出了需求。同时，国家对《中华人民共和国会计法》(以下简称《会计法》)的修订也为新型财务管理模式提供了法律环境，网络财务管理系统应运而生。网络财务管理系统是应企业内部、企业外部、社会经济环境、用户等多方面需求出现的，在未来的一段时间中，其必然会随着"互联网 +"时代的发展和推进，演化得更加完善，更加符合企业的发展战略。

第三节 "互联网 +"时代企业财务管理模式

"互联网 +"时代背景下，企业财务管理系统的构建越来越重要，其核心就是企业网络财务管理，但具体的模式构建却根据不同的企业有所差异。

一、网络财务成型的背景

前面提到了网络财务管理系统形成的基础是互联网的兴起，这其实仅仅是技术层面的背景，除此之外，网络财务能够成型还有其理论背景和法律背景，也就是理论的支撑以及外界法律环境的支持。

（一）理论背景

1966 年，美国会计学教授乔治·索特（George H. Sorter）在否定价值法会计的基础上，提出了事项法会计。事项法会计本身的理论架构是按照企业具体的经济事项来报告企业的各种经济活动，然后以此为基础来重新架构财务会计的计量、报告和确认。在高度发达的现代信息技术环境下，事项法会计的重要性、适用性以及优势都日益展现出来，因为其核心就是将企业的所有事项作为会计分类的最小单元。在进行日常的会计核算时，事项法会计仅仅对各个交易活动的事项进行传递和存储，但不进行会计处理，调用这些信息的使用者可以根据其自身的需要来对事项进行积累、分析以及价值考量，从而进行会计信息转化。这种理论和原本的价值法会计理论完全不同，价值法会计的目的是确认企业资本的最佳收益，所以会对企业所有的原始数据进行一系列的确认、计量和分类汇总，在信息传输日益庞大的今天，这种会计方法明显无法适应社会的发展。而且随着互联网技术的不断发展，大数据处理、大数据分析、云端系统等网络技术都能够在很大程度上免去调用日常会计信息的使用者归纳总结的精力投入，仅仅需要通过处理出来的各种会计信息来产生决策即可，这也为财务人员的日常工作减轻了负担。可以说事项法会计与"互联网 +"时代非常契合，因为在价值法会计理论下，会计人员会根据会计准则和制度对会计信息进行加工，最终呈现出来的是已经经过会计处理的财务报告，这种报告会受到一部分会计准则和制度的限制；而通过事项法理论，财务人员不需要对事项信息进行加工，只需要呈现原始数据的汇总，将事项的数据报告提交即可，对这些信息的加工完全交给了信息的使用者。这不仅方便使用者根据现实需求对信息进行深入加工，也避免财务人员忽略一些影响决策的相关因素，如非货币计量事项的影响，包括企业的团队精神、品牌价值、社会责任、人力资源成本等。

（二）法律背景

随着互联网的兴起，2000年7月1日，我国施行新修订的会计法。首先，会计法进一步强调了会计资料的真实完整，对会计工作的要求也更加规范和具体，为网络财务的成型打下了基础；其次，会计法第十三条和第十五条明确确立了电子单据的法律地位，认可了电子计算机对账务的管理，这使得网络财务有法可依；最后，会计法规定了各行业、各地域会计制度统一，这使得网络财务的异地协同处理成为现实。2005年4月1日，我国施行《中华人民共和国电子签名法》，为网络财务成型提供了一个适合的法律环境，同时也为企业及个人在进行网络数据传输过程中的电子支付、电子结算等行为提供了保障。2019年1月1日，我国施行《中华人民共和国电子商务法》，为网络财务成为电子商务的一部分提供了相应的法律依据。

可以说，事项法会计理论架构撑起了网络财务顺应互联网发展的时代需求，并为网络财务提供了极为扎实和实用的理论体系。而随着相关法律法规的完善和成型，网络财务不仅具有了相应的法律背景，同时相关的法律法规也在促进着网络财务管理系统的规范化和完善化。

二、企业网络财务的安全

企业网络财务体系的架构，最为基本的条件是处于安全的环境之中，也就是网络财务具有极强的安全需求。互联网时代中，因为公共互联网属于一个完全开放的网络，所以任何个人、企业、政府都能够与之连接，然后通过网络技术进行信息的发布和传输。这虽然能够方便众多使用者，但相应的，互联网也会因为完全开放引起不法分子的窥探。企业若想架构网络财务体系，就必须塑造一个安全的网络环境，而且因为网络财务体系涉及企业核心数据、用户核心数据、供应商核心数据、银行核心数据以及认证中心等各个方面，所以企业网络财务系统的安全需求可以分为四项。

（一）网络财务数据的稳定性

以数据为主要储存手段的网络财务体系有时会因为人为（如黑客入侵）或非人为（如系统中断或瘫痪）的缘故，造成数据损坏或丢失。一般情况下系统出现问题主要有三个体现：一个是网络中断，如受自然灾害影响、黑客侵袭或病毒侵袭，都有可能造成信息传输过程中断；一个是硬件或软件故障及程序错误，硬件故障会导致数据存储出现问题，软件和程序错误则会造成数据读取或储存出现问题；一个是人为操作失误，即人员在进行系统操作时因为误操作造成系统损坏。

想要保障网络财务数据的稳定，就要严密控制和预防以上这些情况的发生。最好的做法是做好数据备份，以及构建故障恢复后台，如组建相关系统维护团队，以此来确保系统运行时的稳定，若发生数据遭受破坏的情况则能够快速用备份数据进行支撑或由相关技术人员进行修复和维护。

（二）网络财务数据的保密性

企业网络财务信息直接关系到企业、个人乃至社会的利益，而因为互联网的开放特性，所以在互联网进行数据传输过程中，企业的数据很容易被不法分子窃取，尤其是一些较为隐私和重要的信息，如客户密码、资金账号、支付期限。要想保障这些重要信息的安全，企业就必须对这些敏感的、涉及资金流动的数据信息使用技术手段进行加密处理，防止被人窃取。

（三）网络财务数据的完整性

网络财务的数据在传送过程中不能被窃取，否则企业会遭受巨大损失。同样，这些数据也不能在传输过程中被人为篡改，也就是需要保证传输数据的完整性。尤其是涉及资金金额、账号和密码时更是如此，如企业在和客户进行交易过程中，若支付金额和收款金额的数据被人为篡改，很容易造成企业和客户之间形成误会和经济纠纷，从而影响企业的发展和品牌口碑。因此，在数据传送过程中，企业一定要预防信息的随意生成、修改和删除，一般可以通过散列算法来提取数据摘要并进行验证。同时，企业也需要通过技术手段来防止数据被侵入和篡改。

（四）网络财务数据的不可抵赖性

在企业发展过程中，尤其是交易过程中，双方可以通过纸质的合同、契约或单据等来实现不可抵赖性，如在文件上签字、盖章来确认彼此身份，从而保证文件的可靠性。这种方式也能够防止出现某一方违约造成的另一方损失，这种通过签署或盖章所形成的文件是具有法律效力的，若一方出现违约，则另一方可以通过法律手段进行权益的维护。在互联网环境中，网络财务数据无纸化，使得原本的文件签字和盖章模式不再普遍，因此，交易双方就需要通过可靠的标识来进行身份确认。现今比较通用的是电子签名、指纹识别以及人脸识别，交易双方可以通过这些具有完善数据库的识别方式，来保证彼此不会出现违规违法和抵赖行为。

三、网络财务安全的技术手段

既然网络财务的安全会受到一定威胁，那么就需要企业针对安全问题应用一定的互联网技术和手段，从而预防这些安全问题的产生。具体的方法有以下七种。

（一）操作系统技术

不管是计算机还是移动终端，其应用和操作都是基于机器本身所承载的操作系统，操作系统作为用户使用机器与互联网资源的中间界面，本身就发挥着一定的防护作用。一般来说，操作系统的防护作用体现在两方面，一方面是操作系统是安全的，则代表着系统能够控制外部对系统信息的访问，也就能够在一定程度上避免外部信息对机器内部的信息数据造成破坏和危害；另一方面则是操作系统能够在一定程度上避免机器在使用过程中出现各种机制实现时的缺陷等。

想要实现以上两点，就需要通过权限访问控制技术、系统漏洞扫描及补丁来不断对系统进行完善。访问控制是系统保护机器极为重要的一环，是在对用户身份进行识别的基础上，根据用户提出资源访问请求来加以控制的方式，主要分为自主访问控制和强制访问控制两种。自主访问控制就是用户能够按照自身意愿来对系统的参数进行变更，从而决定哪些外部用户能够访问机器上的文件，体现在应用上就是文件共享模式；强制访问控制则是基于系统安全管理员进行的一种规则限定，也属于系统深层安全，在应用上的体现就是计算机系统盘，计算机系统盘内的某些文件，用户都没有权限进行修改和删除。

任何系统都无法保证绝对安全和完全无漏洞，而有漏洞的系统相对而言就存在一定潜在安全威胁。系统漏洞扫描的原理是先建立容易实现的安全系统，然后依照一定的安全策略来建立相应的安全辅助系统。安全辅助系统也被称为"漏洞扫描器"，其能够自动检测和扫描机器在安全方面的弱点，当发现漏洞之后漏洞扫描器能够及时进行修补，从而有效防止外部信息非法入侵。漏洞扫描器根据其扫描主体的不同进行划分，可以分为主机漏洞扫描器和网络漏洞扫描器两类。主机漏洞扫描器主要针对机器系统在本地运行时进行漏洞检测；而网络漏洞扫描器则主要针对机器外部连接的其他主机，其能够对与本机连接的主机网络和系统进行漏洞扫描。在发现漏洞之后，漏洞扫描器就可以通过系统补丁的方式对漏洞进行修补。

（二）防火墙技术

防火墙技术是为了两个或多个网络之间相互访问而建立出来的一种保障网络通信安全及监控的强制性管理型网络安全技术，其能够通过屏蔽一些未经授权的网络访问，从而将内部网络隔离出来，形成安全可信任的网络。尤其对于企业内部网而言，防火墙技术必不可少。企业内部网连接到公共互联网时，虽然能够直接导入公共互联网的相关数据和信息，但同样也会将企业内部信息暴露在公共互联网环境之中。而防火墙的存在就是为了在企业内部网和公共互联网之间建立一道屏障，通过各种授权来架构彼此交互的桥梁。在此过程中，防火墙不仅能够监控进入企业内部网的各种通信，还能够阻拦外部出现的各种攻击，其作用类似于每户家庭的防盗门。

一般情况下，防火墙是软件和硬件的一种配置结合，用防盗门解释最为贴切，即外部数据想要进入需要经过驾驭防火墙者的允许，而内部数据外流同样需要经过允许，这就在极大程度上保障了内部网的数据安全。防火墙的主要作用有以下四项：一是因为防火墙是安全区域和危险区域的隔离带，所以其能够隔离危险区域，防止内部敏感数据和外部公共区域无限制连接；二是能够建立内部网络安全方案，企业可以将口令、加密、身份认证、审计等安全软件配置在防火墙上，从而形成以安全口令等为中心的独立系统，在外部数据通过口令或认证等形成进行内部网络访问时，就可以将所有的屏障都在防火墙展现，而不必分摊到各个内部区域的主机，能够有效避免占用内部网络的数据流；三是能够限制访问内部敏感信息，防火墙能够实现设定访问限制，通过防火墙的设置，管理者可以实现内部网络重点数据重点隔离，甚至还能够根据不同的安全额度进行内部网络细节划分，实现层级数据管理；四是防火墙能够直接记录所有访问过防火墙的数据，也能够记录内部使用网络数据的相关统计数据，这样就能够很好地对内部和外部进行监控审计，如可以通过查看记录来确保防火墙抵挡了攻击者，以及确定防火墙的能力足够。按照不同建立途径，防火墙大体可以分为三种。

1. 分组过滤型防火墙

这种防火墙就是根据系统设定好的过滤逻辑，对经过防火墙的各种数据进行分组，然后设定数据通过的权限。分组过滤型防火墙会按照设定检查数据流中每个数据包的源地址、目标地址、使用端口等来确定是否让此数据包通过，其秉承的是"凡是未禁止的就是允许的"这一访问原则，所以限制度并不高。这种防火墙非常简洁，因此维护简单且速度快、费用低，通常被作为网络安全的第一道防线。但同时缺陷也较为明显，其本身仅检查数据包地址和端口，能够拦截普通数据包，但对高协议层的信息不会有任何限制，而且缺乏记录功能，无法查询使用和拦截记录。

2. 服务器型防火墙

一般情况下，这种防火墙是通过专属硬件或者专门的应用程序来防护企业网络的。这些专属硬件或程序会接受外界互联网的服务请求，然后根据安全策略将服务请求传送到代理方的服务器上，由代理方来提供真正的连接。这种防火墙秉承的是"凡是未被允许的就是禁止的"这一访问原则，具有极强的过滤、记录和报告功能，不过不太适合控制企业内部人员访问外界网络。

3. 应用网关防火墙

这是一种结合上述两种防火墙优势的复合型防火墙，其能够让网络管理员实现比第一种防火墙更严格的安全策略，同时也能让网络管理员根据所需拓宽访问条件。这种防火墙类似于将多种服务器型防火墙融合到一个网关，根据所需服务在网关上安装专用程序代码，以此来管理各种服务。例如，用户需要某项服务就为其编制相应的程序代码，否则网络就不会支持该服务，这样就拥有了可实现针对性特定服务的基础，可以通过配置专用代码来支持应用程序。或者可以说，应用网关就是企业内部网和外部网的连接桥梁，因为双方都需要通过应用网关的筛选，所以这种防火墙的网络安全性较高，且服务性较灵活。

（三）入侵检测与防御技术

入侵检测技术是对防火墙技术的一道逻辑补充，属于主动保护内部资源安全的系统。入侵行为一般有两种实现方法：一种是入侵者找到了防火墙的后门或漏洞，另一种是入侵者以极强的潜伏能力进入防火墙内等待入侵时机。由于防火墙的性能问题，其通常无法提供实时的入侵检测，也就是说在入侵行为产生时，防火墙不一定能够察觉，而入侵检测技术弥补了这个巨大漏洞。入侵检测系统可以通过已有数据检测、识别、分析从而判断入侵事件，若网络已被入侵则进行隔离，若正在被入侵则会进行相应反击，如阻断数据流或关闭设备，但其无法发现已经成功的攻击。

入侵检测系统根据检测功能不同，可分为网络入侵检测系统、网络完整性校验系统、日志文件分析系统和欺骗系统。网络入侵检测系统能够分析网络中传输的数据包，从而发现可能存在的恶意攻击；网络完整性校验系统能够校验系统文件，从而挖掘式寻找被攻破或被感染的文件或组件，不过其没有实时报警功能；日志文件分析系统是通过分析网络服务产生的日志文件来检测入侵行为；欺骗系统则是在确认网络遭受攻击后，通过模拟一些漏洞或提供虚假服务来欺骗入侵者，从而记录下入侵者的行为。

入侵防御系统是基于入侵检测系统的一种阻断和反击系统，入侵检测系统虽然能够通过检测来察觉网络遭受了何种攻击，但其自身阻断攻击的能力极为有限，想要将入侵者驱逐出去，就需要入侵防御系统的参与。入侵防御系统是一种主动且积极的入侵阻止和防范系统，在发现入侵者之后，其会主动将攻击程序激活，或者采取阻断措施将攻击阻断。如果说入侵检测系统是火灾报警器，发现火灾后只能预警却无法阻止火灾，那么入侵防御系统就是自动喷淋灭火系统，其在火灾出现后会主动进行灭火。

（四）信息加密技术

在互联网时代，网络中的信息加密技术就是将信息转换为不该了解此数据和信息的人无法辨别的密文，而应该了解此数据和信息的人则需要使用专用的密钥将密文转化为能够辨识的正常信息和数据。这种技术能够有效防止数据的泄露，即使数据被截留或被窃取，对方也只是得到了无法辨识的信息，从而保证了隐秘数据的安全。

将信息加密技术剖析开就是加密算法和解密密钥两部分。加密算法的作用是将隐秘数据放置到一个被密码锁包裹的箱子中，而解密密钥就是对应的密码锁的钥匙，只有用正确的钥匙开正确的锁，才能得到完整的信息。密钥加密技术可以分为对称密钥和非对称密钥两种。对称密钥也被称为"私钥算法"，其特点是发送数据的用户需要用密钥对数据进行加密，而当数据通过互联网传输到接收者手中时，也需要使用同样的密钥对数据进行解密，其最大的缺点是需要有一个密钥交接的过程，容易发生问题，而且这种加密方式的密钥长度较短；非对称密钥也被称为"公钥算法"，其特点是需要使用两个不同的密钥来对数据进行加密和解密，非对称密钥使用的关键点是其有一个公钥和一个私钥组成的密钥对，用公钥加密则只能用私钥解密，用私钥加密则只能用公钥解密。

（五）防病毒技术

互联网病毒主要是某些人利用计算机或移动终端的硬件以及软件固有的缺陷和漏洞，汇编成具有特殊侵入和感染功能的程序。因为这种程序具备生物学中病毒的传染性、破坏性和潜伏性，所以也被称为"互联网病毒"。从互联网兴起以来，互联网病毒每年都会增加上千种，其危害性和生物学的病毒类似，因此对互联网造成的破坏和影响不言而喻。互联网病毒可以按传染方式分类，也可以按连接方式分类，还可以按病毒算法分类。

1. 按传染方式分类

按照这种分类方式，互联网病毒可分为文件型病毒、引导型病毒和混合型病毒三种。文件型病毒会附着在可执行的文件上，其也是现今互联网病毒中最为常见的一种，它们以文件为感染对象，当执行被感染的文件时病毒就会被激活，从而对文件产生各种形式的破坏；引导型病毒则是嵌入磁盘或操作系统的一种病毒，当系统进行读取引导时，病毒就会进入内存控制系统，从而进行传播，对网络造成破坏；混合型病毒则属于以上两种病毒的结合体。

2. 按连接方式分类

按照这种分类方式，互联网病毒可分为源码病毒、入侵病毒、操作系统病毒和外壳病毒四种。源码病毒较难编写，是攻击源程序的一种病毒，其能够在源程序编译前插入源程序之中，让源程序成为病毒携带者，从而在源程序执行过程中产生大范围感染；入侵病毒一般只攻击某些特定程序，针对性很强，所以也极难发现，其能够用自身替代正常程序中的某些模块，从而造成感染；操作系统病毒，顾名思义，就是会加入或替代操作系统的部分功能，直接危害操作系统，这种病毒的危害性极大；外壳病毒则属于嵌入式病毒，其能够嵌入正常程序的开头或结尾，形成类似外壳的病毒文件。

3. 按病毒算法分类

按照这种分类方式，互联网病毒可以分为很多种，常见的有蠕虫病毒、幽灵病毒、寄生病毒、伴随病毒、诡秘病毒等，这些病毒根据其自身特定的方式进行传播和感染。例如，蠕虫病毒能够通过网络进行传播，它不会改变文件和资料的信息，但是能够通过网络从一台联网设备传播到另一台联网设备上，然后大范围占用网络资源，最终形成网络阻塞。2007

年流行的"熊猫病毒"就是一种蠕虫病毒。

病毒的种类多种多样，而且每年都会新增，因此企业就需要从防、查、解三个角度来攻破互联网病毒。防就是在防火墙或各类服务器中广泛安装病毒过滤软件，以此来预防病毒的入侵，如可以通过病毒入侵警报来发现病毒并及时清理；查就是根据病毒的特征等，依靠检测技术进行病毒筛查，从而发现入侵的病毒，但因为病毒库一直在不断增加和变化，所以企业的筛查手段也需要与时俱进；解就是将感染病毒的对象进行病毒清除，只要病毒不对数据进行破坏和覆盖性侵染，就能够通过技术手段恢复网络中的原始信息数据，同时不破坏原始数据的完整性。在这三个角度中，预防是最为主要也最为方便的，因为当数据遭到入侵，再去进行筛查和解除病毒，不仅难度较大，还容易造成数据受损，从而给企业造成巨大的损失。

（六）数字签名及数字认证技术

数字签名是在数据传输过程中认证发送者身份的技术，具体来说，就是利用一套规则和一个参数来进行数据计算，然后通过计算结果来确认签名者的身份。数字签名技术一般采用的是非对称加密算法。

而数字认证技术则是为了保证网络数据信息的传输安全，在数据传输过程中除了运用加密算法之外，另外建立的一种信任和信任验证机制。即进行数据传输的双方或各方，必须有一个能够被验证的标识，这就是数字证书，这是参与网络信息交流和商务活动各方的网络身份证明，具有唯一性。

（七）生物识别技术

近年已发展较为成熟的网络安全技术就是生物识别技术，其依据的是人体固有的生理特性和行为特征。相对而言，生物识别技术比传统的数字密码等技术更安全、更方便。现如今，比较常用的生物识别技术有人脸识别、指纹识别、虹膜识别、声纹识别、掌纹识别和步态识别等。虽然还有一些识别方式仍旧处于发展状态，但生物识别技术巨大的安全性能和认证唯一性一直在推动网络安全技术的发展。例如，指纹识别在现今已经发展出了超声波 3D 指纹识别，其识别能力和适用性更高；还有指静脉识别和掌静脉识别，这两种技术就是通过个人的静脉分布图来提取个人特征值，然后通过静脉特征匹配来实现身份识别。

不管是以上哪种安全技术，其最终目的都是实现企业网络财务在互联网时代的安全。相信随着技术手段的不断更新和发展，会有越来越安全、越来越方便的技术手段为企业网络财务管理保驾护航。

四、企业网络财务的体系

（一）网络财务信息系统

网络财务信息系统属于人机结合的系统，需要硬件、软件、网络等相关的支持。同时，网络财务信息系统还需要财务人员在一定规程之下进行操作，其主要包括会计核算系统、财务管理信息系统、财务决策信息系统。企业建立网络财务信息系统最终的目的是实现信息实时性、服务多样性、个性定制性以及信息共享性，从而真正实现财务体系的信息化管理。网络财务信息系统是企业网络财务体系的基础，是以下四种系统的承载体。

（二）网络财务报告系统

网络财务报告系统是基于网络财务信息系统架构起来的应用系统。网络财务报告系统使企业能够通过网络将自身的各项经营业务和相关财务信息进行展示；能够将自身各种生产经营活动、事项的财务报告存储于数据库中，方便使用者随时进行调阅和研究分析；能够帮助使用者对企业的财务情况、经营状况、现金流量、活动成果等相关事项进行详尽的了解。

网络财务报告系统分为三个层次：第一个是在线财务报告，就是通过互联网为信息使用者提供定期的财务报告更新；第二个是实时财务报告，其能够通过网络自动完成，如从原始数据的录入，到数据分析和处理，再到生成财务报告，都能够通过互联网来完成，从而为信息使用者提供实时财务报告信息；第三个是个性定制财务报告，即企业财务人员能够通过个性定制需求来确认所需财务报告，并使用网络技术手段直接生成。

2010 年，中国正式得到可扩展商业报告语言（eXtensible Business Reporting Language，XBRL）技术的应用权限，这是一种基于可扩展标记语言（Extensible Markup Language，XML）的标记语言，专门用于财务报告的编制、披露和使用，能够基本实现财务数据的集成与最大化利用，是个性定制财务报告的技术基础。可扩展商业报告语言技术的特点就是能够增加企业财务报告披露的透明度，可以提高财务报告信息处理的能力和效率，其也是企业网络财务报告系统未来一段时期的发展趋势。

（三）网络成本控制系统

网络财务系统的体系中包含全面的数据自动源，能够为企业提供成本核算、成本分析和成本预测。网络成本控制系统包含多个模块，其可以从企业财务活动的各个流程中自动提取成本数据，然后通过对数据进行分析来形成成本计划，在财务活动结束后还能自动进行计划成本差异分析。也就是说，通过网络成本控制系统，企业能够实现部门成本预测、产品成本预测、活动成本预测乃至企业成本预测，而且能够通过对成本计划的调整，完善企业的成本控制能力。

（四）网络财务安全系统

网络财务安全系统贯穿整个网络财务体系，在企业生存和发展的过程中，网络财务安全系统也需要不断更迭，以顺应互联网的发展速度。毕竟企业的根本在于资本，而资本的安全必须排在企业管理的首位。

（五）网络财务审计系统

财务信息数据化和网络化，使得企业财务部门和会计部门呈现出扁平化特征，现如今，网络审计已经成为企业网络财务系统中必不可少的一环。随着企业网络财务系统趋于成熟，利用互联网建立的网络审计就能够实现在线随机审计。例如，企业管理层或审计机构能够通过企业的网上授权，直接从互联网提取被审计单位的会计信息，从而保证被审计企业财务数据的真实性和实效性。而且这种审计方式会减少人为因素的影响，从而加强经济监管力度。

五、企业网络财务的具体实施

整体而言，企业网络财务的实施是一种基于互联网技术的人机交互，其不仅需要相关硬件设备和编程软件的支持，还需要运用者按照一定的规章制度和程序对数据信息进行各种操作。企业网络财务要想进行具体的实施，首先需要考虑的就是建立企业内部网，现今采用较多的就是以交换机为核心的快速以太网和千兆以太网。在建立内部网之后，就需要从硬件到软件再到人员等各方面进行企业网络财务体系的建立。

在硬件方面，企业网络财务体系主要由服务器、工作站、移动终端及各种办公设备等构成，其中最为重要的就是服务器的建立，这是企业网络财务体系得以实现的根本性硬件标准。在软件方面，网络财务体系硬件想尽可能地发挥作用，就必须有一套与硬件匹配的软件进行支持，包括主管管理、监控、维护等工作的系统软件，以及各种应用软件，其主要有操作系统软件、通信软件、数据库管理软件、网络财务管理软件、企业安全软件、专用网络财务软件等。在人员方面，企业网络财务体系的开发和使用均需要对应人才，开发人员包括系统编程员、系统分析员、系统设计员以及系统测试员等，使用人员则包括系统管理员、系统维护员和系统操作员等。另外就是各种为财务体系提供数据和信息的分层人员，囊括企业的所有人员。通过人员体系的建立，企业才能够将内部以及外部等多方面的数据集中起来，如外界经济环境数据、客户偏好数据，交易数据、企业内部数据、行业发展数据。这些数据都需要融入企业网络财务体系之中形成数据库，并进行实时更新，紧随互联网的发展模式和市场的变化。只有这样，企业才能做到准确进行数据分析，快速把控相关的市场机会。

整体体系架构搭建完成之后，最核心的就是规程的发布和实施。这些规程一方面是外界经济环境中的政府法律法规、各种相关条例等；另一方面则是企业内部需要执行的各种规章制度，尤其是针对网络财务体系的操作管理制度、数据维护制度、安全保密制度等。在各种规程的制约之下，整个企业网络财务体系才算最终搭建成功。

第五章 "互联网+"时代 企业资本结构

第一节 "互联网+"时代最佳企业资本结构

企业的资本结构，就是企业各种资本的价值构成以及相互之间的比例关系，这是企业筹资决策的核心。企业通过对自身情况以及外部环境的综合考虑，结合有关的影响因素，运用适当的方法，确定自身最佳的资本结构，企业能够通过这个决策来确定后续追加资本时依旧保持最佳资本结构，即使在发展中产生资本结构不合理的情况，企业也能够通过筹资活动进行适当调整，使自身资本结构更加合理化和实用化。

企业的整体资本构成，一般是通过长期资本和短期资本按照不同比例进行合理架构形成的，这些资本是由企业用各种筹资方式筹集的。通过不同的筹资方式，能够形成不同组合形式的企业资本结构，所以企业通过追加筹资的方式，能够在一定程度上改变自身的资本结构。一般情况下企业筹集来的资本可以分为权益资本和负债资本两类。其中权益资本就是投资者投入的资本金，是减去企业负债之后的余额，包括实收资本、资本公积金、盈余公积金、未分配利润；负债资本就是企业的长期负债和短期负债。短期负债也被称为"流动负债"，一般情况下是需要企业在一个营业周期内偿还的债务；而长期负债则是一种数额较大、偿还期限较长的负债，一般需要企业指定某项资产作为担保，同时需要指定担保人。获得长期负债的基本前提是企业的短期偿债能力较强。企业的资本结构大体来说就是企业负债资本在全部资本中占有的比例问题，这也是企业财务管理工作中最为重要的一项。

一、资本结构的影响因素

企业资本结构的影响因素最基本的就是资本成本和财务风险。其中资本成本属于投资的机会成本，也可以将其看作投资人对企业投资项目的最低可接受报酬率；而财务风险则属于企业股东未来收益的可变性以及企业丧失偿债能力的可能性。这两者均属于和投资者期望值相关的因素，所以受企业自身影响较低，却对企业的总资本有巨大影响。企业的资本结构除总资本外，还受到以下两方面的影响。

（一）企业内部因素

企业资本结构第一个也是最大的影响因素就是企业股东和企业经理的态度，因为股东和经理是企业资本结构形成的决策拟定者以及最终确定者。其中，企业经理是综合考虑企业情况和市场环境后进行决策拟定的重要参与者，其本身对企业、市场以及企业项目的看法、了解、态度，都决定了资本结构决策的最终拟定；而股东则是最终决策的确定者，对企业资本结构的最终实施有着极大的把控力，其对决策的认识、感觉以及对报酬率的参考，都会影响决策的最终确定。

第二个影响因素则是企业的综合财务状况，这是最能够反映企业现有实力和企业运营情况的数据化信息，对资本结构的方案拟定具有非常重要的参考意义。企业财务状况可以分为长期营利性和风险把控力，以及短期资本流动性。其中，长期营利性和风险把控力就是企业的获利能力，是最具参考价值的企业利润率；而短期资本流动性则代表企业的短期偿债能力，也可以看作企业对短期资金合理运作的能力，属于利用财务杠杆能力的一部分。一个具有较强短期偿债能力以及较强获利能力的企业，其本身的生存能力和发展能力较强，这些特性对举债融资等都会有较大的吸引力。

第三个影响因素是企业的潜力和成长性，即在固定成本投入的情况下，企业的主营业务收入和营业利润能够随着企业发展和销售额的增长实现快速增幅。相对而言，这一因素由多方面决定，如企业的管理架构以及人才潜能，企业的主营项目本身在市场中的潜力，企业发展规划和项目计划，这些都会对企业的潜力和成长性产生影响。企业的成长性越强，其预期利润涨幅就越高，企业也就可以更多地进行举债融资、扩大规模，从而实现快速发展。

（二）环境外界因素

企业所处的外界市场环境，对企业的资本结构也有一定影响。外界的市场环境是企业实施发展策略调整、产业变动、运营模式迭代等的重要参考元素。

1. 行业因素

任何企业进入市场都需要针对一定的行业方向，不同行业所处的市场经济环境、拥有的行业经营风险、最终的资产构架和运营效率等都会有所不同。在这里，笔者以房地产实体行业和电商平台服务行业为例。房地产行业以土地和房产为依托，绝大多数资本风险都在可见的土地和房产上；而电商平台服务行业则以平台架构和服务理念为依托，绝大多数资本风险在服务模式和平台的服务特性上。这种行业之间的不同造成企业在生存和发展时所要参考的因素也存在差异，而行业内某一项因素的变动，都会导致这个行业内企业的资本结构产生变化。

2. 税务因素

除基本税务之外，影响企业利益的主要税务因素就是所得税，若所得税的税率产生变动，企业为了获取更多利益也需要适当调整资本结构。一般情况下，债务利息是税前支付，所以债务利息本身就具有一定的节税功能。企业通过负债所获得的节税利益也属于企业获取到的利益之一，因此负债率和所得税税率之间是正比关系。也就是说，在其他因素既定条件之下，企业的所得税税率越高，负债率也就越高，同时，企业应该调整资本结构，倾向高负债，这样才能够获得更多节税利益。

3. 利率水平

利率水平对于企业的资本结构也有巨大影响。当利率水平偏高时，意味着高负债的企业会相应增加固定的财务费用，这无形中会增加企业的负担，因此当利率水平偏高时，企业会倾向将负债比例调低。另外，利率本身就一直处在变化之中，所以企业需要对利率变动趋势有一个预期，这个预期会影响企业在筹资过程中的方式选择。例如，预期利率是上涨趋势，那么企业就应当较多采用长期负债筹资方式；若预期利率是下跌趋势，企业就应谨慎选择长期负债筹资方式，而应当选用短期负债的筹资方式，以借用利率水平的变动减少财务费用。

4. 债权人态度

企业的债权人主要有以银行为代表的信贷机构，以及以持有企业债券为代表的投资者。这两者一般都不希望企业的负债比例过高，因为当企业负债比例过高时，企业的经营风险会从股东处转嫁到债权人处，这是信贷机构和债券投资者所不愿看到的。当企业的负债比例过高时，债权人必然会考虑贷款或投资的安全性及收益性。所以，企业在进行资本结构调整时，债权人的态度也是一项较重要的影响因素。

5. 各评估机构

在市场环境中，信用评级机构或债券评级机构会对企业进行信用等级的评估，这份评估会在企业进行对外筹资时起到关键作用。企业的信用等级会在很大程度上影响债权人的债券投资决策或信贷投资决策，而决定企业信用等级的一个重要因素就是企业的债务风险，其中包括企业负债率、企业经营情况、企业盈利水平、企业发展潜力等方面。企业信用等级越高，说明企业遭受不确定因素影响越小，自然能够让债权人放心投资。

二、举债经营影响企业经营

在企业的资本结构中，最为重要、对企业经营影响最大的就是债务资本，简单来说就是企业管理者通过使用债权人的投资进行企业的经营。企业使用这种方式进行企业经营，不仅能够降低企业和股东的投资风险，而且若能够通过债务资本经营为企业创造更大的经济利益，则企业也可以获得更好的发展。企业利用债务资本进行投资经营的模式就是举债经营，举债经营是对企业经营影响最大的一种资本运用方式。

（一）降低企业资本成本

债务资本本身的利息就较企业权益资本的股息率或分红率要低，所以相对而言，举债经营对企业本身资本投资具有低利息、高回报的特点。另外，债务的利息支付属于税前支付，可以令企业节税。因此，我们可以看出，企业进行举债经营的资本成本就比企业运用权益资本进行投资的成本要低很多。

（二）获得杠杆利益

债务的利息在一般情况下是较为固定的，举债经营之下，企业获得的利息税前利润越高，企业需要负担的固定利息就越少，而企业和股东能够分得的税后利润也就会增加，这就是企业利用财务杠杆的原理获得了杠杆利益。

（三）增加权益资本收益

企业主要的资本投入就是债务资本和权益资本。当企业进行举债经营时，如果其处在经济上升环境中，那么其发展将会较为顺利，企业获利的水平就会比较高；如果此时企业的债务资本利息率被投资收益率赶超，那么企业举债就会增多，相对而言权益资本的收益率也会上涨，这会给股东带来超额的利润，从而增加权益资本收益。

（四）减少通货膨胀损失

在企业举债经营过程中，若出现通货膨胀日益加重的情况，相对而言货币就会贬值。若此时企业利用举债经营扩大再生产，则比运用权益资本进行扩大经营更有利，能够减少通货膨胀给企业带来的贬值损失。

举债经营相对而言就属于企业用外来的债务资本对企业自身进行各方面的经营投资，在利益获取方面会更加具有优势。这就相当于企业利用债权人的钱，为自身带来更多利润。首先，是降低了权益资本的投资风险；其次，也提高了企业对利润的获取。不过举债投资并非没有劣势，一是其资本来源并不是稳定的，和债权人的态度、企业发展状况等都有一定关系；二是企业的资本成本不一定会降低，也有可能会升高，如举债经营所针对的是某项目，那么在市场发现其他项目机会时，企业就无法继续进行债务资本投资，这无形中会提高企业的资本成本；三是财务杠杆的风险问题，当债务资本利息率比投资收益率高时，那么企业股东的权益资本也将会遭受损失；四是举债经营会造成企业所需的现金流量增加，这无形中也意味着企业进行的项目投资会相应减少，企业的项目扩张能力就没有发挥出来，从而获取利润的能力也就会下降。

三、企业最佳资本结构

企业最佳资本结构的评判标准有三项：其一是企业加权平均资本成本最低，因为从企业的角度而言，企业的资金不可能仅用一种筹资方式来获取，通常会通过多种筹资方式组合获得，企业的加权平均资本成本需要将企业从所有渠道获取的资金都计算进去，这个数值越低，说明企业筹资方式的组合以及经营模式越合理；其二是最大限度增加企业所有者的财富，并使企业价值最大化，即企业的投资报酬和投资风险达到平衡，这能令企业所有的利益相关者都获得满意的回报；其三是企业资本结构具有一定弹性，且企业资产保持着适当流动，即最佳资本结构具有一定适应性，能够在一定程度上抵御市场环境和内部环境的不利变化。①

企业的资本结构主要由债务资本和权益资本按一定比例组成，虽然通过负债筹资所得的债务资本能够在一定程度上给企业带来节税利益、为企业降低资本成本的利益以及提高权益资本利润率的利益，但债务资本的比例是关键。如果债务资本比例不断增加，那么负债的利率也会上升，这会令企业增加破产风险。只有在企业处于最佳负债点时，即债务资本的比例处在某个值时，才能够让债务资本的优势充分发挥出来，而且不至于令企业遭受过高的负债利率和破产风险，这个最佳负债点就是企业的最佳资本结构。在财务管理工作中，寻找企业的最佳负债点和进行最佳负债点选择，被称为"企业资本结构决策"。

虽然说最佳资本结构是存在的，但在实际中最佳资本结构是动态变

---

① 曾俊平，李淑琴."互联网+"时代下的财务管理 [M]. 长春：东北师范大学出版社，2017：93-95.

化的。因为企业必然处在外部环境与内部环境不断变化、调整的过程之中，所以在这种动态情况下去寻找企业的最佳资本结构是不现实的。企业财务管理工作的主要作用就是在环境动态之中不断调整企业的资本结构，通过资本结构决策让企业不断向最佳资本结构靠拢。

四、资本结构决策方法

企业进行资本结构决策的方法主要有三种，这三种方法均脱胎于企业最佳资本结构的几个决定因素。

（一）比较资本成本分析

这种方法基于企业加权平均资本成本的最低因素，其本身就是企业最佳资本结构的主要评判标准。企业在进行资本结构决策时，往往会提出多种决策方案，这种方法就是企业通过各种决策方案的对比来实现最终决策选择。比较资本成本分析主要分为三个具体步骤：首先根据决策方案确定企业资本结构；其次再根据每种决策方案确定的资本结构来计算企业的加权平均资本成本；最后对各方案所计算得到的加权平均资本成本进行对比，选择其中加权平均资本成本最低的方案。

（二）公司价值分析

公司价值分析就是通过计算和比较各种企业资本结构方案下的公司市场总价值，然后选出公司价值最高的方案，从而来确定企业最佳资本结构。这种方法需要全面考虑企业的资本成本和财务风险对公司价值的影响。相对而言，这种方法和企业价值目标相匹配，也比较符合现代企业财务管理的目标。

比较公司价值首先就需要测算企业的价值，也就是在选择的企业资本结构方案基础上进行测算。相对而言，企业价值可以通过企业自由现金流量来进行测算，两者之间呈现正相关，即同等条件下企业自由现金流量越高，企业价值就越大。企业自由现金流量可以分为企业整体自由现金流量和股权自由现金流量。整体自由现金流量就是指企业将所有投资需要、所有税务、所有经营支出扣除后，在清偿债务之前的剩余现金流量；股权自由现金流量则是指在扣除以上所有之后，还要将债务还本和利息支出一同扣除，再剩余的就是股权自由现金流量。企业整体自由现金流量可以用来计算企业的整体价值，包括股权价值和债务价值；股权自由现金流量则用于计算股权价值，属于企业最终价值。企业在进行价值测算的过程中，需要将企业的所有资产包括债券和股票进行折现计算。

企业在进行价值测算时，也可以在同一资本结构方案基础上，测算企业资本成本率，也就是计算企业加权平均资本成本率（或称综合资本成本率）。这个数值的计算方法为：加权平均资本成本率 = 债务资本利息率 ×（1− 企业税率）×（债务资本 / 总资本）+ 股本资本成本率 ×（股本资本 / 总资本），其中股本资本成本率 = 无风险收益率 + β 系数 ×（市场收益率 − 无风险收益率），整体公式为 $K_W=Rd（1−Tc）（D/V）+Re（E/V）$。其中无风险收益率以上海证券交易所交易的当年最长期国债年收益率为准；β 系数可以通过公司股票收益率对同期股票市场指数的收益率回归计算得到；市场收益率使用的是中国股市年平均收益率。不过很多情况下，企业内部的资本结构会更加复杂。如果企业拥有优先股或多种不同级别的债务，那么上述公式可以进行简单扩大，包括每种不同级别的资本。这时，加权平均资本成本率可以将每项资本成本率计算后进行相加得出，其公式为 $K_W=\sum_{j=1}^{n}K_jW_j$，其中 K_j 是第 j 项资本成本，W_j 是第 j 项资本占总资本的比重。

企业在进行价值测算时，还可以对企业最佳资本结构进行测算。这种测算方式就是分别测算出各种资本结构方案中的企业价值和综合资本成本率，然后选择其中企业价值最大、综合资本成本率最低的资本结构，这就是现有方案中的企业最佳资本结构。

（三）每股收益无差别点分析

这种方法是通过分析企业股票的每股收益变化来衡量和判断企业资本结构是否合理，其标准是现有的企业资本结构是否能够提高每股收益，能够提高的企业资本结构就是合理的，不能提高则不够合理。但每股收益的提高不仅会受到企业资本结构的影响，还会受到企业运营销售能力的影响。因此，企业就需要利用每股收益的无差别点来完成每股收益分析。

每股收益无差别点就是利用息税前利润和每股利润之间的关系来确定最佳资本结构的方法，即息税前利润－每股利润分析法，也被称为"EBIT－EPS 分析法"。每股收益无差别点的息税前利润或销售额的计算公式为

$$EPS = \frac{(EBIT - I)(1 - T) - PD}{N} = \frac{(S - VC - a - I)(1 - T) - PD}{N}$$

其中，EPS 是每股利润，$EBIT$ 是息税前利润，I 是企业每年支付的利息，T 是企业所得税税率，PD 是优先股股利，N 是普通股股数，S 是销售收入总额，VC 是变动成本总额，a 是固定成本总额。每股收益无差别点需要息税前利润满足当不同筹资方式下年利息不同，不同筹资方式下年优先股股利不同，以及不同筹资方式下的普通股股数不同时，以上公式依旧成立。这种分析法属于企业筹资时常用的一种决策方法，但并不够全面，其仅考虑了资本结构对每股盈余的影响，并且假定每股盈余最大时股票价格就最高，而投资市场风险没有被考虑在内。当企业负债越高时，投资风险就会越高，所以企业在投资时不能完全参考此分析法。

第二节　企业筹资管理网络化发展

企业进行筹资是其生存发展过程中最为重要的内容之一。企业需要

根据自身的发展模式和目标、自身的经营状况和特点，以及进行对外投资活动和调整资金结构的需求，通过各种筹资渠道、筹资市场以及筹资方式，来筹集企业开展活动和可持续发展所需的资金。通常企业需要根据现实情况，如市场未来发展趋势、企业自身特点、筹资难易程度，来进行筹资渠道的选择和筹资方式的确定。

一、筹资渠道和筹资方式

企业进行筹资有多种渠道和多种方式，彼此之间能够相互穿插。同一个筹资渠道，企业可以用不同的筹资方式进行筹资，其达到的效果可能也会有所不同。

（一）传统筹资渠道

企业要想进行筹资必然需要有一定的筹资渠道，现今企业能够利用的筹资渠道有以下六种。

1.国家财政拨款

这在很长一段时间都是我国国有企业资金的主要来源，只是在国有企业改制后，国家财政拨款所形成的企业资本所占比例也越来越少，这种财政拨款是一些关乎民生和国民基础的企业筹资的主要渠道。即使当今国家财政拨款已经相对减少很多，但国家的一些特殊鼓励政策，也属于国家财政拨款的变相模式，如税款减免或退回，这依旧是众多企业的一项重要筹款渠道。

2.银行贷款

我国的银行主要包括政策性银行和商业性银行。其中政策性银行能够为特定的企业提供政策性贷款，属于特定企业的主要筹款渠道，这种贷款的目的并非营利，而是为了让整个社会的效益得到提升，其主要是服务于公共利益；商业性银行则是各类企业获得筹资的一个重要渠道，其根据偿还性原则和择优发放原则为企业提供有偿性贷款，主要模式是信用业务，以帮助企业获得筹资。

3. 非银行金融机构

随着国家大力扶持经济，现今非银行金融机构在国家经济总量中的金融资产已经占有一定比重，也可以说现今非银行金融机构已经成为众多企业筹资的一个重要渠道。非银行金融机构主要包括各种信托投资公司、证券公司、保险公司、融资租赁公司、公募基金、私募基金等机构及财务公司。这些非银行金融机构主要通过发行股票和债券、接受信用委托、提供保险等手段筹集资金，然后将所筹资金通过资金融通、证券承销等手段运用在企业筹资方面。这些非银行金融机构的作用类似中介机构，它们从借款企业或借款人处买进初级证券，并向借款企业或借款人发行间接证券。

4. 企业外部资金

这种筹资渠道主要是以企业为主体。有些企业会出于一些目的进行其他企业的股权投资，如上游企业为了控制原材料的数量和价格，对下游企业进行股权投资；有些企业则是在生产和经营过程中拥有了一部分暂时闲置的资金，为了能够将这部分资金合理及良好地利用起来，这些企业会向其他企业进行投资。一般情况下企业由外部资金筹集渠道得到的资金多数属于短期资金，这种筹资渠道对于资金短缺的企业而言是非常方便的。

5. 企业内部资金

这种资金的获取其实并非完全意义上的筹资，其本质上属于本企业内部资金的直接转移。这部分资金的筹资成本较低，一般情况下包括企业计提的各项折旧、未分配利润、公积金等。因为其本身筹资快捷且成本低，所以比较适合快节奏企业进行筹资。

6. 个人资金

中国庞大的人口基数，也意味着庞大的资金数据，这是很大一部分游离在银行以及非银行金融机构之外的流动资金。企业可以通过发行股票或债券的方式将这部分民间个人资金筹集起来，并将这些资金用于企业自身的生产经营。这部分资金本身基数极大，即使每个个体能够提供的资金并不多，但筹集起来之后就会成为企业筹资占比较大的一部分资金。

（二）传统筹资方式

筹资的渠道是企业获得债务资本的机构和场所。对应不同的筹资渠道，企业需要采取不同的筹资方式，以便进行债务管理。

1. 长期借款

长期借款是企业长期负债的主要来源之一，一般还款期限在一年以上，所以长期借款对于企业的还款压力较小。企业的长期借款主要源于银行、非银行金融机构以及其他企业。这种借款方式一般有速度快、时间短的特点，企业可以通过长期借款快速地获得资金，而且借款的利息是税前扣除，能够减少企业一部分实际负担成本。同时这种方式因为属于长期借款，所以借款成本相对较低。采用长期借款的方式进行筹资，企业拥有极大的灵活性，其可以直接和筹款机构（银行和非银行金融机构）商定贷款合同的一些细节条款，也可以根据自身企业的状况进行有限度的条款更改，所以借款弹性较大。

当然，长期借款对于企业而言财务风险较大，且限制条件也较多，同时筹资的数额也有一定限度。长期借款的风险和压力主要体现在固定利率上——不管外界经济环境如何，企业都需要按照合同定期支付利息；而其限制条件则主要体现在借款额度以及企业后期的筹资和投资活动方面。一般情况下，长期借款合同都会对企业的筹资和投资活动进行一定的限制，以此来避免贷款风险过大。

2.融资租赁

融资租赁是现今国际较为普遍也最基本的一种非银行金融形式，其就是出租方根据承租方（企业和用户）的需求，将供货方或将自身拥有的物品或设备等出租给承租方使用，而承租方需要在规定期限之内向出租方支付租金。这属于一种长期租赁的筹资方式，其承载体一般是企业所需的寿命较长且价值较高的物品，如机械设备，承载体本身的所有权属于出租方。融资租赁这种筹资方式在中国具有极为庞大的空间和潜力，其具体的租赁形式有以下三种：简单融资租赁，即承租方选择所需，出租方进行租赁项目评估后进行物品购买及出租，在整个租赁期间，承租方需要负责物品的维护和保养，出租人对物品的质量好坏不负任何责任，物品的折旧完全归于承租方；回租融资租赁，就是承租方先将自身设备卖给出租方，获取一定资金，再以租赁的方式租回原设备，从而再次获得设备的使用权；杠杆融资租赁，这是一种专做大型租赁项目的融资租赁方式，具有一定税收好处，其利用的是享受低税的杠杆方式，一般由一家租赁企业牵头，成立一个操作机构进行项目资金管理，然后与其他租赁企业进行融资租赁业务。融资租赁因为其灵活多变，集金融、贸易和服务于一体，且能够实现跨领域、跨行业融资租赁，具备加快商品流通、提高物资利用率、促进技术进步以及缓解企业融资困难等优势，在一定程度上推动了社会经济发展。

3.债券发行

企业为了筹集债务资本可以发行债券，并承诺在一定期限之内向债权人还本付息。这是一种有价证券，其利息是发行前就已经确定的，属于定息证券的一种，甚至在金融市场较为发达的地区，债券还可以上市流通。债券发行需要遵循一定的基本要素。例如，在企业债券上一般会表明偿还债券本金的期限，这需要企业对自身情况和市场环境进行分析确定；又如，债券面值属于债券到期后需偿还的本金数额，不过债券面值和实际发行价格并不一定一致，发行价格大于面值为溢价发行，小于为折价发行，等于则为平价发行；再如，债券上需要表明债券的债务主体，这是债权人到期追回本金和利息的主要依据。债券发行是现今企业比较主要的一种筹资方式，不过因为债权人一般没有参与企业管理的权利，所以企业为了保障债权人的利益安全，会在债券合同中加入各种限制性条款，这些条款会影响企业对筹集资金的灵活使用。

4. 股票发行

股票发行的前提是企业为股份制公司，股份制企业能够依据一定的程序发行企业股票，股票主要分为普通股和优先股。一般来说，普通股代表持股人能够享有企业的部分经营管理权，在公司，持股人和股东一样拥有平等的权利和义务；而优先股则代表持股人能够优先于普通股的持股人获得公司结算时的剩余财产以及公司的股利。任何持有股票的投资者都属于企业的股东，而企业则根据每个持股人所持股票份额占总股本的比重，来决定股东对公司所有权的份额。股票可以转让、买卖，是资本市场上主要的长期信用工具，但是股票投资者无法要求公司返还出资，只能通过转让和售卖的方式进行资本回笼。

5. 接收直接资本

接收直接资本指的是企业通过共同性原则来吸收投资者资金的一种筹资方式，其原则包括共同投资、共同经营、共担风险、共享利润等。投资者可以用各种资本进行直接投资，如设备、现金、土地使用权，接收直接资本主要应用于非公司制企业筹资。

二、"互联网＋"时代筹资管理的发展

互联网让市场经济环境产生了巨大的变化，而且因为其连带影响，企业筹资管理的模式也悄然发生了改变。

（一）互联网对筹资环境的影响

首先，对于社会经济环境而言，互联网的出现令社会经济环境产生了巨大的变化。与互联网携手出现的是网络技术，其对社会经济的影响完全是冲击性的。例如，在互联网未普及之前，产生经济流通的主体是实体货币、各类商品及服务，但在电子商务和电子支付普及的今天，经济流通的主体已经很少再有实体货币，而是转变为网络货币，不仅极为方便，而且安全度较高。互联网的出现令社会经济环境呈现出经济全球化趋势，因为互联网的互通性，使得各种经济开始在整个世界范围内相互影响、相互融合、相互交织，最终形成了一个统一的整体。而且互联网还令生产要素开始在全球范围内流通和配置优化。例如，在几年前中国还是全球最大的廉价加工厂，全球各个国家的各种加工厂都入驻中国，为自身企业节省了巨大的人工成本。而随着中国经济的快速发展，现如今，世界各国加工厂的重心已经开始向印度和非洲转移。尤其是印度，其凭借巨大的人口基数和廉价的劳动力，逐渐成为世界的加工中心。另外，网络经济融合拓宽了资产的范围，令企业的资本结构也发生了一定改变，知识资本的比重开始增加。在以前，物资资产在企业资产中占有的比重一般都是非常高的，但是在互联网时代，人才和知识资本所占比重越来越大。人才和知识资本虽然不是可见的实物，但是其对于现如今的企业而言却是必不可少且重要性越来越高的。

其次，是互联网对金融市场环境的巨大影响。企业主要的筹资渠道就是金融市场，一般企业开展生产经营等活动，资金绝大部分都是通过金融市场筹得的，可以说金融市场是企业赖以生存和发展的一个重要环境。

随着互联网的发展，金融市场也开始悄然发生变化。网络技术的发展使金融市场开始全球化，同时金融市场的自由度也越来越高，为企业提供了一个非常优良的筹资环境。其主要体现在以下三个方面。

第一，互联网的普及，使企业在筹资过程中能够通过互联网得到巨大的信息支持。例如，当投资方将资金供应的信息发布到网络上之后，企业可以利用这些信息快速收集适合自身条件和需求的投资方，从而为彼此之间的合作奠定基础。不仅资金信息如此，企业和投资方的一些相关信息也能够在互联网进行沟通和交流，如企业的项目需求、一部分的发展情况、企业的整体模式和发展潜力，都能够通过网络进行展示。而投资方同样可以有针对性地筛选企业，以便降低投资的风险。

第二，互联网使企业的筹资速度大大提升，当投资方和企业开始进行协商后，彼此之间就可以通过网络技术实现实时交流和沟通。例如，企业可以提出资金提供的相关条件，如金额、时间、利息，只要能够和投资方达成一致，彼此签订合同都可以通过网络进行，同时资金到位的速度也会非常快。而且通过互联网进行筹资，企业能够在很大程度上节省筹资成本。毕竟通过互联网进行操作可以减少很多筹资的中间环节，这在一定程度上缓解了企业的资金压力，为企业节省了大把时间，从而能够让企业快速得到资金并将其投向所需之处。

第三，互联网让整个金融市场环境融为一体，因此企业在筹资过程中不需要再局限于以前的筹资渠道，而是可以拥有更广阔、更自由的资金筹集空间。例如，企业能够通过互联网在全球范围内寻找投资者，然后在互联网上与对方建立联系，双方能够使用互联网进行全程的信息交流，完成筹资、投资活动。

"互联网 +"时代，企业的筹资环境得到了极大的改善，这也令企业的筹资渠道得到了极大的拓宽。不仅有利于企业筹资活动的开展，也变相促进了企业的快速发展。

（二）"互联网+"时代筹资方式的突破

互联网的高速发展，并没有从本质上将企业的筹资方式完全颠覆，但是企业在筹资方式的侧重点上却发生了改变。企业在进行筹资方式的选择时会偏向条件类似，但更加方便和快捷的方式。而且随着第三方支付、小额信贷、网络理财、网络存取等金融业务的上线，企业在选择筹资方式时会更具多样性。互联网环境下，互联网所特有的平等、协作、开放、分享的理念已经开始向金融行业融入。在这样的理念和环境下，企业筹资活动的参与度更好、透明度更高，所以对筹资方式的选择也逐步向公开、透明、便捷、共赢的角度转变。而且在互联网的催生下，筹资方式已经开始出现新的形态。

（三）互联网极大降低了筹资成本

企业在进行筹资的过程中，不管是长期筹资还是短期筹资，都需要付出一定的代价，一是资金占用费用方面，二是筹资费用方面。资金占用费用就是企业需要向投资者支付的利息或向股东支付的股利，而筹资费用则是企业在准备筹资过程中需要花费的费用，如股票及债权的印刷费用、发行手续费用、广告宣传的费用，这些费用都需要企业一次性支付，即使筹资未能达到预期也无法避免。

互联网的发展，极大地降低了企业的筹资费用。因为在筹资过程中，企业能够通过互联网与投资者进行实时协商，不仅能够极大节省时间，而且由地域差异造成的筹资费用也降低了很多。另外，互联网的发展让企业在筹资过程中，能够具有更多的选择，不再局限于以前的地域范围。所以企业在筹资时自由度也更高，可以选择与资金占用费用更低的投资方进行洽谈协商，从而让企业付出更少的成本，获得更多的利润。

第三节 企业权益资本与债务资本管理

企业进行筹资的方式主要有两种：一种是权益融资，另一种是债务筹资。企业通过这两种筹资方式所获得的资金具有不同的特性，因此企业在进行资本管理时需要针对资金的不同特性分别管理。

一、权益资本管理

权益资本就是企业通过发行普通股票、发行优先股票、吸收直接投资和利用留存收益等筹集的资金。通过筹资形成的资本金企业可以长期拥有且自主支配，资本金的所有权归属投资者，因为其会被企业长期占有并支配，所以也被称为"主权资本"。这种资本会在企业形成法人财产权，在企业经营期间，投资者除了能够进行依法转让之外，不得以任何方式抽回资本。权益资本最具代表性的就是企业通过发行股票所获取的资本。

（一）普通股融资资本

企业通过发行普通股股票所筹集到的资金就是普通股股本，持有企业普通股股票就是企业的普通股股东。普通股融资是股份企业最主要的资金来源，也是企业进行其他融资的基础。

1. 普通股的特性

对企业而言，普通股既是其基本的资金来源，也是企业股份的最基本形式。普通股的基本特性有以下四点。首先，是长期永久性。普通股对于企业而言属于永久性资本，只要企业不破产清理、不主动解散，那么普通股的股本一般不能退还给投资者，投资者对这笔资金的所有权也只能在企业相关权益方面进行体现。股东想抽回股本，就只能在股票市场或法律允许的范围内转让。其次，是责任有限性。企业的所有负债都会依照股东出资额比例分摊到各个股东身上。也就是说一旦企业破产倒闭，那么股东就有偿还企业债务的责任，不过只限于股东出资额所承担的那部分债务，超过股本可承担的债务股东不需要负责。再次，是收益剩余性。即企业在经营发展过程中所创造的收益需要先应用于各种税款、到期债务偿还、优先股股息分配、提取公益金等，之后剩余的收益才会支付给普通股股东作为报酬，也可以理解为普通股股东获取的企业收益需要排在最后。最后，是清偿附属性。这一特性是指企业在宣布清偿时，需要先清偿债权人债务，如税款、债务利息、拖欠的工资，只有将所有债务清偿完毕，才能够对企业的资产进行变卖来偿还普通股股本。

2. 普通股融资优劣

企业通过发行普通股进行融资，其优势较为明显，主要体现为以下六点。一是普通股发行后，投资者只要购买就不得退股，其投资的资金就会成为企业长期的资本供给。而且普通股没有固定的支付负担，不需要考虑还本付息，所以也就没有偿付风险。企业盈利多时可发放股利，企业若没有盈利则可以不发放股利，具有很强的灵活性。二是能够减少企业大型设备、设施在收购时的资金压力，不会给企业增加负债比例，企业能够通过发放普通股的方式来替代现金或负债收购所需。三是企业投资者可以通过发行普通股来减少持股，一方面能够减少其承担的企业经营风险，另一方面可以通过套现去投资其他项目。四是企业通过发行普通股能够提高自身的举债能力，企业发行普通股越多，意味着企业拥有的权益资本也越多，这在一定程度上能够为债权人提供更大保障，企业的信用价值也会相应提升，从而筹集到更多债务资本。若企业成功上市，大量发行普通股票不仅能够筹集到更多企业所需资金，而且能够提高企业的口碑、信誉和形象。五是企业在上市过程中，会有相关专业机构对其进行调查，企业能够从专业机构处得到很多对其有益的建议和意见，从而改善企业组织架构和财务管理体系架构，整体提升企业的管理水平，提高企业的竞争力和稳定性。六是企业可以通过向员工发放普通股来提高员工的归属感，员工成为公司股东就可以直接参与公司的重大决策，且其自身利益会和企业连接，有助于企业留住人才。

普通股优势明显，同时也具有一定的劣势，其劣势会对企业的整体规划和发展有一定影响，需要企业进行相应的调整和适应，主要体现在以下五点。一是企业上市发行股票需要承担较高的融资成本，在这一过程中不仅需要投入大量时间，还需要聘请大批专业人才进行咨询、评估、审核等工作，对企业的资本投入是一大考验。通常公司发行股票费用占上市发行股票所得的 5% ～ 10% 是较为正常的融资成本。二是企业上市会令企业的经营情况、财务情况、重大投资事项、人事变动等都透明化、公开化，因为企业上市需要接受社会公众股东的广泛监督，这会增加企业对社会公众股东的责任压力。三是企业的被收购风险变大。企业上市后，其经营情况会饱受关注，一旦企业遇到巨大财务问题或经营问题，就容易被某些大公司盯上，从而面临被收购的风险。四是发行股票会在一定程度上削弱原投资者对企业的绝对掌控权，因为其转让了企业的部分权益。一方面原投资者的利益分享部分的比例会降低，另一方面众多股东的加入也会加大企业派息的压力。五是企业上市发行股票后，企业的股东尤其是社会公众股东会变更非常频繁。这不但会给企业治理带来极大压力，而且企业如果无法维持股票稳定上升的股息率，也会令众多股东对企业发展失去信心，连带使企业在经济市场的稳定性降低，从而威胁企业的正常发展。

3.普通股权利

企业发行普通股后，持股者就会成为企业的股东，也就属于企业的真正所有者之一，自然会享受一定的企业权利。普通股股东的权利主要体现在以下三方面。

　　首先，拥有对企业的管理权。持股者的管理权可以体现在投票选举权、查账权等方面。企业上市发行股票后，普通股股东的基数会非常庞大，他们不可能每个人都参与企业的管理，所以企业管理者会采用董事会选举的模式来选出广大股东的代表，每个股东都拥有选举权和被选举权。董事会成员确定后，董事会将代表股东对企业进行管理和控制，同时众股东还有对改变企业资本结构、批准企业扩张收购或出售某些资产、修改企业规章制度等重大问题进行投票表决的权利。企业的股东都拥有查账权，即对企业的账目进行审查的权利。但这个权利通常会因为保密等原因遭到限制，不过股东能够委托相关会计师事务所对企业的有关账目进行审查。还有就是当企业的管理者在不告知股东的情况下进行越权经营时，如增减企业各种重点项目，股东有权利进行阻止，这样能够在一定范围内保障自身的权利和利益。

　　其次，拥有分享企业盈余和剩余财产索取权。对于任何企业股东而言，对企业进行投资的根本目的就是获取利益，所以分享企业盈余是每个股东的基本权利。在进行企业盈余分配时，方案可以由股东大会决定，由股东选举的董事代表来确保广大股东的权利。不过企业盈余一般需要先发放优先股的股利，剩余盈余才能用以发放普通股的股利。每个会计年度都可以由董事会对企业的财务情况和盈利额进行分析，从而决定发放股利的数额，这些都可以经过股东大会来进行投票表决。而当企业解散或清算时，在保证清偿各债权人债务的基础上，普通股股东都有对企业剩余财产的索取权，以此来最大限度地保障股东自身的利益。

　　最后，拥有转让或出售股份的权利，以及优先认股权。作为企业的股东，出售或转让股份是其一项基本的权利。例如，当股东和企业管理者的意见无法达成一致，又因为股份额度较低无法对企业进行绝对控制时，股东就可以将该企业的股份进行出售从而去投资其他符合自身理念的企业股票。又如，有些股东若感觉持有的企业股票报酬低于自身预期，也可以将所持股份出售去寻找更符合预期的其他投资。再如，股东因为自身原因需要资金，不得不通过出售企业股份的方式进行套现。不管是哪种原因，作为股东都有权利维护自身的利益。另外作为企业的股东，在企业增发普通股股票时，股东可以按照自身持有的股份比例，按由多到少的顺序有限认购新股票。这种权利可以保障企业现有股东最大限度地保有股份占比，从而保证他们对企业的控制权，不至于控制权被分摊。

4.普通股义务

企业普通股股东享有了相应的权利，也就必须承担相应的企业义务，其中最重要的就是不得退股和分摊企业经营风险。首先，对于企业而言，股东的投资是一笔长期甚至永久使用的资金，所以普通股股东一般不得在中途要求退股和抽回资金，这主要是为了保证企业拥有稳定的权益资本，从而更好地发展。股东只能在保证企业权益资本不发生变动的情况下，通过转让或出售的方式将股份转出。其次，普通股股东需要对企业的亏损和债务承担相关责任。企业的经营状况和发展都是有股东参与的，所以在经营过程中企业的收益或亏损都需要由股东承担。而且在企业解散清算时，普通股的股东在进行财产分配时需要排在最后，这是为了尽最大可能保障债权人和优先股股东的权益，减少他们的损失。也就是说普通股股东是企业风险最终和最大的承担者，当然这种责任属于有限责任，是以股东持有的企业股份比例来进行责任划分的。最后，普通股股东还需要遵守企业的章程和规定，因为这些章程和规定都是由股东全体表决得以完善和执行的，事关企业的整体运作和所有股东的整体权益，所以任何股东都不得违反。

（二）优先股融资资本

企业的优先股就是对企业的某些权利享有优先权的股票，是一种介于普通股和债券之间的混合证券。对于企业而言，发行优先股股票是一种类似举债筹资的融资方式。

1. 优先股特点

首先，企业发行优先股前会预先明确其股息收益率。针对普通股而言，优先股在获取利润方面更加占据优势，因为其能够提前确定股息收益率，所以优先股的股息不会根据企业的经营和发展情况发生增减，同时也不享有除其自身价格和固定股息收益率之外的任何权益。也就是说，不管企业经营良好、盈利极佳，还是企业经营不善、盈利较少，优先股的股息都是较为固定的；而当企业没有利润或亏损时，优先股的股息支付就并非必需（根据优先股种类有所不同），而且以后也不一定会进行补偿。也正是因为优先股的这个特性，所以优先股不能参与企业的分红，其只能根据明确的股息收益率进行利益收取，不过可以先于普通股股东获取股息收益。对于企业而言，优先股是固定股息，所以对企业利润分配没有任何影响。

其次，优先股也和普通股一般，不能中途退股，但可以依照优先股股票所附的赎回条款进行赎回，赎回条款拥有与否和优先股的不同种类有关系。另外，优先股具有优先于普通股的索偿权，即在企业解散清算时，企业清偿债权人债务之后，需要优先对优先股进行清偿，最后才是普通股。如果企业资不抵债，那么优先股就会有所损失。

最后，优先股本身的权利范围较小。例如，持有企业优先股的股民一般对企业的经营和管理都没有参与权，也没有选举权和被选举权，所以对企业的一些重大经营决策就没有投票权。企业中，优先股具有有限表决权，但受到企业财务管理的严格限制。在一般的股东大会中，优先股没有表决权，或拥有受限和缩减的表决权，不过在会议主题是讨论优先股股东利益等有关事项时，优先股具有表决权。

因为企业的优先股种类很多，所以有些优先股的权利会有所不同，如大部分优先股能够赎回，有些优先股可以参与企业利润分配，有些优先股能够在一定条件下将优先股转换为普通股，等等。根据优先股种类的不同，各优先权的特点也有所差异，投资者可以根据自身的需求进行不同种类优先股的挑选。

2. 优先股分类

优先股按不同的标准可以进行以下划分。

一是累积优先股和非累积优先股。累积优先股就是可以将股利进行累积，任何年度内未能支付的股利都可以不断累积起来，和以后的年度一起支付；非累积优先股则是只能按当年利润分配股利，但不会进行累积，如若企业某年度因为盈利不足、亏损或其他原因无法支付股息，在以后企业盈利的年度只需要付清此年的股息即可，不需要支付以前年度未能支付的股息。显然，非累积优先股对投资者十分不利，投资者的权益很容易出现损失，所以在实际中企业很少发行这种优先股。

二是参与优先股和非参与优先股。参与优先股是指优先股股东在获取固定股息的基础上，还有权和普通股股东一起进行企业剩余利润的分配。如果优先股股东和普通股股东进行企业剩余利润的等额分配，就属于完全参与优先股，如果是以一定额度为限参与利润分配，则属于部分参与优先股。在有些企业的章程中，还会规定参与优先股除了优先股股东有权和普通股股东一起参与企业剩余利润分配，在企业解散清算时，企业偿还各方债务，并对优先股股东清偿后，剩余的资产优先权股东依旧有权和普通股股东一起参与分配。非参与优先股则是股东仅能获取优先股股息，无法参与企业剩余利润分配的优先股股票。

三是可转换优先股和不可转换优先股。可转换优先股就是企业在发行优先股时就规定优先股在某一时期或某一条件下能够转换为普通股。如果在某一时期或条件下，企业普通股价格上升，那么优先股股东可以行使转换权利将其持有的优先股转换为普通股从而获利；而如果在某一时期或条件下企业普通股价格下跌，那么优先股股东可以视情况放弃转换权利，从而继续享受优先股的权益。因为可转换优先股能够在企业不稳定时保护优先股权益，在企业盈利时又能够令股东受益，所以其在企业现今发行的股票中较为普遍。可转换优先股在发行时售价相对较高，这样能够帮助企业筹集到更多的资金，且对普通股股东没有任何利益侵害。不可转换优先股则是无法进行转换的优先股，优先权股东只能享受其本身的固定股息。

四是可收回优先股和不可收回优先股。可收回优先股就是在企业发行时附有收回条件的条款，条款的条件由企业制定。例如，达到一定年限或某些条件时在原价基础上加补偿价等，在达到条件且企业有所需求时其就可以根据条款规定将优先股收回。再如，在企业认为可以用较低股利的股票替代已发行的优先股时，就可以在符合条件的基础上收回。这种优先股的收回决定权在企业手中，能够带给企业一定的融资灵活性，所以可收回优先股发行价格较低。如果优先股股票上没有收回的条款，此类优先股就属于不可收回优先股，企业若想收回这类优先股，就只能在证券市场按市场价收购或调换。

五是有表决权优先股和无表决权优先股。有表决权优先股是指持此类优先股的股东有权参与企业的管理和董事选举等，这种优先股很少有，而且不同种类优先股的表决权限也会有不同的限制。例如，特别表决权优先股，持股股东能够在企业增加资产时获得一定的表决权，从而为自身争取利益和各种优先权。又如，临时表决权优先股，在达到一定特定条件时，持股股东会得到表决权，如规定企业连续 3 年不支付股息则股东可获得一股一票表决权，那么在达到条件后，优先股股东就有权选举董事。不过一般情况下优先股股东可选董事占全体董事比例较小，所以话语权并不大，这类表决权作用也就较小。再如，永久表决权优先股，这类优先股股东不仅具有优先股的优先权利，而且还和普通股股东具有同等表决地位，能够永久参加企业股东大会和董事选举。不过一般情况下，企业会限制这类优先股股东的权限，如令其每股票数只占一定百分比的普通股票数，从而在一定程度上削弱这类股东的权限。无表决权优先股则是指这类优先股股东没有以上所说的表决权限和参与权限，企业优先股绝大多数都属于无表决权优先股。

3. 优先股融资优劣

对于企业来说，优先股的融资能够保持普通股股东对企业的控制权，毕竟普通股股东承担着企业绝大多数的经营风险；优先股融资还具有很强的灵活性，如优先股同样没有固定的到期年限，所以不需要偿还本金。同时，大部分优先股的股利支付并非企业的法定义务，企业在财务状况不佳时可以暂停股利支付，这也能够在一定程度上缓解企业面临的资金压力。另外，优先股融资能够在一定程度上增加企业的权益资本，从而改善企业的资本结构。而且优先股不像债券融资那样会进行资产抵押，所以可以在一定程度上保留企业的借款能力。

优先股融资对企业优势较为明显，但劣势也同样明显。优先股股息支付属于税后净利润发放，所以在一定程度上加大了优先股的融资成本，甚至优先股融资成本比债务融资成本还高。另外，因为优先股具有股利支付的固定性，虽然企业进行优先股股利支付不是法定义务，但不支付会在一定程度上影响企业正面形象，甚至会对普通股股票市场产生不利影响。当企业财务状况不佳时，这种做法无可厚非，但当企业盈利较大、想扩大经营时，可能会因为需要支付优先股股利而影响企业的扩大发展。

二、债务资本管理

债务资本就是企业通过债权人获得长期贷款或短期贷款，然后用在企业各个活动中的资本，债务资本不包括企业应付票据、应付账款和其他应付款等负债。因为企业进行债务利息支付时是税前支付，所以在企业盈利的情况下，债务资本能够在一定程度上减轻企业的财务负担，这也在一定程度上降低了企业的资本成本。从投资者的角度而言，股权投资的风险要远远大于债权投资，所以股权投资要求的回报率明显要比债权投资要求的高；对企业而言，债务资本所需要付出的成本也就比权益资本所需要付出的成本低。所以，企业可以在一定限度之内合理提高债务资本的比例，从而降低企业的综合资本成本。企业债务资本的筹资方式主要有银行借款、发行债券、融资租赁和商业信用等，关于银行借款和发行债券，这里主要介绍长期借款和长期债券。

（一）长期借款

企业长期借款融资的主要方式就是向银行或其他金融机构借入期限较长的资金，一般需要企业按约定在指定的日期向贷款方支付利息和本金。银行或金融机构会通过存户或投保人等吸收大量资金，这些资金不进行流通就属于一种资本的极大浪费。为了获取利息收入，同时也为了满足企业和资金需求者的需要，银行或其他金融机构会以较长的还款期限和一定的利息，将一部分资金贷放出去，形成共赢。

1. 长期借款融资特点

对于企业来说，长期借款融资是一种有效的融资手段，企业可以根据这部分资金的特性来合理运用，从而调控企业的资本结构和资金需求，实现财务杠杆，为企业带来利润。这部分资金主要有以下四种特点。

一是定期偿还性。放贷机构在放出贷款时会对贷款的期限、利息以及最终到期日进行规定，相对而言，放贷时间越长，回收的风险越大。这不仅涉及借款企业的存活问题，还涉及放贷机构的资金流动性问题。所以，一般放贷机构规定的借款期限都不长，很少有 10 年以上的贷款契约，一般为三年到五年，有些则仅限一年。放贷机构会在贷款期满之后考察企业的经营状况和其本身的偿债能力，然后再根据企业的情况决定是否续贷。

二是附加信用条件。现今银行进行借款往往会对企业附加某些信用条件，如信用额度、周转信用协议、补偿性余额。信用额度就是银行针对企业的基本情况、财务状况，以及申请人和担保人的情况，通过企业本身的良好信用授予企业客户一定金额的信用限度，在一定期限之内企业可以循环使用该限额的资金。例如，某企业申请得到一年 100 万元出口额度，那么在一年的期限之内，企业可以多次使用这个额度，用 5 次，可使用金额为 500 万元；用 10 次，可使用金额为 1000 万元。也就是说，只要在限度范围内，企业能够满足信用额度的限定条件，就能够获取到更多流动资金，这也变相提高了企业资金流动速度和资金使用效率。周转信用协议是建立在信用额度基础之上的一种协议，一般是针对较大资本的企业，在协议周期之内（通常为一年）也会规定借款的最高限额。在这种协议作用下，只要企业借款总额没超过最高限额，银行就必须满足企业在协议期任何时候提出的借款要求，且银行对周转信用额度负有法律责任。当然，企业要享有这种协议需要针对贷款限额中未使用部分向银行付一笔承诺费，如企业的周转信用额度为 1000 万元，承诺费率为 2%，企业年内使用了 800 万元，那么企业需要向银行支付承诺费 4 万元。补偿性余额就是针对企业借款额，银行要求企业以低息或无息的形式将借款的一定比例余额留存在银行，如 10% ~ 20%，其目的是降低银行的贷款风险，但相应地增加了企业的财务负担。以利率来说，补偿性余额会形成名义利率和实际利率两种，如银行承诺利率是 12%，这就是名义利率。若补偿性余额比例为 10%，那么企业实际拿到的借款额就降低了，但企业需要交付的利息额却未变。相对比而言，企业拿到贷款的实际利率为 12%/（1% ~ 10%），也就是 13.33% 左右，比名义利率高出很多。

三是贷款还款计划书，也被称为"还款计划"。一般情况下企业的长期借款多数采用分期还本付息的方法，因为这样有利于企业对资金进行调度，每次的还款额度也不会过于巨大，不会对企业造成资金压力。在企业进行贷款时，银行和企业会经过协商制订一个借款还本付息的时间表，这就是还款计划。对于企业的财务管理工作者而言，还款计划是非常重要的一项财务管理内容，其中，企业需要说明分期模式、各期还本付息款数、还款的资金来源和必要的现金流安排等，这份计划必须切实可行，而且要符合企业的发展规划。如果企业无法按照还款计划进行还款，会负相关法律责任，而且如果企业无法按计划执行还款，也就说明企业已经陷入财务困境。

四是相关保护性条款。银行在借款契约中会加入许多对借款企业有一定制约作用的相关条款，其目的就是更好地保护银行的权益。如果企业违反契约中的有关条款，银行就能够根据契约的保护性条款要求企业立即归还贷款或要求企业提前还款，这也是银行规避借贷风险的一种手段。

2. 企业长期借款缘由

一般情况下，企业以长期借款方式来融资主要有以下三种缘由。一是扩大经营。企业如果发展尚可，且具有一定的潜力，其为了更好地发展和获取利润，就需要适当增加可持续使用的资金来扩大企业的经营，如提高库存、扩大现金流、广泛使用商业信用手段。若企业不想因为发行股票而盲目扩大注册资本，就可以采用长期借款方式来融资。二是扩大生产。如果企业亟须购买一批生产设备或原材料，或设备需升级改造，用以满足客户订单或适应巨大的市场需求，就可以采用长期借款方式进行融资，因为其时间短、速度快且效益高。三是针对企业资本结构调整。当证券市场利率过高时，企业虽有能力发行证券，但债务融资成本过高，企业为了调整和过渡，就可以采用长期借款方式进行融资，在证券市场对企业有利之后，再进行证券融资，然后将借款归还从而完成过渡。四是以备未来之需。相对而言，企业对市场会有一定把控能力，也会对未来资金的需求有一定预期。如果企业预期资金需求加剧，且当前资本市场借款利率较低，对企业有利，企业就可以未雨绸缪进行长期借款融资；如果发现资金用度多余，企业还可以进行资本结构调整，即将长期借款归还或融通给其他的企业。

3. 长期借款的企业成本

企业进行长期借款融资，必然会带来成本，其主要体现在利息方面。

长期贷款的利率分为固定利率和变动利率两种，若企业的信用良好或抵押品的流动性强，则可以向银行争取到较低的长期利率。但相对而言，长期利率依旧比短期利率要高。

当资金市场的利率波动不大、资本市场资金供应较平稳的时候，企业进行长期借款融资就能够较方便地得到固定利率。而固定利率需要企业和银行双方找到一家和借款企业经营风险类似的企业进行对比，以此来确定长期借款的利率。固定利率的优势在于企业的还息标准比较恒定，从而企业能够根据固定利率和借款额度进行企业资金的合理利用，并根据双方制订的贷款偿还计划来进行生产、运营等活动。

当资金的市场供求变化较大、利率波动较大时，银行一般不会发放固定利率的长期借款，而是会以变动利率的方式发放贷款。变动利率主要有三种调整方式：一是浮动利率，就是在贷款协议之中规定利率要根据资金市场的变动情况随时进行调整，在初始时银行会开出浮动利率期票，期票上会标明借款的期限以及基本利率，基本利率以借款时资本市场信誉较好的企业的票据利率或资本市场相同借款期的公认利率为参考，而在票据到期进行利息计算时，利率则会根据市场利率的变动在一定幅度进行百分比调整，最终作为计息利率；二是分期调整利率，就是银行会根据市场情况每半年或一年调整一次利率，每次调整过后，企业还未偿还的本金就按调整之后的利率进行利息计算；三是期货利率，就是在整个借款期限内，每次付息企业都要按照付息当日期货业务的市场利率来计算付息，到期日则按面值还本。

（二）长期债券

当企业在一定时期内需要大量资金投入，而资金占用期较长，流动资金又不足时，企业就可以通过发行债券来进行融资。其本质就是企业通过发行债券这种有价证券凭证，来获取投资者资金的使用权并向投资者支付一定的利息。国内债券按债券发行机构可分为政府债券、公司债券和金融债券三种。政府债券主要的发债主体是政府部门所属机构、国有独资企业或国有控股企业，这种债券是以政府信用为基本的债券；而公司债券的发债主体主要是上市公司，其以公司的资产质量、经营情况、盈利水平等作为信用保障；金融债券主要的发债主体是银行及其他金融机构，由于其资信等级较低，因此发行的债券多为信用债券。

1. 债券基本要素

债券虽然种类繁多，但其具备一定的基本要素，就是债券上必须明确债权人和债务人的权利与义务。首先是债券面值，就是债券票面的现实价值，这是债务人在债券到期后应该向债权人给付的本金数额，也是债务人支付利息的计算依据。其次是票面利率，债券属于固定利息证券的一种，其利息通常事先确定并在票面显示。再次是债券的偿还期和付息期，偿还期就是债务人偿还债券本金的期限，付息期则是债务人发行债券后利息支付的时间。对于利息，债务人可以选择到期一次性支付，也可以以一年、半年、一季度等为期限进行分期支付。最后是债务人名称，债券票面需要标明债务主体，这是债权人追回本金和利息的主要依据。一般情况下，债券发行机构发行的债券，其要素不一定会全部在票面上体现，如偿还期和利率，很多时候债务人会以公告或条例的形式公布。

2. 长期债券融资优势

长期债券融资对企业来说是非常重要的一种筹资方式，其本身具有很多其他筹资方式所不具备的优势，主要体现在以下五点。

一是限制较少。企业需要资金来获得发展，但是很多时候企业在借款时会受到诸多限制和制约，如金融政策、借款数额、利率。但债券发行就没有这些限制，只要企业经营状况良好并具有一定的发展前景，就可以通过发行债券来筹资。

二是长期债券融资不会对企业的权益资本造成冲击。也就是说不会影响企业原有股东对企业的控制权。债券投资者的目的是定期或一次性从企业获得利息收益，其本身没有权利参与企业经营和管理。

三是能够充分利用财务杠杆。债券的利率一般是固定的，而且在债券有效偿还期之内，企业不需要担心偿债需求，所以可以将发行债券筹集来的资金用作企业长期持久的投资从而获取一定收益；而且因为债务人不参与企业利润分配，所以当企业投资收益率大于债券利率后，企业所有者就能够获得更多的剩余利润，从而提高企业获利能力。

四是长期债券的利息费属于税前支付，所以长期债券在很大程度上具有抵税能力，能够降低企业的融资成本。长期债券在本质上和长期借款相同，但相对而言长期债券比长期借款更加灵活。

五是长期债券融资的灵活性。因为债券本身由企业发行，所以企业对债券面值、发行价格、偿还期、偿还方式以及利率等都具有一定的自主权，可以通过对市场经济的研究分析来决定，其灵活性得到了大大提升。例如，当市场利率较高时，企业可以通过发行短期债券来筹集企业急需的资金，当市场利率下跌后，企业则可以将短期债券按期回收，然后发行低利率的长期债券。企业完全可以根据不同的市场情况进行债券发行模式的变更，从而令企业融资更加便捷和灵活。

3. 长期债券的发行

企业进行债券发行需要满足一定的基本条件，这些基本条件如下。一是企业债券发行需要由公司董事会提议并在股东大会上决议通过，而且董事会中若有具有参与权的优先股股东或利益相关债权人，企业也需要征得这些相关利益者的同意；二是要提供各种企业资料，如由专业会计师事务所对企业进行财务审查后出具的审计报告或财务报告鉴定书，以及由有资质的资产评估机构为企业出具的各类审核评估证明书，以此来证明公司具有债券发行的能力和资格；三是企业要向政府机构提出申请并得到批准；四是根据发行债券的不同，企业需提供不同的证明资料，如担保债券需要担保人提供财产担保证明，且债券总面值不得超过企业净资产总额；五是企业要在发行债券前对市场经济环境做出深入了解和预估，然后进行债券资本成本预算，这就需要考验企业财务管理部门的能力。以上这些只是债券发行的基本条件，在实际发行之中，企业还需要根据国家和政府部门对债券发行的详细规定进行资料准备，以确保企业发行债券合法合规，不会对企业造成巨大负担。

获得了债券发行许可并筹备完善所有准备工作后，企业就可以进行债券发行了，一般会采用两种基本发行方式。其一是直接发行，也被称为"自营发行"。这种发行方式就是企业通过自身来向特定债权人进行债券的发售，不需要经过中介机构。这种方式能够为企业节省发行成本，如不需要向中介机构提供手续费和服务费，但相应企业也会投入巨大的人力、物力和财力成本，而且企业一般对债券发行的规程与业务流程并不十分熟悉，所以可能会对债券发行产生负面影响，如周期延长、发行成本增加，再就是直接发行所面对的市场范围有限。直接发行的方式一般适用于企业内部的融资以及对企业有所了解并对企业资信情况信任的债权人。其二是企业委托中介机构进行代理发行，也被称为"间接发行"。中介机构一般是介于投资者和融资者之间的第三方，所以会收取一定的手续费或服务费，并和企业签订委托债券发行的信托契约。间接发行有三种形式，一种是代理发行，也称为"代销发行"。这种发行方式是指企业委托中介机构进行企业债券的发行，中介机构负责债券发行整个流程的服务，并在发行结束后收取发行手续费和其他服务费，发售债券所得款项划给企业，未售出的债券退还给企业。另一种是承销发行，也称为"余额包销发行"。这种发行方式是指在规定的发行期内，若中介机构未能将债券足额发行，剩余未出售的债券由中介机构收购。还有一种是全额包销发行。这种发行方式是指中介机构承担全部发行风险并先行将全额债券价款支付，也就相当于中介机构全额将企业债券买下再进行发行。这种模式的优势就是企业不需要承担债券发行后无法按既定价格出售的风险。将这三种债券间接发行的方式所需要承担的发行成本由低到高排列，依次是代销发行、承销发行、全额包销发行。一般情况下，企业不需要完全固定于某种发行方式，而是可以根据具体情况进行变通，最终做出合理的选择，其目的是保证企业融资成功却又不会令企业投入过多融资成本。

（三）融资租赁

融资租赁主要包括四个基本元素：其一是出租方，也就是向企业出租各种资产的一方；其二是承租方，也就是企业自身，其需要花费一定的租金，在契约或合同规定的范围内得到各种资产的使用权；其三是租金，就是企业需要向出租方支付使用各种资产的费用；其四是租赁的资产，即出租方向承租方提供的承租方所需要的资产。

租赁包含两类，一类是经营租赁，即承租方所需要的资产最初就属于出租方。这种租赁方式一般都是短期租赁，承租方能够获得资产的短期使用权、出租方对资产的维护以及出租方对承租方使用资产的培训服务，其不属于融资范畴。另一类是融资租赁，即承租方提出资产需求，出租方出资进行资产获取，然后通过租赁的方式交由承租方使用，承租方根据契约或合同向出租方缴纳租金。这是企业进行融资的一种方式，一般融资租赁属于长期租赁，签订合同之后不可撤销。融资租赁的方式意味着企业能够直接筹集到足额资金，只需要按合同进行租金支付即可。这种融资方式本身对企业而言具有极大的优势，而且企业将租赁的设备或资产的折旧风险转嫁给了出租方，当然，出租方也会将设备或资产折旧的风险计算到租金之中由彼此共同承担。融资租赁能够让企业在获得所需资产使用权的同时，不需要支付过多的资金，从而提高自身的偿付能力，是现今应用较为广泛的一种融资方式。

（四）商业信用

商业信用就是在企业进行商品交易时，采用延期付款或预收货款来完成融资的方式，这是企业利用自身的信用形成的一种企业之间的借贷关系。一般情况下，商业信用是一个企业授予另一个企业信用之后，彼此采用商业信用的模式来周转资金，进行变相融资的过程。例如，原材料生产商可以授予产品生产企业商业信用，这样，产品生产企业就能够先从原材料生产商处拿到原材料进行产品生产，但不支付原材料货款，待完成生产或产品销售之后再进行款项支付。

商业信用具体的形式有应付账款、预收账款和应付票据等，其最大的优势是容易取得，而且企业若没有现金折扣或无息票据，以商业信用的方式进行筹资则没有成本。这种融资方式现如今广泛存在于企业，以新型经济形式存在的企业或行业尤为突出，如零售超市、房地产开发、消费俱乐部、个体私营企业。这类企业或行业银行信用控制较紧，所以商业信用融资很便捷，在日常生活中也非常常见：零售超市先占用供应商商品但无需付款，待商品售出后再进行支付；房地产开发商进行房屋预售，用预售所得资金进行房产开发；消费俱乐部出售会员卡，之后会员到俱乐部进行打折消费；等等。随着互联网时代的发展，商业信用模式已经成为中小企业和县域经济发展的重要融资方式，其能够在很大程度上促进经济的发展，而且可以为中小企业提供便捷的发展资金。但现阶段，商业信用还处于一种较为自发的状态，国家没有为其设立专门的监管部门和机构，也没有出台相关的监管制度和查询方式。因此，商业信用还是具有很大的风险性的，而且商业信用过于分散，不容易进行综合式管理。

虽然商业信用融资非常方便快捷，具有极大的灵活性，但相对而言也具有非常大的不稳定性，现如今受到广泛关注的信用危机就是不稳定的商业信用所造成的。因此企业信用体系的完善和建立，是企业发展最重要的一点，这需要整个经济环境的大力支持以及整个信用体系的规范化管理。

第六章 "互联网 +"时代
企业投资模式

第一节 企业网络化投资管理

在企业财务活动中，除生产、销售之外，最重要的内容就是投资活动。投资是企业通过将资源或经济投入一定对象，包括项目或企业等，期望未来可以取得一定收益、获取一定利润的财务活动。企业财务管理的任务就是在市场经济环境之下，将企业筹集到的资金进行最为合理的运用。企业能在财务管理决策的带领下，将筹集而来的资金投放到收益高、风险小、回报快的项目中，是企业生存和发展最为重要的一步。

一、投资的意义

首先，企业投资是实现企业财务管理目标的重要前提。从企业目标来看，企业进行财务管理就是为了不断提高企业的价值，增加股东的财富，赚取更多的利润，而达成这些目标的一项重要措施就是进行企业投资，令企业在各种投资中获取收益。

其次，企业投资本身就是企业能够生存和发展的必要步骤。现今企业竞争激烈，市场环境千变万化，市场需求随时都会有变动。因此要想维持企业的各项财务活动，如生产、运营、销售，企业就需要通过观察市场变化适时转变经营模式，如根据市场需求调整设备，对生产流程、工艺进行改进，研发迭代产品，提高企业品牌和专业技术水准，这些都是企业非常重要的投资。只有不断进行投资，企业才能够保证一定的活力和适应力，可以说，任何企业要想生存，就要进行投资。

最后，企业投资可以有效降低企业的经营风险。任何企业都是在市场中不断适应和不断完善的，企业进行投资能够有针对性地将企业的薄弱环节或关键环节进行优化，从而进一步提升企业的竞争力和生存能力。例如，生产型企业可以将筹集到的资金用于生产效率提升、生产线多元化，让生产能力和经营能力匹配平衡，提升企业的综合能力；再如，企业能够进行多元经营，将资金投入多个非相关行业，彼此相互促进、协同发展，这样能够很好地降低企业的经营风险，更能够让企业的发展脚步稳定而扎实。

在真正投资过程中，企业需要根据自身情况、市场环境、资金到位情况、财务管理模式等各个方面进行综合考虑，找到最适合自身企业的投资方式，这才是对企业发展最有利的。

二、投资的分类

（一）投资模式

不同的投资方向，所展示出的投资性质以及投资特性也会有所不同。一般情况下，投资可以分为直接投资和间接投资，还可以分为内部投资和外部投资。

直接投资即企业将筹集到的资金直接投放到生产经营类的资产中，包括场所扩建、设备购置、拓宽生产线等各个方面，这种投资方式主要用于生产、加工类投资；间接投资就是企业并不将资金直接投入生产经营类资产，而是采用证券投资的模式进入金融市场，将资金投放到各种证券之中，以获取股利或利息等，因为其主要投资方向是证券和金融市场，所以也被称为"证券投资"。相对而言，直接投资要比间接投资风险大，随着我国金融市场不断完善，企业之中间接投资所占比例也越来越大，其涉及的范围也越来越广。

内部投资就是企业将筹集到的资金投入企业的内部，用来进行企业自身的生产、经营等；而外部投资则是企业以现金、实物（如设备、材料）、无形资产（如技术、维护、服务）等不同的方式，以购买外部企业股票、债券等有价证券的形式对外部企业进行投资。内部投资一般都是直接投资，而外部投资则包括直接投资和间接投资两种。不管企业采用哪种投资方式，都是为了通过经济项目联合发展，保障企业在市场的生存能力和活力，提高企业在市场中的竞争力。尤其是外部投资，更是企业扩充发展的一个重要渠道。

（二）影响投资的因素

首先，对于企业而言，筹资是投资的前提条件，投资是以筹资为基础的一项重要活动，因此筹资状况会直接影响企业投资活动的展开。[①] 如果企业的资金需求量较大，但筹资的效果却不佳，未能达到企业需求，那么此次投资必然会受到极大影响。另外，筹资过程中市场的情况也会对投资产生巨大影响。例如，金融市场产生了行情的波动；再如，投资者经过市场分析，其筹资和投资的心理预期产生了变化，这些都会影响后期投资。筹资过程中的时机把握也非常重要，如果投资者发现了好的投资机

---

① 王欣荣，唐琳，刘艺. 财务管理 [M]. 上海：上海交通大学出版社，2018：56-59.

会，但是无法及时筹集到资金，其就很有可能失去这次绝佳的投资机会，因此企业的筹资能力是把握投资机会的重要前提。

其次是投资的环境。这里的环境包括多方面的因素，一个是金融市场环境，它能够直接影响筹集资金的额度和筹资成本，还会影响投资活动的进行；另一个是商业市场环境，商业市场环境是在不断变化的，企业的投资就建立在能够抓住商业市场环境中对自身有利的机会上，所以企业在投资前对商业市场环境的分析和把控至关重要；最后一个就是企业的内部环境，企业拥有自身的产业和企业发展规划，企业投资必须建立在不影响自身正常发展和目标实现的基础上，至少也要达到对企业自身影响极小。投资环境是一个非常复杂多变且不易掌控的环境，因此企业投资必须拥有较为成熟的投资决策和投资方案，并针对一些特殊情况拥有应急措施，以便企业在复杂多变的投资环境中更好地进行投资活动。企业进行投资最终的目的是使投资收益最大化，所以针对投资环境，投资者一定要拥有敏锐的觉察力、准确的判断力，以及果断的决策力，即发现投资机会、分析投资收益和把控投资机会的能力。企业发现投资机会后不能优柔寡断，但也不能盲目投资，准确掌握其中的度，就是企业财务管理者及企业决策者最主要的能力体现。

再次是投资的成本和风险。企业进行任何投资活动前首先要分析的就是投资成本，毕竟这是整个投资活动中最主要的财务活动。投资成本包括投资机会分析、投资决策、投资方案制订、方案实施，以及最后的收回投资收益这整个过程中的全部支出。企业只有把控好投资成本，再与预期的投资收益进行对比，才能够确定企业进行投资活动获得收益的高低，如果投资成本高于投资收益，那这种投资就完全没有意义。考虑了投资成本，还需要考虑投资风险，毕竟任何投资都具有一定的风险，如投资收益与预期相差甚远，由于市场环境的变化导致投资遭受损失，各种不可抗力因素造成投资失败，等等。企业在进行投资之前必须拥有风险意识，还需要针对不同的风险分析这些风险会对投资产生哪些影响，然后根据分析来建立风险的预警、防范以及应急机制，在最大限度上避免风险为企业带来不可估量的影响。在企业完善风险应对机制后，即使遇到风险，其也能够在一定程度上通过应对机制将损失控制在最小范围，避免企业完全陷入被动。

最后是企业的能力。企业进行内部投资管理时相对简单一些，因为企业对自身的了解和把控力较强；但企业进行外部投资管理则会复杂很多，因为其涉及因素较多，关系也较为复杂。所以，企业在进行外部投资管理时要考虑自身的投资管理能力和经营控制能力，如果外部投资规模超出企业自身的能力，则必然会使企业陷入巨大的困境，不仅不会为企业带来收益，还会导致企业破产。

三、网络化投资环境

在"互联网 +"时代，企业的投资环境产生了巨大的变化，尤其是各种网络技术的发展，使社会文化、企业管理模式以及投资机会都受到了一定的影响。现如今，网络化的投资环境比之前更富有变化性和灵活性，同时其为企业创造出的投资机会也相应更加丰富。

（一）社会文化融合

在互联网上，所有的人、事件、企业乃至国家都能够联系到一起，尤其是企业投资者，他们能够非常轻松地在互联网获取到各种投资信息。通过对各种投资机会的分析和把控，企业投资的范围已经不再局限于某一个产业、行业乃至国家，而是扩展到了全球。在互联网普及之前，企业跨国投资或进行国际化发展，所面临的最大问题就是不同国家存在的文化差异，各国的价值观、思维方式、行为准则、文化基准等都会因为地域差异有所不同。

网络技术令不同的文化开始交融和相互认同，不同国家与地区间的联系和信息交互，让文化开始突破地域限制。所以，企业在互联网时代进行投资，更容易了解不同的思维方式和不同价值观，从而使企业管理者在投资过程中适当调整投资方案，提升企业的投资成功率，获得投资收益。

互联网时代为企业的投资环境带来了信息便利，同时互联网的发展也使企业在投资过程中更加关注社会文化的问题。互联网时代下，社会文化已经开始相互交融，当代年轻人的思维形式、价值理念等都在快速变化，企业进行投资就需要有针对性地去契合文化的变化，只有这样企业的投资才更易成功。

（二）管理模式差异

互联网时代使得企业跨区域投资、跨国投资的机会更多，但相应也使得企业的投资管理模式出现了一些变化。从大的角度而言，中国的企业管理更加亲和化，而西方的企业管理则更加规范化、制度化、条例化，如果企业要进行跨国投资，就需要针对不同的区域或国家进行管理模式的调整。现如今，随着互联网的推进，各区域企业管理的优势也在逐步融合，如中国的经济发达地区其企业管理模式更加注重将亲和化与规范化相融合，即能够让企业的管理更加有序化和有效化，在管理过程中也会更加人性化、更加标准化。因此，企业在互联网时代进行投资管理，需要针对不同地域的不同特性进行管理模式的融合调整。如今的跨国、跨区域管理也不再像以前一样必须不断派人进行审查，而是只需要进行远程视频或监控，就能够实现实时管理，解决了地域因素造成的管理困难。互联网的存在也使跨区域跨国家企业的投资管理成本降低，甚至企业不需要派遣专业管理人才到投资项目所在地进行管理，只需要远程参与即可使项目成效尽收眼底。

（三）投资机会丰富

企业进行投资的基本要素一个是资金，另一个则是投资机会，没有投资机会，资金根本没有运用的场所。在互联网时代，企业进行投资机会的选择将会更加便捷，因为对投资机会的选择有赖于市场的环境，所以企业还要结合自身状态进行分析。企业只有对这两者足够了解、认识足够深刻，才能够看准投资机会并更准确地将其抓住。互联网的信息融合，使得企业拥有了更加快速的信息收集和分析速度，而且海量信息的存在，也令企业获取到的信息更加全面和完善，企业通过对信息进行及时的分析和把控，能够提高选择投资机会的效率。同时依赖互联网的便捷性，企业更容易发现投资机会，并可以以更高的效率将机会抓在手中。互联网具有的信息互通性能够让企业在进行投资洽谈时更为快捷，只需要通过互联网，企业就能够与对方进行沟通和交流，也使得其抓住机会的效率得到了巨大提升。

四、网络化投资方式

企业进行投资可以有多种方式，如固定资产投资、流动资金投资、股权投资、金融资产投资。而随着互联网的出现，企业的投资方式也得到了一定拓展，并且原有的投资方式也相应产生了一定的变化。

（一）虚拟资产投资

互联网经济时代，以知识为基础的专利权、商标使用权、产品创新理念、管理理念等虚拟资产开始在企业资产结构中占据越来越重要的位置，这是由互联网的特性所引起的。针对这些变化，企业的投资比重也逐渐向虚拟资产倾斜。现如今，虚拟资产已经成为企业发展的一个重要动力，也是企业生产和再生产过程中不可或缺的一个因素。在这样的环境之下，企业投资方式将发生巨大变化，如挖掘知识资产的巨大潜力，同时充分利用知识资产来为企业创造巨大的价值。在互联网环境中，对于信息的掌控以及对信息流量的占据比重，都已经成为企业投资发展的重要因素。例如，近几年兴起的直播带货、短视频、共享经济等，都属于互联网时代具代表性的投资方向，并开始占据越来越重要的位置。所以，在互联网时代，企业需要注重对虚拟资产的投资，对虚拟资产进行投资不仅能够给企业带来巨大的网络红利，而且能够使企业在很大程度上占据互联网市场，提高企业的品牌价值、流量价值。

（二）需求链联盟模式

传统经济环境下，企业与供应商和分销商之间主要是以供应链的模式形成联盟关系，即企业与供应商和分销商形成稳定的市场供求关系，以此来占据更大的市场。例如，企业通过投资控股或兼并，获取原材料企业、半成品加工企业、零部件生产企业、产品分销企业的控制权，从而以投资的方式将整条供应链掌握在手中，以产权为纽带实现以核心企业为基础的集团型、供应链型稳定联盟关系。

在互联网时代，市场的变化尤其是买卖关系的变化尤为突出。此时，企业想继续保持市场竞争主体地位，采用投资控股或兼并掌控供应链的模式已经无法适应多变的市场。要想改变这一现状，就需要企业对市场进行再次把控，将原本的供应链联盟模式转变为需求链联盟模式，以用户群体为中心，不断整合联盟。此时的投资不能再以稳固伙伴关系为基准，而是要以快速投资、快速撤资再整合的模式为主，即根据市场用户的需求，不断和不同的企业建立共赢关系，在市场机会消失时，又需要快速解除共赢关系，重新寻找共赢企业。互联网的出现，让企业间原本较为稳固的联盟关系变得极为脆弱。从企业共赢角度而言，互联网令企业之间的关系更为多变，建立在原本利益关系上的人情关系已经较为脆弱。企业若想在互联网经济环境下得到更好的发展，就需要转变投资方式，将原本以供应链一体化为主的投资需求调整为以需求链共赢为主的投资模式。

（三）证券投资比重增加

在传统经济环境之下，企业进行证券投资无疑成本巨大，中介成本、选择成本、时间成本等都相对较高。但是在互联网时代，这些成本都被互联网的特性弱化。例如，中介成本，因为原本的证券交易模式需要与较为专业且较为熟悉路径的中介进行连接，不管是洽谈还是证券交接都会耗费更多的奔波成本。但在互联网时代，这些奔波成本将极大降低，企业在专业指导下即可在互联网完成所有的购买手续，极大降低了中介成本。又如，选择成本，以往的证券投资需要企业不断搜集证券的相关资讯，然后以资讯为基础进行深入研究和分析，最终才能做出证券投资决策，在搜集资讯的过程中，企业所耗费的成本极为巨大。但在互联网时代，信息的便利性使得企业搜集资讯更加便捷，企业不仅能够更轻松地获得证券信息，而且由于这些信息会实时更新，企业在做出证券投资决策时所参考的资讯更加及时和准确。再如，时间成本，在传统经济模式下，企业进行证券投资需要到各种不同的证券交易区进行选择和交易，不仅耗费时间，而且容易因为证券信息变化引起更大的投资风险。但互联网的存在直接将时间和空间几乎压缩为零成本，证券的投资交易只需要企业在做出决策和实施之后，轻松在网络平台点击交易即可完成投资，既方便又快捷，令企业能够更迅速地把控投资机会。

（四）网络化投资决策

在传统经济环境下，企业的投资活动大多以决策者较为熟悉或者较为擅长的方向为主，不仅投资方向较窄，而且容易受到限制。但是在互联网时代，企业的投资活动将不再局限于决策者某一个熟悉或擅长的领域，而是涉及方方面面。这就要求企业投资决策者具有较高的知识水平和文化素养，并且拥有极强的整合企业资源和科学化决策的能力。但决策者个人的知识水平和精力毕竟有限，所以互联网时代的企业投资决策不再以个人为中心，而是以决策团队为核心，将各种专业人才聚集到一起，以网络化经济模式为依托进行各种信息分析，最终完成投资决策。这不仅需要企业所有者和决策者拥有极高的综合素质水平，还需要他们拥有识才、用才之能，并要能够以灵活的网络思维来培养跨领域、跨学科的投资眼界。而且在互联网时代，原本以经验和主观判断为主的投资决策方式已经不再适合多变的市场环境，科学化、数据化的大数据分析投资决策方式将逐步取代原本的经验主义投资决策方式。这不仅能够强化企业投资的成功率和效率，而且更容易形成以用户需求为中心的分析模式，从而提高企业投资的收益率。

第二节 "互联网 +"时代企业营运资本

企业在生存和发展过程中最为重要的一项资本就是营运资本，其本身主要由流动资产和流动负债构成。营运资本的管理就是对企业流动资产和流动负债的管理，是企业日常财务管理工作的重中之重。

企业的流动资产指的是企业在一年或超过一年的一个营业周期内能够变现或使用的资产，包括银行存款、有价证券、现金、应收账款、存货等；而流动负债则是企业在一年或超过一年的一个营业周期内需要偿还的各种债务，包括短期借款、应付账款、应付票据、预收账款、应付工资福利、应付股利和税金、预提费用和一年内到期的长期借款等。流动资产和流动负债是密切相关的，企业的营运资本管理就是企业财务管理人员运用管理手段来平衡流动资产与流动负债，使企业既能满足正常生产经营等活动，又拥有正常的偿债能力。

一、营运资本管理的重要性

对于企业而言，营运资本在企业总资产中所占据的比例很大，有些企业的营运资本能达到总资产的 80%，可见营运资本管理对企业多么重要。

（一）易变的核心工作

在企业的整体运营过程中，从采购到生产，从制品到成品，从销售到存货等各个环节，营运资本都是贯穿其中的。在企业的一个营业周期内，原材料采购可能采用现金或应付账款的形式；生产过程中，原材料采购可能采用实付工资或应付工资福利的形式；销售过程中，原材料采购则可能采用预收账款、应收账款、现金或存货的形式。在这整个过程中，企业的整个营运资本都处在一个循环中：实物和现金不断转换，实物包括各种单据、产品、原材料等，且这部分循环的实物和现金数量极为庞大，也就形成了企业财务管理人员最主要的日常工作。而且相对来说，营运资本还和企业的收益、税务、发展规划等息息相关，所以企业财务管理工作的核心就是营运资本管理，其他财务管理工作均是围绕这项工作进行的。

（二）筹资与投资的基准

企业的发展和壮大，最直接的体现就是企业销售规模和销量的提高，反映在企业运营之中就是营运资本的不断增加，如应收账款增加、存货增加、应付账款提高。这虽然意味着企业在发展，但相应地，企业也需要继续筹集资金来完成壮大。企业财务管理工作需要工作人员将筹集来的长期资金与短期资金相匹配，并将其应用到运营之中，使流动资产与流动负债期限匹配并不断转化，使企业在扩大生产规模的同时提高营运资本管理的效率，从而整体提升企业价值和企业收益。

当企业发展到一定阶段，市场保有量或市场需求量会进入平衡状态，企业流动资产中的现金也会出现一定程度的增幅。为了保证企业营运资本趋于平衡，企业就需要考虑进行对内或对外的投资工作，以便在确保生产经营的基础上最大限度运用营运资本，为企业带来更多的收益，创造更大的价值。

可以说，企业的筹资与投资都和营运资本管理息息相关，营运资本管理是企业财务管理的核心，更是企业生存和发展的一个调节器，所以做好企业营运资本管理极为重要。

（三）企业均衡的关键

在营运资本之中，除现金之外还有很多能够进行变现的资产，如应收账款、存货等，虽然可变现资产以及现金流量能够在一定程度上体现企业的发展，但从财务角度而言，现金、应收账款和存货所代表的资金根本无法产生效益。企业财务管理工作就是要尽可能地让企业保持较少的应收账款、存货以及现金，以便企业有更多的其他流动资产来满足各种资金需求。由此可见，让资金快速流动起来才是企业稳步发展和壮大的关键，这也是最考验企业财务人员及企业所有者管理能力的地方。只有提高营运资本的管理效率，才能够让企业走上正轨。

二、网络化流动资产管理

（一）流动资产特性

企业的流动资产主要包括现金、短期投资、应收与预付款项、存货四类。其中现金就是企业的库存现金、银行存款以及其他货币资金等以货币形态存在的资产。这是流动资产中流动性最强的一类资产，能够直接使用也可以立刻投入流通。虽然说企业拥有大量现金则具有较强偿债能力，但相对来说，现金是不产生收益的，所以从企业价值最大化的角度分析，企业就要尽量减少自身的现金持有量。而企业在经营过程中，不管是生产、投资、偿债，又不可能不置存现金，所以如何在保证满足企业生产经营以及现金使用的条件之下，降低企业的现金持有量，就成了财务管理者和企业管理者最主要的一项工作。短期投资就是企业所持有的、能够随时变现的有价证券或时间不超过一年的其他对外短期投资。短期投资管理的关键就是在保证资金快速变现及满足企业应急的基础上，维持较低的投资风险和较高的投资回报。应收与预付款项是企业在经营过程中应该收取但未收取的，以及为了满足企业经营预先支付却未拿到实物的款项，属于企业的债权性资产。企业财务管理者需要尽可能减少企业的债权性资产，因为其本身不产生收益，但同时企业也需要以债权性资产来维系债务资产的部分平衡，所以维持两者之间的关系就是财务管理工作的主要内容。存货则是在企业生产经营过程中，为了生产需求而储存的资产以及为了完成销售而储存的资产。尤其是在生产型企业中，这部分资产占据非常大的比重，包括原材料、易耗品、燃料、包装物、在制品、半成品和完成品等。存货虽然涉及企业供应、产出和销售的全部过程，但从财务角度而言，存货也是没有任何收益可言的。所以对于存货管理，财务管理工作就是在确定用于存货的短期资金数额的基础上，完成资金的筹集并使得存货所占用的资金成本最小，这也是财务管理人员最为日常也最为重要的一项工作。

企业的流动资产相较于其他资产具有非常明显的特点，主要表现在三个方面。一是变现能力强且周转快速。所有的流动资产，在一般情况下会在企业的一个生产经营周期内完成一次周转，最终重新回归货币形态，而中间的所有形态都是过渡体。企业大部分垫付在流动资产上的价值，都能通过一次性转化形成货币形态并得到价值提高，如债权性资产直接转手或到期回债即可获得成本和投资回报，存货中的产品经过销售环节即可成为商品回款。二是流动资产的形态多样且常产生变动。就如上述所说，仅仅是存货代表的流动资产，就具有数重形态。可想而知，若一个集团型生产企业本身就具备不同产品链，其流动资产的形态会达到何种程度。不过一般情况下，流动资产的不同形态是通过一定顺序依次转化的，而且通常是多种形态并存的。若想让企业的生产经营正常进行、企业资金正常运转，就必须使不同形态的流动资产有一个相对稳定的比例和转化速度。例如，只有拥有一定原材料，才能够维持一定数量的在制品和半成品；只有拥有一定数量的半成品，才能保证一定数量的成品输出；只有保证一定数量的成品输出，才能让销售环节有条不紊。三是流动资产具有很强的波动性。流动资产的数量并不稳定，其本身会受到企业内部资金管理和生产计划、销售计划等策略的影响，同时还会受到外部市场环境如用户需求量、回款模式的影响，所以波动性非常强。通常以一年为时间节点的企业，其生产经营业务会呈现出一定季节性特征，其中表现最为突出的就是服饰类生产企业，其流动资产的波动与季节变更的关系非常密切。

（二）流动资产管理策略

企业流动资产管理就是对企业资产进行合理性分配，其策略就是要在企业营利性和风险性两者之间进行权衡并最终做出合理的分配选择。企业的营利性资产可以大体分为固定资产和流动资产两类。其中固定资产是企业营利的基本条件，包括厂房、设备、加工器械等，其本身就是企业最重要的生产资本。流动资产从严格意义而言，并非营利性资产，而是企业运用固定资产进行再生产活动产生的资产。企业想获得收益，就必须依靠固定资产对大部分流动资产进行加工和再生产，最终形成产品进行销售，销售完成后回收的资产价值如果大于在生产和销售过程中的资金耗费，就能够给企业带来利润。从这个角度来看，流动资产的盈利能力要低于固定资产，而且流动资产更容易变现，因此流动资产的潜在亏损性也就低于固定资产。所以，企业的财务管理工作就是要在企业的总资产一定的情况下，分配好固定资产和流动资产的比例，以及规划好流动资产的分配比例，然后以运作两种资产的方式为企业带来更大收益。

规划流动资产的分配比例就是流动资产结构管理的策略。一般情况下，企业为了实现流动负债和流动资产的有效衔接，保证企业的生产和运作，要求流动资金必须有一定的安全充裕量。根据流动资金安全充裕量的大小，企业大体形成了三种流动资产管理策略。

1. 激进式管理

因为流动资产的盈利性较弱，而固定资产的盈利性较强，因此激进式管理模式会最大限度地削减企业的流动资产，从而增加固定资产在企业总资产中的比例，提高企业的盈利能力。在削减流动资产的过程中，企业要尽可能地令其中的现金和有价证券减少，也就是说，除了维持企业生产经营所需的各种流动资产，企业应将应急性资产大幅度减少，最大限度提高企业的盈利能力。这种管理方式虽然能够增加企业收益，但是同时也增加了企业的经营风险。一般情况下，这种管理策略只适用于企业外部环境一片利好且非常稳定和确定的条件下，如企业产品已经打开了市场，且市场同类产品还未大范围出现，具有一定的轻垄断性。同时经济政策利好，市场在大幅支持此类产品的生产和销售。在这样的环境下，市场风险相对较小，企业想得到快速发展就可以采用激进式管理策略，但依旧需要对市场有一个明确的把控，以防只顾闷头赶路而被新兴产品抢走市场份额。

2. 保守式管理

保守式管理策略就是企业要尽可能提高自身流动资产的占有量，令其足够充裕，同时流动资产中的有价证券和现金量也要保持较高水平。这种策略能够应对各种有可能出现的意外情况，在一定程度上保证了企业的生存安全和经营安全。但相对而言，这种策略也令企业的盈利能力大幅下降，毕竟大量持有流动资产会使令企业盈利能力更强的固定资产在总资产中的占比减少，从而使企业收益减少。这种策略适用于企业外部环境极不稳定、变化极为多样的情况，其能够在最大限度上保证企业在复杂的市场环境中生存下去。

3. 平衡式管理

平衡式管理是介于以上两种管理模式之间的一种流动资产管理策略，主要表现为流动资产在企业总资产中的占比处于一个中间水平，并且现金和有价证券的占有率也在流动资产中处于一个相对平衡的水平。整体而言就是企业在满足正常生产、经营等活动过程中的流动资产需求之外，要保有一定的应对意外的流动资产储量，以预防正常生产经营之外的资金需求。一般情况下，企业会根据外界环境和自身情况制订一个较为均衡的比例，通过流动资产管理来调整比例，使之保持平衡的状态。这种管理模式相对较为中庸，但其也能够使大部分发展型企业在经济市场中保持良好的生存状态和发展态势，以及较强的应对风险的能力。

（三）网络化现金管理

现金是企业中流动性最强的资产。就企业而言，现金包括各种现金等价物，如现金、银行存款、有价证券、在途资金。现金在企业中的主要作用就是进行资金周转和意外情况应急，如果企业缺乏足够的现金就很可能出现资金周转困难甚至宣告破产的情况；但如果企业持有的现金过多，则企业收益状况必然会被拉低，从而让企业遭受损失。所以，企业的现金管理就是为了使企业在正常生产经营的情况下将现金持有量降到最低，且充分利用现有的现金来获取最大收益。

1. 持有现金的目的

企业持有现金有三个基本目的。

第一个是保证企业在生产销售过程中的交易活动。很多时候产品销售所得账款不一定能够马上转变为现金，尤其是在供应链模式之下，会有很大一部分销售所得处在分销商或零售商的账面。同时，企业进行采购和工资支付等正常运营也需要支付现金，所以企业必须持有一部分现金来完成各种支付活动。而在企业经营过程中，最佳的现金管理模式就是达到收支同步，即在现金收入的同时完成现金支出，这样的模式对企业来说现金成本最小，但一般情况下收支同步则很难保证。

第二个是为了预防一些意外事件对现金的需求。一般情况下，企业需要预估现金需求量并进行预留，但有些意外会直接影响企业现金的收入和支出，从而造成现金收支不平衡，如遭受自然灾害、出现生产事故。相对而言，企业预测自身收支的能力越高，即企业对现金收入和支出的时间、节点、数额等的把控越清晰，那么企业现金需求的确定性也就越高，预防类现金需求就越低。另外，若企业的临时借款能力较强，那么其对预防类现金的需求量也就越低，毕竟通过临时借款应对临时现金需求，能够减少企业现金持有量，从而令企业的整体收益提高。

第三个是企业为了抓住一些回报较高的投资机会从而增加的现金持有量。虽然说企业所存在的市场环境风险重重，稍有不慎就可能令企业遭受一定损失，但与危机并存的则是各种机会，风险与机会永远是同时存在的。企业如果在一定时间内持有现金量数额较大，同时对市场机会有非常敏锐的认识和预估，那么可以尝试以现金来抓取难得的市场机会从而获利。但一般情况下，市场的变化很难预测，而且企业为了抓住市场机会保持较高的现金持有量，对企业而言也是得不偿失的举措。所以，除非特殊情况，企业都应该减少这个目标所增加的现金持有量。

2. 现金管理的内容

企业财务工作中的现金管理就是为了追求现金的安全性和效益性，是为了在降低企业财务风险的基础上达到企业收支平衡。

从安全性角度来说，首先，国家有关部门和银行其实都对企业的现金使用做出了一些规定，如果违反必然会受到处罚，所以现金管理的基本是保证法律上合规；其次，就是生产经营方面的安全性，企业的经营需要不断经历原材料购买、生产加工、存货、销售等环节，现金管理的主要目的就是保证企业正常生产经营；最后，就是企业偿债安全性，企业的经营过程必然是建立在流动资产和流动债务相平衡的基础上的，现金管理有一方面的目的是避免企业出现财务危机，如果企业无法保证将到期债务及时支付偿还，就很容易出现财务风险，而风险一出现就会影响企业后期的融资和筹资能力，甚至使企业陷入恶性循环。

从效益性角度来说，现金管理的一个目的是通过对现金持有量的平衡管理，来降低现金持有的成本，保证更多的企业资产进入流动过程从而创造收益；另一个目的就是通过对持有的现金进行有效管理，如通过投资或现金流动，来增加现金背后的资产价值，从而提高企业收益。一般情况下，企业的现金管理就是为了在保证企业现金安全性的基础上实现现金效益最大化，而如果两者之间出现矛盾或发生偏离，企业财务管理人员就需要在进行现金管理时寻找一个降低企业风险与保证收益的平衡点。

从理想化的角度来看，如果企业能够对现金流入量和现金流出量进行准确预测，并让其实现同步，那么企业就不需要持有现金，但现实中不可能做到这一点。所以，企业就要在维持自身资产流动性和获利的基础上，尽量减少现金持有量。当然，在这个过程中企业还需要考虑风险问题，企业需要保证有一定的现金持有量来预防意外出现，寻找这个平衡点就是现金管理的主要内容。

从现实角度而言，互联网时代企业的现金管理需要转变为依靠信息数据来进行预测和预算，通过编制现金预算来完成企业的现金管理。网络化现金管理就是企业财务人员根据互联网数据的特性，进行编制现金预算来确定企业现金持有量的过程。一般情况下，企业财务人员需要编制未来六个月到一年的现金预算，然后再针对一个月编制更为详尽的每周乃至每日的现金预算。其中每月的现金预算可以规划企业的现金收支，而每周或每日的现金预算则是控制企业实际的现金收支，以确保最终编制的现金预算契合企业的发展和规划。编制现金预算主要有五个基本步骤。一是预测企业的营业额。此部分需要根据企业的营业周期、市场需求变化和外界经济环境变化来进行预测，其主要元素包括预期销售水平、预期生产能力、达成这些预期需要的现金储备等。二是估算企业达到预期销售水平所需要的存货量。即根据销售计划和已有销售数据，来推测市场需求和经济环境，然后预估企业财务活动涉及的现金需求以及在生产周期内需要完成的生产货量目标。三是根据以上预测和估计来安排进货时间以及进货后的确定付款时间，从而对企业现金流量有一个估计，并通过时间节点来掌控现金量的变化。四是预测销售落实的时间以及客户的付款时间。只有完成了销售，存货才有可能转化为收款，所以企业财务人员还需要通过确认客户的付款时间来保证应收账款的现金转换节点。五是加入各项工资、人工成本及其他费用的支付日期，包括短期债务的偿债时间、长期债务的利息结算时间等。

3. 确定最佳现金持有量的模式

编制现金预算的目的，就是确定企业的现金持有量。当企业持有的现金既能够满足生产经营需要，又能够让现金使用的效率和效益达到最高，那这时的现金持有量就是企业的最佳现金持有量。确认最佳现金持有量有以下三种较为常见的模式。

一种是成本分析模式。这种模式是企业财务人员根据企业生产经营活动中和现金相关的成本分析，来预测总成本最低的时候应该有多少现金持有量的方法。这种方法只考虑持有一定现金产生的机会成本和短缺成本，不去考虑转换成本和管理费用。此模式的具体步骤为：企业财务人员先根据不同的现金持有量来测算并确定有关成本数值，包括总成本、机会成本、短缺成本，然后根据不同的现金持有量和对应的成本数值资料，编制出最佳现金持有量测算表，最后根据测算表来找出总成本最低时的现金持有量。

另一种是存货模式。这种模式就是运用存货经济批量订货的模型原理，来确定最佳现金持有量，其主要的测算方法是使现金相关成本之和最低。使用这种原理进行测算需要先进行假设：一是在企业预算期之内，现金总需求量可以预测；二是企业所需要的现金可以通过证券变现获取，且其不确定性很小；三是证券的利率、报酬率和交易成本可以获得；四是企业进行现金支出时波动较小，当现金余额为零时能够通过证券变现取得补足。以存货模式来确定最佳现金持有量主要考虑的是现金持有成本以及现金转换成本。现金短缺成本变量大且会通过存货模式中的证券转换进行补齐，所以可以不予考虑，而其他的固定成本相对稳定，和现金持有量关系并不大，所以也不予考虑。现金持有成本是企业放弃证券报酬所耗费的成本，其计算公式为：现金持有成本 $=(C \div 2) \times r$。其中 C 为现金初始余额，同时也是每次现金额为零后，企业通过出售证券或筹资得来的现金；r 则是企业持有现金的机会成本，即企业放弃证券收益或者进行筹资所产生的资本成本。现金转换成本则是企业对有价证券进行现金转换时所耗费的成本，包括税金、中介费用、管理费用等，其计算公式为：现金转换成本 = $(T \div C) \times b$。其中 T 为所需计算的时间周期内所需的现金总额；b 为企业每次出售证券或筹资时的交易成本。当计算的两个成本之和最低时，所确定的 C 值就是最佳现金持有量。

还有一种是现金周转模式。这种模式是按现金周转期来确定最佳现金余额的方法，计算的是整个投入、生产、销售、回款周期。使用该模式进行测算需要确定一些基本条件，首先是能够准确测算出现金周转的次数，然后假设要计算的年度和测算出的现金周转次数基本一致；其次是年度现金需求总额需要通过企业自身的产销计划准确预计，不仅需要参考历史数据，还需要考虑所计算的年度内市场环境情况和用户需求情况。企业财务人员在确定这些条件后，就是进行测算。第一步计算公式为：现金周转期 = 存货周转期 + 应收账款周转期 − 应付账款周转期。然后根据现金周转期进行最佳现金持有量计算，计算公式为：最佳现金持有量 = （年度现金需求总额 ÷360 ） × 现金周转期。

企业可以根据自身情况和对数据的把控能力，采用不同的测算模式，以便在一定程度上得出自身最佳现金持有量。但需要注意的是，测算模式中各种变化都是有所预计的，但现实中可能会发生预料之外的变化，当出现这种变化时，企业需要及时进行相应的调整。

4. 现金的日常管理

最佳现金持有量的测算是理论上的一种预估计算，当企业获得最佳现金持有量数据后，企业财务人员还需要对其进行有效的保持。这就需要依赖现金的日常管理工作，其目的是提高现金的周转速度，从而提高现金的使用效率，让其创造更大的价值。提高现金使用效率主要体现在两个方面，一个是提高现金回收速率，另一个是严格管控现金支出。

提高现金回收速率不仅要求企业提高顾客的付款效率，还要求企业将这些款项转化为企业可支配现金的速率逐步提高。在互联网时代，款项收付功能已经极为便捷，但依旧有很大一部分款项会通过支票汇寄的方式进行支付。另外，资金进入企业往来银行的过程以及支票兑现的过程耗费时间较多，针对这一点，企业可以指定一个银行作为收款点，这样不仅可以做到收款集中，还能够因为彼此深入合作减少支票兑现的时间成本。除此之外，企业还可以通过"锁箱法"来提高资金流动速度，即由企业向邮局租用加锁信箱，并委托各地的代理银行每天开箱若干次来收取汇寄的支票，然后存入企业的相关账户中。这种方法不需要企业对支票进行内部处理，也不需要企业亲自将支票交给银行，省却了企业财务管理人员非常多的时间和精力，但相对来说，企业需要付出一定的手续费等服务费用。

严格管控现金支出主要体现在现金延迟支付方面，就是企业在进行款项支付时进行严格管控，从而把控现金支出。现金延迟支付主要体现在四个方面。一是尽可能推迟应付款支付。这种方式就是在不影响企业信誉的状况下，充分利用企业的信用优惠，来推迟应付款的支付。若企业急需现金，甚至可以放弃信用优惠，推迟到信用期的最后一天再进行支付，当然这种方式需要权衡利弊。二是尽量协调现金流入和流出的时间。这种方式最好能够做到现金流入和流出同步，这样可以减少交易性现金支出，从而充分提高现金的利用效率，减少证券兑现的次数和数额，节省现金转换成本。三是用汇票来代替支票。汇票不像支票一样能够见票即付，尤其是商业承兑汇票，这种汇票需要收款方拿到汇票后提交给银行，然后由银行将其交给签发方进行承兑；银行承兑汇票则需要银行方面的承兑。这种支付方式能够延迟企业支付现金的实际时间，但无形中也会增加手续费用，而且银行和收款企业一般也并不喜欢使用汇票付款。四是利用现金浮游量。即通过管理企业收账效率以及延长付款时间，让企业账户的现金余额与银行账户的存款余额出现差额，其实就是使账面出现余额差和时间差。在时间差中，企业虽然已经开出支票，但是依旧可以运用存款账户上面这部分被支出了的现金。

（四）网络化应收账款管理

企业在提供劳务或销售产品的过程中，同意接收方延迟交付款项，就会形成企业的应收账款，这是企业提高市场占有率、扩大销量从而提升企业竞争力的一种方法。应收账款的产生根源在于企业的商业信用，所以网络化应收账款管理其实就是对企业信用进行有效管理。互联网时代对应收账款管理的影响是极为巨大的。

首先是对信用等级评估的影响。在传统条件下，企业想了解某个客户的信用等级，就需要花费很大的人工成本和信息收集成本，而且收集来的信息还不一定是真实且最新的，这就造成企业对客户进行信用等级评估的时候会出现误差。但在互联网时代，信息共享的特性使得客户相关信息如业务范围、注册资本、行业走势、行业地位、客户银行诚信状况，都能够通过互联网较为轻松地获取，这为企业对客户进行客观、科学的信用评估提供了极大的便利。

其次是对应收账款管理的影响。在传统条件下，企业财务人员很难将异地赊账和销账的即时信息快速获取到，这就造成企业所掌握的信息较为过时，无法将信息和客户的信用情况进行核查和匹配，很难做到有效管理应收账款。但互联网普及后，数据信息的实时更新能够让企业财务人员清晰洞察应收账款的情况，所以企业财务人员在对应收账款进行管理时也更加高效和清晰，有助于企业通过对应收账款的动态管理实现企业的进一步发展。

最后是对应收账款管理成本的影响。在传统条件下，企业财务人员时常需要根据账款条件对应收账款进行催收。一方面需要企业耗费一定成本和客户进行沟通交流；另一方面也容易因为信息不对称造成催收沟通无效，如进行催收时客户已经交付账款，但账面状况还未进行更新。而在互联网环境下，催收应收账款变得更为简单、成本更低。只要拥有网络，企业就可以直接通过邮件或在线沟通来完成对应收账款的催收，企业还能够通过互联网即时了解账款信息，做出最有效的催收沟通。另外，企业还能够通过互联网与客户进行及时沟通，了解客户逾期的原因，有针对性地对情况进行分析，避免因采取不必要的法律手段而提高企业的运营成本。

（五）网络化存货管理

为了保证企业销售的进行，企业需要保持一定的存货。但相应的，存货也会带给企业一定的资产成本，如储存成本、订货成本、缺货成本。存货管理的目标就是在保证企业存货需求的基础上，尽量降低存货的资产成本。储存成本是企业持有存货所产生的成本，一般存货量越大，储存成本越高，主要体现在搬运费、仓储费、保险费、存货管理费和占用资金方面；订货成本则主要体现在企业对材料、商品的订购所产生的成本方面，包括订货手续费、采购人员差旅费、运输费等，这部分成本和订货数量无关，而是和订货次数有关；缺货成本则主要体现在由货源中断所引发的间接成本方面，包括对企业信誉、生产管理的压力以及对销售体系的影响等。

在互联网时代，企业的储存成本也相应有了一些变化，尤其是在存货管理费方面。在传统条件下，企业对存货进行管理主要靠的是入库和出库记录，采用的是纸质信息记录。这种记录模式和人员管理息息相关，稍有不慎就会出现信息记录错误的情况，从而给企业带来巨大的存货管理成本。同时，纸质信息记录效率低下，容易影响企业的存货入库和出库流程，变相影响企业的销售系统。但在互联网环境之下，绝大多数信息数据都可以通过网络数据进行跟踪、输入等，甚至有些半自动化库房能够通过对入库和出库的货物进行监控而形成数据痕迹，避免数据输入遗漏。同时，半自动化库房能够对仓储方式进行合理化协调，在保证货品安全的情况下最大限度利用仓储空间，为企业节省仓储成本。

在传统条件下，订货成本主要体现在各层级的沟通成本方面。例如，企业看中供应商的材料或商品，则需要先进行沟通，然后派人前往供应商处进行货物质量把控，之后再进行货物价格协商。若价格无法谈拢，订货成本就会开始累积。而在互联网环境下，订货成本被大大弱化了。企业可以直接通过互联网找到符合要求和需求的供应商，货物质量和价格洽谈都可以通过互联网来进行把关和控制，不仅能够节省企业的时间，而且沟通成本也大大降低了。

在传统环境下，企业为了降低缺货成本会设置存货安全储备量，但同时这也增加了企业的储存成本。所以企业财务人员需要根据成本核算来确定货物的安全储备量，确定安全储备量之后，企业财务人员还需要对企业的整个生产计划做出时间节点测算。在这个过程中，时间节点和货物情况稍有变化就会对安全储备量造成巨大影响，使整个财务链不稳。但互联网时代就不必这么麻烦，企业可以随时通过货物储备量和销售状态来核查安全储备量。在货物临近安全储备量时，企业可以直接联系供应商进行提货，供应商也能够通过互联网的数据快速调集货物为企业供货，极大节省了时间成本。即使供货过程有所变动，企业也能够通过网络数据的快速协调分步解决问题，实现在不影响企业正常生产运营的情况下源源不断地供货，这就大大降低了企业的缺货成本。

三、网络化流动负债管理

企业的营运资本是流动资产和流动负债的差值，所以企业财务管理人员在管理营运资本时除了要进行流动资产管理，还需要进行流动负债管理。流动负债主要体现在应付工资、应付税款、应付票据、应付利润、应付款项、短期借款等方面。其中应付工资、应付税款、应付票据、应付利润等均不宜进行延迟支付，但企业财务管理人员可以通过进行应付款项管理以及进行短期借款，做到对流动负债的管理。

应付账款管理就是为了让企业在维护信誉的前提下进行延迟付款，如为了配合企业现金流入，适当延迟付款来实现现金流入和现金流出同步。即使现阶段的应付账款不契合企业现金流入节点，推迟付款也能够增加企业的流动资金，从而改善企业资金流的状况。在互联网时代，企业可以通过数据分析定期核查应付账款，然后通过合理化分配来规定付款程序。这样不仅可以在一定程度上协调企业的流动资产管理，还能够通过优先级排序降低应付账款的管理成本。

短期借款是企业在生产运营过程中必不可少的一项财务活动，其能够满足企业对资金的紧急需求，帮助企业维持生产经营。企业对短期借款进行管理，就是为了节省借款的利息支出。在互联网时代，企业可以通过数据分析来进行短期借款的管理，协调还贷和再次借款的整体资金运作计划，如利用短期借款来偿还长期借款利息，这样可以减少企业一部分的财务费用。

在外界市场变化极为快速的经济环境下，企业进行流动负债管理最主要的就是要将商业信用完全利用起来，借助商业信用延迟支付应付账款，从而实现无息融资。这不仅会让企业拥有更加灵活的营运资本管理方式，还能够让企业无形资产的价值得以体现，使其真正转化为企业的营运资本，参与企业的发展和规划。

第三节 "互联网 +"时代企业并购

企业谋求资本最大增值时最为重要的一项投资活动就是企业并购，其本身具有兼并和收购两层含义和两种方式。企业并购的基本模式是企业法人在平等自愿和等价有偿的基础上，通过一定的经济方式来获得其他法人产权的行为。

一、企业并购形式

企业并购一般有三种形式，分别是公司合并、资产收购和股权收购。

（一）公司合并

公司合并就是两个或两个以上公司按法律规定的条件和程序签订合

并协议，最终合并组成一个公司的行为。根据最终形成的公司法人不同，公司合并还分为吸收合并和新设合并两类。吸收合并就是一个或一个以上的公司完全并入另一个占优势的公司，占优势的公司成为主导，法人资格继续存在，而被并入其中的公司原则上解散且法人资格消失，新合并的公司办理变更登记手续后完成合并；新设合并是两个或两个以上公司，一同消灭各自的法人资格，然后进行合并形成新的法人资格。

一般情况下，公司合并是具有一定优势的。不管哪种合并方式，新合并的公司在规模和效益方面都会出现一定增幅，而且在合并时公司会进行人员整合，原公司的人员配备会被精简，从而减少人员成本。但同时原公司所有资产和负债也会产生联合，并且新合并公司在人员安置、内部管理架构搭建等方面都需要重新规划和安排。

（二）资产收购

资产收购是指企业通过支付现金、实物，购买有价证券，劳务或债务免除的方式，有选择地收购另一个企业的一部分或全部资产。资产收购协议的主体是买卖双方的公司，但不包括公司股东，也就是说资产收购不涉及任何公司的股权，只涉及特定资产。另外，资产收购也不包括被收购资产公司的负债，在资产收购完成之后，两家公司都依旧保持自身的独立法人资格。

资产收购和购买资产式兼并有着极大的区别。其一是资产收购并不产生财产的概括转移，只需要转让实质的全部财产，所以被收购的企业法人资格依旧存在，债务也依旧存在；而购买资产式兼并则需要兼并公司将被兼并公司的全部财产接收，包括其债务，或在兼并过程中，被兼并公司进行债务清算后，其法人资格方可消散。其二是股东地位的不同。资产收购时，资产转让的对价归属卖方公司，即使对价是股份也可以作为卖方公司自己的持有股份，卖方公司股东的身份不会产生变化；而购买资产式兼并所兼并的公司股东原则上会成为新公司股东，不再是原公司的股东。其三是法律后果不同。购买资产式兼并使被兼并的公司法人资格消灭，且可以不经过清算手续就即时消灭；但资产收购无法做到这一点，资产进行转让的公司其法人资格依旧存在，如果转让资产的公司要解散，还需要拟出解散协议并履行清算手续。相对来说，资产收购的方式类似于市场商品的买卖，只转化商品价值，不附加商品的负债。

（三）股权收购

股权收购就是企业通过购买目标公司股东的股份或收购目标公司发行在外股份的方式来兼并目标公司，还有一种方式是以企业自身的股份来换取目标公司的股份。第一种方式需要企业进行资金支出，资金流入目标公司股东的账户后完成股份收购；第二种方式则不产生现金流动，所以企业可以在一定程度上合理避税，只需要用股份换取股份，待收购方持有目标公司一定比例的股权后，就能够获得目标公司的经营控制权，最终完成企业收购。如果收购方购买或交换的股份比例达不到目标公司的经营控制权，那么这种收购就是股份投资。一般企业进行股权收购的目的是控股，拥有目标公司的经营控制权；而企业投资的目的则是看准了目标公司的一些项目能够在未来给自身带来较高回报，或者是为了加强彼此合作关系以及相携进入新产业领域做准备，又或者是为了获得目标公司的品牌价值、人才、销售网络等，其目的主要是使企业得到更好的自身发展或布局。

二、企业并购动因

企业并购作为企业一项主要的投资活动，其动力自然就是企业追求资本的最大增值。不同企业的并购行为都会有不同的动机和不同的表现形式，以下从并购效应动因、并购一般动因和并购财务动因三个方面进行详细分析。

（一）并购效应动因

并购效应以其不同的理论基础和需求，主要分为四种效应。

其一是韦斯顿协同效应。这种效应的理论根源是认为并购能够为企业带来规模经济效益，可以提高企业生产经营的效率，最终实现一加一大于二的效果。

其二是经验成本曲线效应。即企业并购的目的是获取经验，因为经验无法复制，但通过并购，企业能够拥有目标公司已经成熟的经验，从而为企业自身获得经验增值。这里的经验包括企业文化、产品生产、技术、市场布局和架构、专利水准、管理模式等各个方面。通过直接并购的方式获取经验能够减少企业为积累经验所付出的巨大学习成本，节约企业发展时间。

其三是市场份额效应。即通过并购来提高企业对市场的控制和适应能力，可以从横向并购、纵向并购、混合并购的角度来理解。横向并购就是同属于一个产业或行业，或者产品处在同一个市场之中的企业之间的并购。这种并购能够提高企业同类产品的生产规模，从而提高市场份额、降低生产成本、消除竞争对手。从市场份额效应的角度来看，横向并购能够改善企业在行业中的地位及结构，可以提高企业在该行业中的集中程度和产业规模，从而提高企业的利润率。纵向并购则发生在生产过程或生产链紧密相关、经营环节紧密相关的企业之间。纵向并购能够将并购企业与被并购企业的整条生产链或整个经营环节完全整合到一起，从而让新企业加速生产流程，节约运输和仓储成本，减弱销售成本，提高销售量。从市场份额效应的角度来看，纵向并购可以实现企业对生产链或经营链的绝对控制，从原料一直到销售渠道都能够进行完全把控，从而最大限度提高企业的市场竞争力。混合并购则是生产、经营乃至产品或行业并没有太多关联的企业之间的并购。这种并购的主要目的是提高企业对多变市场的适应能力，从而分散企业的经营风险。从市场份额效应的角度来看，混合并购能够促使企业形成绝对规模，同时体现出企业的充足财力，并对相关领域内的各竞争对手形成较大的竞争威胁。

其四是财务协同效应。这种效应就是指从财务的角度来看，并购可以使企业获得各种货币效益，如通过并购实现合理避税，通过并购让企业的股票评价产生变化，通过影响股票市场来提高企业的股票价格，最终实现股价预期效应。

（二）并购一般动因

从企业并购的基本目的来看，企业并购的一般动因只有两个：一个是将企业现有管理者的财富最大化，另一个是实现股东股权的市场价值最大化。综合起来就是提高企业的整体价值。企业并购的一般动因可以细分为以下五个方面。

其一是提高企业管理效率。在管理者经营方式存在问题的情况下，企业可以通过并购更换管理者或注入新经营理念的方式，重新将问题企业盘活，提高管理效率。这种并购一般动因的代表就是 1991—1998 年海尔集团的多元化战略布局。1991 年，国内企业破产合并成为趋势，青岛电冰柜总厂和青岛空调厂合并，海尔集团成立，并确立了其自身多元化发展的战略；1995 年，海尔以"激活休克鱼"的方式兼并了多家企业，开始扩大企业规模；1998 年，海尔成为家电业发展速度最快的企业。海尔集团的多元化战略都是通过"激活休克鱼"的方式来实现的。"激活休克鱼"是指将企业硬性条件完好甚至绝佳，但因管理理念和思想观念有问题，从而导致自身停滞不前的企业兼并，使其重新焕发生机。海尔集团在多元化布局过程中陆续兼并了十五家企业，其中十四家都是"休克鱼"企业。在将这些企业兼并后，海尔集团开始赋予它们创新性的管理制度以及契合市场的文化属性，很快就发挥出了"休克鱼"企业的真正潜力。激活"休克鱼"的方式不仅为海尔集团提供了扎实的硬件基础，而且令海尔集团的多元化布局也发展得极为顺畅。海尔集团兼并"休克鱼"企业并不关注这些企业的现有资产，而是极为关注企业的潜在价值，也正是靠这样的方式，海尔集团得到了快速的壮大。

其二是获取战略机会。企业在进行战略布局的过程中，有可能需要在某个节点将自身扩大到某一个特定行业。除了企业在成长过程中一直支持这个行业的研究和生产开发，贡献极大的时间成本和精力成本之外，最为方便也是最佳的战略就是并购一个该行业的现有企业。这样不仅能够让企业完成特定战略布局，而且能让企业减少一个市场竞争者，还能够使企业直接替代原竞争者的市场地位，从而获取较大的竞争收益。拥有这种并购动因的企业较为具备代表性的是吉利集团。2008 年，吉利启动了多品牌战略，开始进行战略布局；2009 年，吉利成功收购全球第二大自动变速器公司——澳大利亚的 Drivetrain Systems International（DSI）；2010 年，吉利以 18 亿美元完成了对福特汽车旗下沃尔沃轿车公司的全部股权收购，得到了沃尔沃轿车公司 100% 的股权和相关资产，而这是吉利完善多品牌战略非常重要的一步。吉利通过收购已经在国际具有极大影响力和品牌口碑的沃尔沃轿车，获取了绝佳的战略机会，不仅取代了沃尔沃轿车原本的市场地位，而且获取了其资产中有关轿车研发和生产的知识产权，拥有了极为扎实的研发基础。

其三是发挥协同效应。企业通过并购，可以在不同的领域展示出不同的协同效应。例如，在生产领域，企业通过并购能够促进规模经济的发展，通过吸纳不同企业的不同技术来完善生产领域的主导，同时还能充分发挥出企业的生产潜力；又如，在市场领域，企业通过并购能够开拓新市场，扩展企业市场的覆盖面和分布网，从而提高企业对市场的把控能力；再如，在财务领域，企业通过并购能够挖掘税务收益，开发未得到使用的债务能力。不管是哪个领域，并购都能够使企业发挥一定的协同效应，吸取被并购企业的精华从而完善企业自身，最终得到快速的发展。

其四是获得规模效益。企业能够通过并购使自身生产资本达到规模化生产的要求，同时还能够通过保持自身的产品结构不变让企业实现不同产品的专业化生产，实现产品链的完善和布局。而规模化企业能够通过分摊管理成本降低资本成本，将资金集中到生产研发和创新方面，让企业在保持规模的基础上获得技术优势。

其五是企业可以通过并购实现买壳上市。企业上市也是一种资源性资本，但是中国对上市公司的审批比较严格。所以，有时候企业进行并购并非为了获得目标企业本身的设备资本或技术资本，而是为了获取目标企业的上市资格。买壳上市一方面能够使企业开拓国际市场，另一方面能够降低企业进入新行业的障碍。

（三）并购财务动因

企业进行并购不仅可以让企业的管理、生产经营模式、发展战略等方面产生有利的变化，也可能使企业获得超常的利益，如并购可能会引起股票价格快速上涨。因此，并购对于企业财务方面的影响也是极为巨大的，尤其是能够促进企业财务活动使用率提高。从财务角度来看，并购能够产生纯货币的一些效益，其体现出来的并购财务动因包括以下五个方面。

其一是能够为企业带来利润增幅。在互联网时代，很多企业开始走产业国际化、资本国际化、市场国际化的道路，体现在企业发展方面就是能够提高市场份额，加强市场知名度，产生品牌凝聚力等。通过并购，企业能够快速接触国际开放市场，从而快速走上国际化发展道路，最终为自身带来利润增幅。

其二是能够为企业带来非生产性收益。企业通过并购能够采用恰当的财务管理方式进行合理避税，如有价证券投资、换股收购、债券换购。因为在这个过程中企业未收到现金也未获得资本收益，所以整个过程属于免税模式，这就能够帮助企业获得非生产性收益，从而改善企业的财务状况以及资本架构。当然，这种并购带来的非生产性收益也会助长一切投机行为，如通过举债来收购目标企业的股权，然后将收购来的企业部分资产出售，再进行一定的整顿后将目标企业高价卖出。即利用目标企业中被低估的资产价值，来获取并购收益。

其三是通过并购能够实现企业价值增值。有些被并购的企业股票市盈率偏低，但被并购之后，其市盈率会相应维持在较高的水平，这就会让被并购企业的价值得到提升。并购不仅提高了股东的财富价值，也在一定程度上扩大了企业规模，这就会让企业财务活动的协调和应变能力提高，从而降低企业的财务风险。

其四是企业可以通过并购进行筹资。有些被并购的企业会因为财务管理和资本架构不妥，形成股票市价偏低但企业却掌握大量盈余资金的状态。如果一家股票市价较高，但急需筹资的企业对某家企业进行并购，就能够获取被并购企业的大量盈余资金，即不需要进行企业资产重置就能够达到资产重置的目标。

其五是现金经济模式趋向国际经济一体化。正是由于这个原因，企业筹资的渠道也已经拓展到了国际金融市场和证券市场。中国很多发展良好且需要扩大势力和完善战略布局的企业，都开始通过并购的方式来完善企业自身的资本运营，目的是以良好的姿态闯入资本市场，凸显企业的竞争力。

三、企业并购风险

企业并购一般能够为企业带来很多有利的变化，但同时，企业在并购过程中也具有一定的风险，主要体现在以下五方面。

（一）信息不对称风险

对于并购方企业而言，信息是非常重要的，只有获得及时、准确且真实的信息，才能够提高并购的成功率。虽然进入互联网时代后，信息的获取和验证都有了极大的强化，但相对来说，资本市场的信息依旧不够完善。尤其是被并购的企业是非上市公司，其本身信息的透明度就差，而且因为其未上市，所以缺乏信息披露机制。在并购过程中，并购方绝对不能只看目标企业的发展前景和潜力，还需要考虑目标企业的财务报表真实性、诉讼纷争、负债等情况。如果对这些信息了解不足，就会导致企业在并购之后增加负担，这就是信息不对称风险。

（二）企业营运风险

在企业进行并购之后，企业的营运状况会受到一定的影响，毕竟企业需要考虑被并购企业的具体情况进行营运活动的相互融合。但相对来说，进行并购后企业的营运状况是无法完全确定的，企业营运状况的不确定性主要体现在以下三个方面。

一是并购之后企业会增加一大笔费用。其中占比最大的就是管理费用，主要是各种组织架构的改组，以及人员的协调安置，还有各种管理人员和技术支持人员的费用等。除此之外，新增经营费用也是巨大的成本，如对目标企业的改造重组，如果改造重组成本过高，就会导致企业自身的盈利情况下降。最后则是资产管理成本，尤其是若企业并购的是生产型企业，那么相应就会存在一些过剩生产的原材料、设备等无法直接被企业吸收转化的情况。这些无法直接被企业吸收转化的资产就会成为企业的负担，不仅会增加企业对这些资产管理的成本，还会使企业因为整合资产造成精力分散，最终使产能下降。

二是并购后的市场关系处理风险。目标企业本身已经成型的客户架构和群体，有可能会对新企业的各个方面有所担忧或怀疑，这就很容易造成原本稳固的客户架构和群体发生波动，甚至与企业解除合作关系。如果竞争对手对这些有所波动的客户进行心理暗示或拉拢，企业就很容易受到双重打击，一个是原客户群体的离开，影响企业的盈利能力；另一个是竞争对手会趁机进行市场掠夺，从而让企业的市场份额有所下降。

三是企业并购完成后，其规模和地域性都会有所变化。尤其是在现今的互联网时代，也许目标企业和原企业位置天南地北。其一，企业规模扩大容易受到企业管理能力的限制，从而影响企业决策；其二，企业规模变大后，企业对市场需求以及客户反馈的反应相对会慢，尤其是产品不同乃至行业方向不同时更会如此；其三，地域性的管理模式差异以及跨区域管理的成本问题，不仅需要企业有足够的网络管理经验，还需要企业有灵活的管理模式变化能力；其四，若企业并购是为了向新领域、新行业跨步，企业还容易因为对新行业或新领域的市场了解不足，造成经营决策失误。

（三）企业被反并购风险

一般情况下，目标企业通常并不会对收购方有较好的态度，因为任何企业都希望通过自己的发展来壮大，而不是被其他企业收购，尤其是当目标企业面对敌意收购时更会如此。在进行并购过程中，目标企业的反抗会更加强烈，甚至不惜一切代价进行反收购，如大举负债来增加企业负债率，甚至出售企业内部的优质资产来提高流动资金进行反收购。当目标企业进行这些行动时，收购方就无法从目标企业那里获得较为准确的运营、财务以及负债的信息。这不但会给收购方带来估价困难，而且若目标企业能够获得一定支持或自己找到收购者，收购方就很容易面临两面包抄的状况，稍有不慎就可能会被反收购。

（四）企业文化整合风险

并购完成之后，收购方作为主体自然希望将自身的企业文化渗入被收购企业。但企业的发展模式不同、管理者理念不同，自然会形成不同的企业文化和企业理念，这就会造成企业文化的巨大差异。如果处理不好，就容易出现文化整合风险，如理念无法达成一致，很可能会造成人才的大批量损失。前面曾提到海尔集团的多元化布局战略，在收购十四家"休克鱼"企业之后，海尔就是依靠企业文化的渗透来完成对"休克鱼"企业的改造。在这个过程中同样出现了文化整合的问题，不过海尔集团并未采用撤换管理人员的传统方式来融合企业文化，而是通过管理理念渗透的模式，通过对市场布局和奖惩制度的完善完成了"休克鱼"企业的质保体系，然后通过市场的稳定发展实行企业内部公平竞争、择优上岗的制度，真正实现了人才竞争，也实现了众多企业的文化融合。

（五）企业财务风险

在并购过程中，收购方想进行并购就必须拥有大量的资金，这对企业的资金规模和资本结构都会产生巨大影响，也很容易造成企业的财务风险，其主要体现在三个方面。一是支付风险。企业进行并购有三种支付方式，其中现金支付是中国并购活动最为常见的，但现金支付会令企业面临较高的现金流风险、汇率风险以及税务风险。因为在这个过程中，企业要持有大量现金，在以现金进行支付的过程中会产生一定的税务成本，所需要的现金越多，则税额越高。而且市场中汇率的变化并不稳定，企业大量持有现金也会面临汇率风险。二是偿债风险。有时候企业为了完成并购会进行举债收购，也就是通过借款的财务杠杆来进行并购，但这会让企业面临极大的偿债风险。尤其是在并购完成后，企业的债务负担过重，长期借款的利息率压力会较大，而短期融资也会因为债务过重不易获取，从而令企业陷入债务危机之中。三是融资风险。企业想获得并购所需的资金或资本，很大程度上需要进行融资，这需要企业充分预测融资方式对企业产生的影响，若预测失误，使用了不合理的融资方式，就会给企业带来极大的风险。

在互联网时代，企业并购已经因为信息共享大量暴露在市场环境之下，企业能够在现今依托互联网完成一次或多次精彩的并购，从名不见经传的独立产业模式快速过渡到集团式综合式经营模式。不过与机会并存的必然是风险，在企业并购现象越来越多的现今市场环境下，有通过并购完成华丽转身的成功企业，更多的则是在并购过程中被市场淘汰。以企业并购的方式进行资本运作和经营，企业一定要做到不盲目、不冲动，借助互联网时代的信息特性，尽可能全面地了解目标企业的各种信息数据，然后通过较为和平的手段进行协商并购，这才是最为稳妥的并购方式。

第七章 "互联网+"时代
企业投资项目创新

第一节 "互联网+"时代背景下的投资项目

"互联网+"时代已经来临，企业若想在这样的时代和经济背景下得到快速发展，首先需要做的就是要摸准时代的脉搏，认清"互联网+"时代到底意味着什么。只有这样才能够在进行项目投资时获得时代的红利，成为顺应经济发展潮流的互联网企业。

一、"互联网+"时代消费特性

在"互联网+"时代，企业进行产品开发和生产，已经逐步从供应链中心转变为需求链中心，也就是要以用户需求为中心，而企业进行项目投资也需要以此为背景。可以说，随着互联网的普及，用户的生活方式早已经发生变化，而企业的生产方式也就需要随之变化。

（一）移动化行为

智能手机的发展和移动互联网技术的提升，使得移动通信和互联网真正融为一体。第四代移动通信系统——4G 已经全面商用，这也令第五代移动通信系统——5G 开始普及和发展。移动互联网近几年的发展呈现出繁荣景象，越来越多的设备被接入移动网络。2018 年，全球移动互联网用户达到了 90 亿，而 2020 年移动通信网络的容量需要是 2018 年的上千倍，相信随着移动互联网技术的不断发展，这个数据会越来越高。移动数据流量的暴涨给网络带来了严峻的挑战，如果移动通信系统以 4G 技术为核心，那么以移动互联网的容量很难维持数据流量，这也是 5G 技术得以快速发展的最根本原因。5G 技术最为强势的技术性能是高数据传输速率，可以达到每秒 10 ～ 20G；数据传输减少延迟，4G 的网络延迟（响应时间）是 30 ～ 70 ms，而 5G 的响应时间低于 1 ms；能支持更多设备连接，因为数据传输更快，5G 网络能够成为家庭、办公以及最普及的手机的网络提供商，从而成为有线网络的最大竞争者。另外，5G 网络是数字蜂窝网络，其服务模式是以小地理区域为基准，最终连接成巨大蜂窝。因为 5G 网络服务设备覆盖面更广且更多，所以其本身能够提供的网络数据容量也更大。

移动通信技术跃进，必然会再次推动移动互联网的发展。而移动互联网能够在近些年快速发展，一方面得益于各种高技术融合体的智能手机的快速迭代和发展，另一方面则是因为移动设备相较于 PC 网络终端设备更加方便。任何人只要携带移动设备，就可以在任何地方、任何时间进入互联网，而 PC 网络终端设备则多数属于固定化终端，体型较大且不易携带。也正是因为智能手机的发展，其本身已经不仅是通信工具，更是全球互联网得以真正融合的载体。智能手机的发展也令人们的生活方式发生了巨大的转变，高清显示、高质量通话、高数据传输速率、大容量储存卡、智能云端系统、高性能手机电池、免卡顿手机系统、电池无线快充等高端技术集中在一个仅仅巴掌大小的手机中，使得其具备的功能远远超过了其他网络设备。人们的沟通交流、娱乐购物、学习提升、资讯获取等行为，都可以通过智能手机来完成，通过移动互联网来实现，这就是移动化行为的发展模式。

（二）碎片化时间

"互联网＋"时代的快速推进，使得人们越来越关注碎片化时间。而移动互联网技术的运用，使得人们真正开始利用碎片化时间：早上睁开眼的第一件事就是拿手机，在吃饭、坐公交、开车、做饭、乘电梯时，随时都有人在使用手机聊天、看书、娱乐、学习、看视频、听音乐甚至购物等，可以说人们所有的碎片化时间，都能够通过移动互联网利用起来。正是因为这种可以完全利用碎片化时间的特性，使得当今的信息传播也产生了巨大的转变，并且因为碎片化时间的广泛利用，使得人们在了解信息时具有极大的灵活性，以及在传播信息时具有极大的便捷性。

（三）渠道碎片化

互联网的信息共享特性，以及开放信息特性，使得互联网中拥有着海量的信息。其中输入信息、传播信息、读取信息、运用信息的群体覆盖了整个互联网用户，可以说每个人都在寻找自己感兴趣的信息、传播自己感兴趣的信息。这种碎片化的信息传播方式使互联网信息极具弹性和不确定性，而用户的需求也体现出了这种弹性和不确定性。这种需求变化使得企业的宣传渠道都变细、变小了，甚至呈现出了碎片化趋势，即企业使用以前的广告模式去针对某类群体宣传自己的产品，受到影响和最终购买的用户面已经非常有限，仅仅靠数据引流根本解决不了任何问题。这就需要企业将原本的链式渠道打破，重新建立一个碎片化渠道，如构建特定消费场景，以线上和线下消费场景来全方位服务用户，从而了解用户的碎片需求，再进行数据整合完成产品供应。

（四）需求个性化

互联网的存在，增加了互联网用户个体的能动性和话语权，也释放了互联网用户的真实个性，使得企业和用户之间的距离越来越短，真正实现了实时互动、即时生产和体现需求个性。这种需求个性化的市场变化，使得原本的规模经济成为历史，产品的批量生产和企业规模化已经不再是企业拥有最低生产成本的条件，而是成了企业极大的发展限制。互联网令用户的潜在需求得到了最大化的展现，这种需求个性化的变化，令企业在开发任何产品时都需要考虑用户的个性。产品竞争已经转变为服务和产品体验的竞争，产品的外形、功能和价格已经不再是绝对的竞争标准。企业想抓住用户的注意力并提高其购买力，就需要从生活以及产品使用情境出发，全面塑造感官体验和产品使用思维的认同，真正使产品契合用户的个性化需求，为企业找到新的生存空间和发展空间。

需求个性化的变化，使得企业如今的大批量产品生产模式转变为多品种、小批量甚至单件定制的生产模式。互联网时代的用户市场已经开始呈现细分化和多样化，在这样的时代背景之下，企业就必须将发展重点放在适应市场和用户需求变化方面，最终实现差异化生产改革。

（五）娱乐诉求

21 世纪以来，物质财富已经基本能够满足人的生存需求，随之而来的就是人对精神的需求开始提升。尤其是互联网的普及令各种信息数据开始交融，互联网的信息便捷性和高度参与性也开始让人表达自我、证明自我、释放自我和追寻自我的精神需求拥有了发展的空间，也让娱乐产业、文化传媒等契合人类心理变化和精神诉求的行业得到了巨大的发展，粉丝经济就是一种人类精神需求得到满足的经济发展模式。随着时代的发展，社会经济主体消费者成为"80 后""90 后""00 后"这几代跟随互联网的发展成长起来的消费主体，其本身的消费理念和思维模式就与前辈有所不同。受到互联网的影响，他们无论是在工作还是在生活之中，都更追求意义和趣味同时发挥作用，这就是当代消费主体的娱乐诉求。电影、音乐、游戏、阅读、短视频、身临其境体验等以娱乐文化为载体的消费开始成为这批人的主要消费模式。这种对娱乐和精神的需求，也逐渐与个性化需求相融合，这种展示个性的经济模式，也会为现今企业的发展带来巨大的影响。

二、"互联网+"时代优质投资项目的特点

从企业角度而言，项目投资的目的无外乎通过建立投资途径去赚钱。例如，在传统理念中，饮料企业就要投资饮料，通过对饮料的深入研发来赚钱；通信企业就要投资通信功能，通过收取通信服务费来赚钱；超市则需要通过不断完善集合化平台和强仓储能力来赚钱。在传统经济模式下，优质的投资项目就是契合企业发展、能够不断挖掘企业优势、可以让企业资源充分利用的项目。但是在互联网时代，经济模式已经发生了改变，市场不再是原本的企业供应、用户购买的方式，而是转变为用户需要、企业制造的方式。所以在这样的背景之下，优质投资项目也已经悄然发生了改变，不再是依靠企业自身资源，而是开始依靠以用户需求为核心的优质创意。对于企业而言，优质的投资项目就是一个能够将企业的所有资源，如资金、原材料、生产方式、销售模式、信息、品牌、知识产权、创新力、市场环境完全利用起来，从而满足消费者需求的、以互联网技术为核心的系统。例如，现今广泛存在的各种网购型电商平台、各种信息型搜索引擎等，都能够满足"消费者需要什么就推荐什么，消费者想买什么都能找到"这样一个基本理念，完全以消费者需求为核心，最终造就了技术、设备、项目的创新都指向其背后的消费者个体需求。从根源上来看，未来企业的优质投资项目必然是以向消费者提供优质服务为中心的模式。在"互联网+"时代，优质的投资项目需要具备以下三个特性。

（一）可以为客户提供长期独特的价值

在以互联网技术为基础的经济环境下，客户的需求是不断发展的。然而从客户的角度来分析，企业为客户提供的价值却能够总结出几个特定的方向：一是能够让客户用更低的价格获得同样的价值；二是能够让客户用同样的价格获得更多的价值；三是能够让客户用一定的价格获得额外的价值。也就是说，企业只有让客户觉得其所获得的价值超出了付出，才能形成一定的商业黏性。例如，客户用同样的价格得到了质量、使用感受等类似的两个商品，但其中一个只是让客户得到了商品，另一个却通过和客户进行互动，为客户提供了额外的服务，让客户有了反馈、倾诉和参与的体验。相对而言，必然是后一个更让客户感觉物超所值，这种独特的价值体现会一直影响客户的选择，最终形成客户黏性。

较为典型的案例就是四川航空在成都双流国际机场推出的 150 辆商旅车免费接送乘客的服务。其整个投资项目的模式是，四川航空允诺购买川航 5 折以上机票的所有顾客，均能够在成都双流国际机场享受免费接送的服务。在这个基本的项目背后，涉及的是四川航空、商旅车企、司机以及川航的顾客四个群体。对于乘客来说，从住所前往机场或者从机场前往目的地，都是一个既不方便又耗费精力的事。而四川航空承诺，只要乘客购买的是 5 折以上车票，均能够享受免费接送的服务，这无疑为乘客解决了很大的麻烦，同时也能够让四川航空拉拢到一大批用户。对于商旅车企来说，四川航空决定提供免费接送服务时，必然需要购买车辆。服务车的市场售价是 14.8 万元 / 辆，川航一次性订购 150 辆，并同时向商旅车企承诺：司机在使用该品牌车辆时会为车企做免费宣传，向乘客讲述该品牌车辆的各种优势和特性，相当于免费为车企打广告。于是四川航空以 9 万 /辆的价格得到了 150 辆商旅车。对于司机来说，四川航空购进 150 辆车就需要至少 150 名司机，而司机只需要从普通的出租车司机中招募即可。因为机场本身就提供了优质、保量的乘客数量，而且司机每天只需要跑一条串联路线，稳定而有保障。同时川航承诺，商旅车每搭载一名乘客就给予司机 25 元，司机需要做的是花费一定金额购买这辆商旅车。但和出租车不同的是，司机购买的商旅车到合同年限会归司机所有，而出租车却在合同年限到期后车辆重归出租公司。司机用远低于市场的价格购买了最后会属于自己的车，同时拥有稳定的客源和路线，且每搭载一名乘客还能有稳定收入，自然乐意与之合作。而对于川航来说，不但能够靠"免费接送"的服务拉拢到更多的乘客，而且买车也能够由司机进行部分分担，甚至还能够通过在商旅车车身喷涂广告来获得广告收入，其本身的投入和最后所得到的收益完全不在一个层级。从四川航空的角度来看这个投资项目，若将商旅车卖给司机的价格和其购买商旅车的价格一样，那么四川航空相当于没有花一分钱就买到了 150 辆车、雇用到了 150 名司机，其对司机支付的每位旅客 25 元搭载费完全能够通过赚取的机票收益来拉平，整个项目带动了四川航空每天能多卖上万张机票。最终四川航空成了最大的获利者，而和其合作的各个群体也都获得了自身的收益，完全属于跨界共赢。

（二）具有自身独特的风格，难以被模仿

优质的投资项目还有一个特性就是其本身就具有极为独特的风格，让其他企业没有那么容易进行模仿，这个特性的典型代表就是戴尔。甚至可以说，戴尔的项目模式远远早于互联网的兴起，但是其生命力和与互联网的契合度却出奇的高，这就是戴尔的直销模式。

1985 年，世界上个人电脑业务发展最为鼎盛的就是 International Business Machine Corporation（IBM）和康伯克。但是这两家公司都是通过批发店销售电脑，也就是需要进行大量的库存积压和批发店布设，投入的成本非常大。而且因为电脑技术的发展速度极快，所以很容易出现库存时间过长造成技术过时的情况。因此，为了弥补成本的投入，IBM 和康伯克个人电脑的售价一直较高。1985 年，年仅 20 岁的迈克·戴尔（Mike Dell）还是大二学生，通过一年多帮助其他公司更新电脑操作系统，戴尔

公司的收入已经达到600万美元。而这一年他发现IBM和康伯克的电脑商业模式实在呆板，不但无法满足客户想组装电脑的不同需求，而且投入的成本还更大。于是戴尔将公司改做电脑，其模式是拿到客户订单，在这个过程中客户提供需求，如电脑速度、存储器大小，然后交钱，戴尔公司收到钱之后按客户需求进行电脑组装及发货。也就是说戴尔公司根本不需要太多流动资金，也根本没有多少库存，更不需要租赁店面，还能够随时向客户推荐最新的电脑技术，所以没有技术过时的风险。这种能够满足客户直接需求的方式极大降低了成本，使得戴尔公司卖的电脑虽然比IBM便宜很多，但盈利却比IBM更多。这就是戴尔公司能够在电脑行业异军突起的源头，即戴尔公司的"定制+"直销项目模式。到了1999年，戴尔公司就超过了IBM、康伯克，成为全球最大的个人电脑商。戴尔公司的"定制+"直销模式即使放到现在都是异常契合互联网市场的一种项目模式，其既能满足客户的个性化需求，又能够实现点对点服务：戴尔不需要中间代理商，能够和客户直接联系。不管是客户的技术需求还是硬件需求，戴尔都能够找到固定人员来提供点对点专业服务；当客户收到电脑还可以根据需求让技术工程师上门安装，任何质量问题都能够第一时间得到解决；当客户的电脑遭遇故障时，客户也可以直接联系戴尔公司的技术工程师进行解决。

戴尔的直销项目模式背后是一套非常完善的销售资源、销售理念、服务方式、生产流程等相互关联的整体方案，所以很难被其他企业复制。但是通过建立这种基于客户需求的服务型理念，戴尔的发展却能够不断随着互联网的普及而快速变化，最终形成自身的核心竞争力。

（三）企业投资需挖掘客户源头性需求

企业想投资优质项目，首要条件就是企业自身能够达到收支平衡、量入为出，也就是说企业必须能生存下去，才能够进行下一步投资。在满足基本条件的情况下，企业就需要去挖掘客户源头性需求，只有进行客户源头性需求挖掘，企业才能够在投资过程中拿到优质项目。

挖掘客户源头性需求的典型代表就是小米。小米于 2010 年成立，发展至今已经有十年的时间。其从一开始进行项目的投资，就是基于挖掘客户内心真实需求，然后不断调整企业的经营活动方式。从小米创立之初，其就在运用互联网思维，独创了以用户需求为核心的手机系统，并强势推出高配低价的硬件设备。而且在发展过程中，小米一直在通过挖掘客户内心真实需求来开展企业的动态变革。

在初期，小米推出"为发烧而生"的产品理念，开创了属于自己的手机操作系统，并采用了让用户参与开发和改进的研发计划。随着小米的发展，其产品研发方式也变为基于互联网的捆绑型研发模式。首先，小米最初研发产品的目的就是价格公道，其坚持的研发方向是高效、高质，通过与客户之间的信任关系激发高效、高质环境下的线上和线下渠道，降低交易成本。这样不仅能够契合客户对高性能电器的强烈需求，还能够在竞争激烈的互联网市场迅速把握住市场机会——低价高质。其次，小米开拓了让用户共同参与产品研发的思路，这种思路需要小米先和客户建立良好的合作关系，从而获取客户的需求信息。在这个过程中，用户可以直接提出自身对产品的建议，小米要对这些数据进行整合与分析，然后以客户需求为出发点，来调整企业的产品研发方向，保证为客户提供满意的产品和服务。这不仅大大提高了用户的满意度，而且获得了用户的忠诚度，极大提高了用户的黏性。再次，通过稳固的客户关系，小米开创了研发与测试均让用户进行参与的荣誉性研发模式。这些用户会和小米内部技术人员同时对新版手机进行测试，只要发现问题就及时进行解决。通过这样的方式，小米不仅将原本烦琐的、不断出现漏洞的研发方式做了改进，而且降低了研发成本，提高了用户的参与度，也令客户的满意度和参与感得到了巨大的提升。最后，在小米整个产品技术创新和迭代的过程中，都有着用户参与的痕迹。例如，在产品性能测试阶段、市场测试阶段、产品创新接受度阶段、产品满足需求阶段这整个创新流程中，都是以用户为中心进行的产品迭代和研发。这种方式不仅满足了企业和用户的互动，而且深度挖掘了用户要求，并将用户真实的内心需求完全付诸行动，从而才拥有了最终"为发烧而生"的小米手机。

除了研发模式的创新，小米还进行了盈利模式的创新。在成立之初，小米就提出了"铁人三项"盈利概念，即手机硬件 + MIUI 操作系统软件 + 米聊网络服务。小米在进行产品品种规划时，非常注重对品种数量的控制，其目的是减少品种但提升每个品种的质量，以不同品种来满足不同客户的需求，以每个客户的不同深层需求来优化该品种的最终质量。2017年，小米又提出了新的盈利概念，即生态链硬件 + 线上线下新零售 + 互联网共享。其中的硬件拓展为手机、手环、路由器、电视、电视盒等整个智能化生态链产品，这些产品能够通过手机一体化控制；新零售则是通过线上的电商平台和线下的场景体验相融合，将二者的客户源和信息流共享，通过互联网技术实现整体数据信息的挖掘。

同时，小米还进行了销售模式的创新，其充分利用了饥饿营销的手法，即每次新产品都进行限量发售。这种方式不仅能够吸引用户参与，而且还能通过少量产品的质量反馈来更进一步提高和把控小米的产品质量。通过"饥饿营销 + 预售"，使得小米的库存成本降低。同时小米采用线上线下相结合的销售方式，通过建立自己的官方网站来形成电子商务平台。这种自我平台开发的方式减少了中间渠道，节省了中间成本，也在一定程度上降低了企业的资本成本，使得小米能够以低价格的销售完成高性价比产品的开发和生产，并最终实现盈利。

三、"互联网 +"时代的项目投资方向

互联网是一个非常大的市场，尤其在各种信息相互融合共享的特征之下，互联网市场中拥有巨大的商机。因为互联网本身就能够实现跨区域、跨行业、跨领域，所以互联网能够与任何东西结合起来，如互联网和音乐结合、互联网和出行结合。这些新的结合形式创造了大量的市场，也

创造了很多商机，这些就是互联网时代企业的项目投资方向。

（一）互联网创新驱动方向

21 世纪以来，国家经济政策指向已经确定为大众创业和万众创新，其目的就是期望人们充分发挥互联网的创新驱动作用，促使各个行业或领域进行融合式创业创新，对各种资源加以聚集化、开放化、共享化。互联网创新驱动的主要走向体现在以下六个方面。

第一是用户需求化过渡。企业需要在关注物质对用户的影响的同时，注重挖掘精神体验层面对用户的影响。所以，之后企业的项目投资方向应该是注重产品的个性化和人性化，要以用户需求为中心开发定制化和智能化的产品和服务，以此来实现用户不同层次和本质的需求。

第二是服务和制造有机结合。互联网所代表的虚拟经济和制造业所代表的实体经济，本来有直接的联系，但是随着互联网的普及，这两个完全不相关的领域开始进行深度融合，它们之间的优势开始互补并形成契合点，最终引发了整个制造行业的创新和变革。实体制造业开始结合服务进行融合发展，开创了新的产业结构。

第三是大规模企业资源整合多元发展。在互联网的促进下，中国涌现了一批规模和体量都十分巨大的公司。随着互联网背景下的企业竞争机制逐步增强，经济市场开始促使大规模企业进行资源整合从而多元化发展。尤其是互联网的发展已经渗透到三四线城市乃至农村，这部分原本未得到深入开发和挖掘的潜力市场，开始进入各企业的视线。资源整合多元化发展就是从城市逐步渗入城镇和乡村，推动乡镇电商和金融业的快速互联，激发企业巨大的市场潜力，释放其经济价值。

第四是促进跨界融合型平台系统搭建。从原本的普通电商模式如淘宝、天猫、京东，逐渐扩展到以音频为主载体的喜马拉雅、以视频为主载体的哔哩哔哩和抖音、以文案为主载体的知乎等知识融合类平台。这样企业不仅会糅合多行业、多领域、多视角的各种群体，还会吸收庞大的数据流和信息流。相信在未来的一段时间中，电商模式和知识融合式平台会有一个逐步融为一体并产生蜕变的过程。毕竟电商提供给用户的依旧以物质产品为主，而知识融合式平台则能够满足用户的一部分精神需求，客户最深层次的需求必然是物质与精神相结合，所以两者之间的跨界融合必然会成为趋势。

第五是去中心化、去中介化优化市场。互联网的普及促进了行业格局的创新变化，原本烦冗的中介环节已经被高效市场环境取代。而且随着各种行业融入互联网之中，市场也开始被整合和优化，并形成了各种新兴的优化市场，如以餐饮和快递服务融合优化的美团外卖、饿了么，以团购拉价和分享优惠融合优化的拼多多，以代步出行和便捷服务融合优化的共享单车、欧了出行，以社交和分享融合优化的微信、微博。这些涉及用户衣食住行各个方面的需求市场都与互联网进行了有效融合，从而探索出了去中心化、去中介化的各种新兴市场。

第六是平台经济走低，生态经济成为主流。随着互联网的发展，各种平台化经济模式已经开始接近天花板，其本身已经覆盖了用户生活的各个方面、各个层次，平台经济瓶颈已形成，下一步就是形成多元化生态经济，即以整体生态链服务模式为依托，构建新的经济系统。这种生态系统发展模式并不会以平台大小为衡量标准，而是以多样性生态化服务为依托。因此，企业涉足生态经济必须以战略性目光去看待，方能形成具有一定特色的投资布局，这样不仅能够架构经济生态链，还能够依据多样性布局来分摊企业经营风险。

（二）互联网协同制造方向

制造业是各种物质能够被广泛应用的市场基础。但是相对而言，制造业融合互联网的速度却慢了很多，毕竟在纯制造和最终用户之间依旧有一定的阻碍存在，这就使得制造业所面对的服务群体并非完全的基础用户，而是各种融合性平台。协同制造就是为了让制造型企业能够利用互联网技术，将大数据分析、云计算、信息互联等运用到生产过程中，形成产品的优化升级，最终辐射企业的生产方式创新、组织形式创新、管理方式创新、商业模式创新。协同制造的主要体现为制造业智能化、个性化、网络化和服务化。

1. 智能化制造

智能化制造就是以互联网为基础，将物联网、大数据、云计算等技术贯穿于设计、研发、生产、管理和服务等制造环节的制造技术，能够在很大程度上降低制造业的成本，提高企业的生产效率和资源利用率，从而整体拉低制造产业的运营成本。

2. 个性化制造

因为制造业容易和用户之间形成交流壁垒，因此企业在制造、生产过程中就会缺乏柔性，这无形中会为制造业带来巨大的、由信息不对称所产生的生产成本。随着互联网技术的发展，制造业能够通过各种融合性平台和多元化社交平台搜集用户的个性化需求，这样就能够打破制造业和用户之间的壁垒，从而避免单一渠道、封闭运行、单向流动的供需模式，使制造业转变为将个性化研发、个性化设计、个性化生产、个性化销售相融合的个性化制造产业链，实现企业的个性化和规模化。

3. 网络化制造

制造业中，没有任何一个企业能够完全实现以用户需求为中心的产业布局，这就需要企业之间、研发者之间、产业链之间进行网络化共享，使得地域、技术、设备等都消除原本的限制。即使企业研发方向并没有完全契合自身的生产技术和生产设备，也能够通过网络化共享得到研发结果，从而有效提高企业的研发效率。

4.服务化制造

在"互联网＋"时代背景之下，制造业本身在产品生产附加值的构成比例越来越低，而增值性服务的比例则越来越高。而且随着生产要素的成本逐步攀升，市场的竞争也越发激烈，这就需要制造业向增值服务导向去靠拢，以产品的增值服务来提高企业的竞争力。企业可以采用互联网技术整合分析产品生命周期中的数据，进行定点反馈的研发和制造，促使企业进行产业链升级。

（三）互联网智慧农业方向

我国作为人口大国，对各类农产品的需求一直居高不下。但农产品的需求和供应却容易因为地域性差异和技术性差异，造成地域性供应不足或地域性资源浪费，以及开发过度、污染加重等问题。互联网和农业的融合已成趋势，通过信息技术和农业的跨界融合，能够最终形成以信息为支撑、以管理为基础、以技术共享为核心的企业模式，造就产出高效、产品安全、资源节约、生态环境融合为一体的智慧农业。

1.优化技术链

我国地大物博，这也使农业的技术发展能够依托地域的特殊性形成一定差异。通过互联网技术，企业能够将农业技术广泛推广并形成共享。例如，企业可以通过精确农业技术、农业物联网、云服务和云计算、大数据分析等，实现农业技术的普遍应用，促进规模化农业和区域性农业的发展，促进农产品的质量提高，降低资源浪费及环境污染程度。

2.完善供应链

因为地域和气候的不同，农产品形成了巨大的多样化市场。在互联网的介入之下，农资供应链形成了良好的发展态势。例如，农资供应链对农贸生产、流通、销售、售后服务等各个环节都造成了影响，其将某区域资源过剩的农贸产品通过互联网广泛供应到各个资源缺失地区，并且通过互联网技术降低供应链整体的成本。再如，在2020年新冠疫情期间，企业通过互联网，让农产品得以在各地进行流通。这种方式一方面减少了农贸生产者的损失；另一方面促进了产品流通，形成农贸资源的均衡供应，完善了整个农产品的供应链。

3. 丰富产业链

农产品的范畴不仅局限于食物，还包括各种加工生产行业的原材料，如饲料业、医疗业，都需要大量农产品。人们利用互联网技术将这些农产品进行更加多样化发展和充分利用，不仅能够丰富整个农贸产业链，还能够避免资源的大量浪费。

4. 开放金融链

农业和其他产业的不同之处在于其具有非常广泛的分散性。同一类农产品也许数个省市区域都能够进行生产，这种分散性也造成了农业信息具有滞后性。但是通过互联网技术，农业龙头企业可以将这些分散性信息整合起来，并搭建农业互联网金融平台，以农业信息为核心进行整体农业服务。例如，提供农业金融投资融资、实现跨区域农产品网上买卖、提供农产品供需信息整合与全平台农业资源、共享农业技术和农业运作项目、开放农业金融投资等，整个过程最终形成开放的农业金融链，不仅可以做到有供有求，还能以金融链为核心实现有求必应，整体优化了农业产业结构。

（四）互联网人工智能方向

互联网平台的融合和信息共享，促使人工智能技术实现了飞速发展。而发展以人工智能为核心的新兴产业，也成了当代极具潜力的产业发展方向。人工智能最大的优势就是能够释放大量的人力，从而节约人力成本，减少因为人力造成的决策性失误和运行性失误。依托飞速发展的智能终端系统和设备，人工智能的普及化和应用化也在逐步加快，如现今发展迅速的机器人智能感知、模式识别、智能分析、智能控制、人机交互，都为人类的发展提供了极大的便利。对于企业而言，最为实用的人工智能方向就是通过人工智能的深度学习算法，进行各种产品的开发和研究。而且现今正处于人工智能深入学习开源竞赛阶段，所有的研究成果都处在免费和公开的状态，这无疑为人工智能的发展创造了极为有利的条件。

人工智能用于人类的实际生活场景中，会一步步颠覆人们现今的生活方式和生活节奏。在生活方面，人工智能可以应用于自动驾驶、医疗诊断、语音识别、图像识别等；在娱乐方面，人工智能可以应用于人机交互、智能科普、娱乐游戏等；在工作方面，人工智能可以应用于写作、翻译、数据分析等；在企业发展方面，人工智能的应用还可以体现在产品上，例如，人机交互的技术，可以让产品更加人性化和智能化，从而使得用户的产品体验更加舒适和场景化，最终形成巨大的用户黏性。

以上所说的这些企业项目投资方向，仅仅是概括性的阐述，即使是现今已经发展到一定程度的电子商务、高效物流、交通出行、惠民性金融等，依旧拥有巨大的开发潜力。例如，在电子商务和高效物流方面，其本身覆盖的面积虽然极为广泛，但依旧有极大的潜在市场未被涉猎，农村电子商务和高效物流的发展潜力依旧巨大，其潜在的市场红利和市场份额依旧极为喜人。

第二节　"互联网＋"时代适合投资的商业模式

随着互联网时代的推进，经济的发展和国际化速度不断加快。现如今，企业在以互联网为依托的市场中面临的挑战越来越严峻，企业之间的竞争已经不仅是产品和服务的竞争，而是转变为整个价值链所依托的商业模式的竞争。企业想在这个瞬息万变的互联网市场环境下生存并发展，就必须寻找和选择最适合自身投资的商业模式，从而通过商业模式重塑来完成自身的跨界发展。企业进行投资的终极目标就是实现企业的价值创造，这既是商业模式得以存在的原因，也是商业模式设计和运行的基本目标。

"互联网＋"时代已经逐步形成了多种适合企业投资的商业模式，具体可以划分为六类。企业可以根据自身情况进行适当的契合性分析，以确保进行商业模式重塑时将企业价值发挥到最大。

一、长尾商业模式

长尾商业模式的根基就是由克里斯·安德森（Chris Anderson）提出的长尾理论，这个理论的主要内容是当商品的储存、流通和展示的场地以及渠道足够宽广时，生产商品的成本就会急剧下降，乃至个人都可以进行生产；而当商品的销售成本急剧下降时，原本看起来需求极低的产品，只要有人卖就会有人买，以至于这些需求并不高的产品占据的市场份额可以和主流产品的市场份额持平，甚至更大。

在传统的市场环境下，任何企业对产品和客户的关注都是具有极大局限性的。例如，在销售产品时，多数企业极为关注少数大需求量客户，如分销商，而不会去关注人数居多但个体购买力极为有限的普通消费者。但是在互联网时代，企业已经无法再忽视普通消费者，一方面是因为信息共享化使得关注成本大大降低，另一方面是因为互联网的存在致使产品的销售成本得到了极大的降低。简单而言就是企业在互联网时代进行销售已经不再需要投入巨大的店面成本、人员成本和库存成本，而是仅仅需要架构一个商品平台，并缴纳一定的服务器使用费。

综合而言，长尾商业模式就是将传统企业的生产能力、小众需求群体的定制化需求以及企业的品牌转型用互联网连接起来，借助互联网来为企业提供广阔的产品存纳场地，以此来实现真正的个性化定制的商业模式。[①] 长尾商业模式的核心是多款而少量，但其对企业产生的利润却完全不少。长尾商业模式最具代表性的就是谷歌和亚马逊。

谷歌获取利润的方式就是广告收入，但是其盈利并非依靠拥有巨大实力和底蕴的大型网站或高端客户，而是依靠数以万计的中小型网站乃至个人。对于大部分广告商和媒体而言，中小型网站和个人所能够带来的利润实在是微乎其微，以媒体为例来说明。在移动互联网兴起之前，商品想要以广告的形式被大众所知，最方便快捷的渠道就是广告入驻电视台。对于中小型企业和个人而言，一方面他们没有大型企业的资金底蕴；另一方面其本身的生产能力有限，也不需要过于巨大的宣传范围。正是由于这些原因，这些基数巨大但资金能力有限的客户根本没有能力到媒体和广告商处打自己的广告。所以，随着互联网的普及，谷歌这类门户网站成了他们最佳的广告投放地，形成这种情况的原因有两点，首先是这类网站价格低，其次是这类网站可以满足宣传需求。谷歌正是通过为这些看似不起眼的小客户提供个性化定制广告服务，最终拥有了非常可观的利润。

对图书出版业而言，除少数销量能够达到上百万册的畅销书，绝大多数的图书没有多少销量，其本身就属于小众产品。现今市场上流通的图书能够达到数百万种，其中绝大多数图书其实很难找到自己的目标读者群体。也就是说，除少量畅销书之外，绝大多数图书甚至年销量都达不到百册。对于图书发行商而言，这种销量根本无法为其带来丝毫利润，甚至还会因为库存成本和销售成本过高形成大量死账和库存书。但进入互联网时代后，网络书店和数字出版的发展，使这类小众图书终于有了市场空间。亚马逊抓住机遇，将这些小众图书糅合到了自身的销售平台，因为这种图书极为小众，所以亚马逊的库存和销售成本几乎为零，但是数百万种小众图书，即使一次仅能卖出一本，整体利润累积下来也超过了那些畅销书。

长尾商业模式依托互联网的"网络"核心，使整个商业体系完全扁

---

① 高德 . 互联网时代项目管理术 [M]. 北京：文化发展出版社，2016：22-34.

平化和平台化，即容纳了极广的商品范畴。在这种商业模式中，企业所拥有的每种商品的数量都不多，但其形式完全契合互联网时代个性化定制的特点，可以让具有任何需求的客户寻找到极具个性、契合自身的产品，不仅能够促进尾货流通，更能够为企业带来个体细微但总和却异常庞大的利润。

二、跨界融合商业模式

在"互联网＋"时代，以互联网为基础的，以新概念、新技术、新产品为主的新商业模式层出不穷，最终一些行业将自身特性和互联网相融合，乃至融入了其他行业或领域的特性，从而产生了跨界融合商业模式。这种商业模式颠覆了以往人们对产品和服务固化模式的印象，带给了客户完全不一样的服务体验。

互联网所带来的跨界融合浪潮，如今正处于高峰发展阶段，其正在以一种颠覆性发展方式影响着原本的传统企业，让还未来得及与互联网相融的传统企业无所适从。因为在互联网时代，不知何时就会从一个完全意想不到的角落出现一个极具竞争力的竞争对手，甚至这个竞争对手根本就不是企业所在行业的同类。

三、多边平台商业模式

这种商业模式其目的是打造一个以平等、资源共享、多方共赢为目标的多元化开放平台，创造一个没有边界的商业生态系统。平台化商业模式的特点是平台庞大化和用户海量化，这两个特点最终能够实现多边互通，不仅是产业和商品的多边，客户的多边需求也能够得以实现。例如，吸收更多不同产业和商品的平台，就能够通过产业和商品的多样化吸收到多边用户，提升需求用户的数量；而拥有极庞大数量基数的用户平台使企业能够通过该平台挖掘不同的产品和商品，来实现多边产业过渡。

多边平台商业模式拥有几大特征。第一是开放性。多边平台只有开放才能够承载和吸收各种资源，这一完全开放的平台属性，会将涉及的用户、供应商、制造商、设计、传播、研发等元素全部吸纳到平台之中，最终形成一个完全打破边界、让所有资源完全共享的商业系统。第二是平台性。想形成多边平台商业模式，企业就要拥有一个平台载体，没有这个平台，任何模式都无法搭建。平台载体就是在互联网的信息海之中填出来的一块实体的岛屿，能够承载信息海中无数的信息和资源。第三是网络交互性。进入平台的所有人、机构、信息之间都会产生各种交互，从而真正实现沟通、距离无边界，这也是多边平台模式能够不断创新的根源。第四就是实现多边共赢。这里的共赢不仅包括入驻其中的商家和机构，还包括进入其中的各类用户，企业通过多边平台所建立起来的商业模式，让各个参与者都能获得满足。

现今多边平台商业模式的代表有很多，其中最有特点的就是阿里巴巴、百度和腾讯。其中阿里巴巴是电商平台的绝对领先者，其收纳了全国乃至全球各个领域和行业的商企，因为其庞大的产品、商品以及服务汇集，所以也吸引了海量用户。而且其本身的开放性极强，不管是个体户、代理还是生产企业，或者是服务商、零售商，都能够进入其中形成一个独立平台。这些小平台通过阿里巴巴形成了一个遍布全国的巨大商业圈，不仅为广大用户带来了极大的便利，更为各种大中小型企业进驻阿里巴巴树立了信心。百度是搜索平台的集大成者，其商业模式所围绕的核心是信息，不管是知识信息还是商业信息，不管是个性化信息还是基础性信息，都能够被纳入百度搜索平台。例如，百度百科的形成，就是依靠广大用户的聪明才智和各自不同的专业知识，最终将词条逐步完善。而且百度百科一直处于不断更新、变化以及进步的状态，这就为用户查阅信息提供了极大的便利。同时百度平台还吸纳了各种商企，它们的企业信息、产品信息、服务信息、口碑信息等，都可以通过商企自身或用户来进行完善。腾讯则是社交平台的佼佼者，QQ和微信的双社交平台模式，相互之间形成互通和信息共享，从而造就了完全开放的全新社交多边平台。阿里巴巴、百度、腾讯这三大代表性平台的信息能够通过平台间的合作进行共享，最终依靠其广泛的信息数据完善云端数据以及形成大数据分析的基本架构。

四、免费商业模式

在互联网的催生之下，现如今的用户环境已经变得信息过剩、注意力稀缺，如何在这样的用户环境中去争夺用户的注意力，就成了企业抓住用户的一个极重要的资源争夺点。免费商业模式就是基于这一角度而形成的企业竞争模式，即先以免费和高质的产品吸引用户，然后通过新的产品或优质服务来实现营利。也就是先拉拢客户资源，让客户和企业拥有一定黏性，这个黏性的体现就是免费的高质量产品，然后再以客户黏性为基础，向客户推荐新的产品。免费商业模式的精髓就是企业在免费之后要寻找到一个适合自身发展的盈利方式，用反向思维来分析，就是免费商业模式是在其他企业收费的地方进行免费，如别的企业卖商品都是以商品价格为收费模式，而自己的企业却在卖商品时免费，如此就提高了自身在商品方面的竞争力。之后企业就需要在除商品之外的其他地方赚钱，而且赚的还不是商品售卖的钱。

这种免费商业模式可利用的方式多种多样，其根本性的特点就是至少为用户的某一个细分群体提供持续的免费产品或服务，大体可以划分为三种。第一种是多边平台方式，即企业通过多边平台来汇集各种资源、流量和企业，然后为某部分用户提供免费的产品或服务。其利润来源是入驻平台的供应商或广告商，如百度搜索引擎。百度搜索引擎对于任何使用百度搜索的基本用户都是免费的，但对于入驻其中打广告的企业或期望信息快速被人浏览到的信息所有者，则会根据点击量收取费用，也就是竞价排名的收费方式。第二种是提供免费基本服务，但带有可选式收费服务，属于免费增收的模式，这种方式最常见于游戏领域，包括手机游戏和网页游戏。很多游戏开发商对于进入游戏的用户不收费，但是用户若想获取更快的升级效果或更高的人物战力，则可以通过可选式收费服务来实现。第三种是诱钓模式，即前期通过免费或低价的产品或服务来吸引用户，之后通过用户转换来实现用户对其他产品或服务的平价购买，其中最具代表性的就是拼多多。拼多多平台最为吸引广大用户的就是砍价免费拿和限时秒杀，一个是用户通过分享众多用户帮助其砍价从而免费拿到商品；另一个是通过极低价格来吸引更多用户，而其他商品则可以通过拼团模式享受一定的折扣优惠。这种诱钓的模式使得拼多多在几年之内就拥有了数亿的用户基数。

五、O2O 商业模式

这种商业模式是将互联网共享思维和传统产业相融合，最终实现线上线下以及虚实之间深度融合的模式。也可以理解为线上交易线下体验：互联网虚拟平台实现价格优势和互联网便捷性，实体店实现产品线下体验和深度服务。这个模式的核心是基于互联网的平等、开放、互动、迭代、服务、共享等思维，用互联网的特性降低企业产品的资本成本，提高产品交易和服务的效率，从根本上改变传统产业的高资本成本和低效率。

从根本上来说，O2O 商业模式就是将企业的线上资源和线下资源完美融合起来，实现两个渠道的价值互补、优势互补，一般可以有以下四种不同模式。其一是线上交易、线下消费体验，这种模式主要应用于服务行业，如手机优惠券、打折券、服务团购，通过线上的便捷交易和快速性，实现线下的轻松体验和消费。例如，现今的观影，用户可以直接通过互联网来了解想看的电影的口碑、特点、看点，然后通过网络平台找到观影地点，选择其综合性服务和打折优惠，最终到现场进行消费体验。其二是线下营销、线上交易，其实就是先进行宣传和部分服务体验，待感受到价值后再通过二维码来实现线上交易。其三是在第二种模式之上增加线下消费体验，即先通过宣传得知价值，完成线上交易，再回归线下进行消费体验。其四是线上交易、线上体验，即完全通过互联网来实现产品或服务的交易和体验。例如，知识付费领域中的喜马拉雅、网播在线课程、网上培训系统等，这种模式的商品和服务有一个巨大的特性就是其能够数字化、信息化，使用户实现了真正精神感官的体验。

不管是哪类 O2O 商业模式，其目的就是让客户在享受互联网便利性的同时，还能够进行亲身体验从而获得更好的用户感受；让本来不会和用户产生互动的企业，与用户近距离亲密接触，以优质的服务态度、产品性能，来提高用户的黏性。

六、开放创意商业模式

这种商业模式主要是靠企业和外部伙伴达成合作，最终实现创造和捕捉价值，完成创新。这里的外部伙伴并非狭义上的合作企业，还可以是个人或企业产品的用户，他们通过共享的方式来提高企业的自身研发力以及整体研发力，同时还能够获得品牌价值和业界口碑价值，使企业的虚拟价值快速增长。

这种商业模式的代表是小米、宝洁、葛兰素史克等。小米手机的研发、升级、体验和完善，都邀请用户参与，并通过用户的信息反馈来分析小米手机完善的方向。小米手机每经过一次迭代就会邀请用户进行体验，通过这种方式来完善其自身的不足并快速进行优化。正是因为小米的这种参与式开放研发模式，使得小米的用户黏度极高。此外，其产品的优化速度也极快，不仅能够快速满足用户的需求，而且还能够有针对性地进行研发，减少了很多不必要的研发成本。宝洁则是通过互联网平台将自己在进行产品研发时遇到的难题完全公布，然后制定解决问题给予奖励的方案，最终借助全球高端科学家的海量知识解决自身所遇到的难题，不仅能够省去非常大的研究成本，还能够将难题快速解决。葛兰素史克则是由内部向外部提供创意，即建立对外开放的专利池，将公司内部闲置的创意，如将有关排解疑难杂症的相关知识产权放到专利池中，供外部的研究者无偿使用，从而促进社会对各种疑难杂症的研究。同时这些外部研究者还能够进行反哺，也变相促进了葛兰素史克对精深问题的研究，从而使其产生更多的溢出价值。

不论是哪种投资商业模式，其最具价值之处就在于模式的创新。通过对企业和互联网的信息分析，企业可以从不同的角度来创新自身投资的商业模式。例如，企业对以企业创造价值为基准的价值链进行分析，通过融合互联网的特性，进行价值链的拆分、延展、创新、重组等，从而引导企业的产业模式、技术模式、销售模式、财务架构和企业模式适应互联网的变化；还可以将企业资金流、物流、信息流、知识流、产品流、价值流等进行改革，实现企业的各种创新，如学习创新、互动创新、知识管理创新。在"互联网 +"时代，企业投资商业模式必然以信息化、网络化为基准，企业只有将自身的所有信息和情况融入互联网之中分析，才能够寻找到适合自身的创新之路，最终孵化出适合企业自身的投资商业模式。

第三节　"互联网 +"时代商业模式的构建

企业想在"互联网 +"时代构建起适合自身发展的投资商业模式，就需要从根源上接纳互联网的各种特性。首先企业要形成互联网思维，然后基于这种思维来进行产品塑造，再通过架构自身的商业模式，来完成最终蜕变。

一、互联网思维培养

"互联网 +"时代，企业也需要具有互联网的思维，否则只会被互联网的大趋势淘汰，成为其他企业崛起的垫脚石。企业培养互联网思维，可以从以下六个角度入手。

（一）粉丝经济思维

互联网时代企业到底能抓住多少用户，靠的是信息流量和粉丝经济。相对而言，流量只是广而泛之的互联网信息数据，本身还没有形成企业自身的用户经济主体。企业想将流量转化为用户经济主体，就需要借助粉丝经济，也就是提高用户黏性，使流量中的一部分用户成为企业的"粉丝"。

粉丝经济属于一种较为极端的社交和圈子文化。对于企业而言，粉丝越多则企业越具有价值，因为粉丝能够帮助企业创造价值。粉丝经济的特性是，粉丝本身就是企业产品最专一也最热心的用户，当然同时也是最具个性和挑剔性的用户。粉丝能够成为企业产品的"代言人"，甚至会与企业荣辱与共，当粉丝发现企业的高性价比产品，无须企业自己去宣传，粉丝就会主动购买并体验，然后反馈其使用感受，促进企业的进步。同时粉丝还会主动去推广这些高性价比产品，甚至因为他们的专业性，还会担任产品的解说、客服以及维护工程师。为何粉丝会对产品这么热衷、热心？其根源就在于他们在向企业或企业的产品倾注感情。即使这个企业或产品有缺陷，但只要企业和产品在不断努力，他们就会忠诚地跟随并极力拥护企业的品牌。

（二）高质低价产品思维

在传统时代，高品质产品带来的就是高价格，这也是众多高品质产品使用者赖以维系格调的根本原因。但是在互联网时代，高品质和高价格已经不再是对等关系。

优衣库就将高质高价的模式直接抛弃，做出了高质低价的产品。其实在传统服装行业，企业一直被划分为两类，一个是口碑非常好，价格非常高，质量不错的超一流品牌企业，另一个则是不注重品牌，但价格低廉，同时质量也低下的底层企业。所有处于高不成低不就的中间企业，如质量不错、价格中等、品牌一般的企业，很容易被直接挤垮，这种两极分化的现象在服装行业非常严重。而优衣库却能够处在中间位置并顽强存活下来，其本身的特点是具有很好的质量，却又有很便宜的价格。

在优衣库进入中国市场时，却出现了问题。因为中国消费者也有"高质就高价"的思维定式，优衣库的低价导致消费者认为其本身也属于低质品牌，而且优衣库产品的质量又没有参照，所以市场很简单地就把优衣库划分到了廉价品牌行列。为了转变消费者的思路，改变大众"价格低就质量差"的思维定式，优衣库想到了提升产品格调的办法。其第一步做法是缩减产品线，通过只做爆品来降低营销成本；第二步做法就是拼设计，以高层次的设计理念来影响目标客户——中产人群；第三步做法就是以别人做不到的技术流来提升爆品的格调。在三步做法影响下，优衣库的品牌和特性逐渐被客户接受，并且其因为高质低价的特性，在互联网时代开始大放异彩。

（三）用户体验娱乐思维

自从互联网进入千家万户，自媒体就已经产生了。不管是个人微博、个人空间、个人日志、个人主页，还是各种贴吧，自媒体一直随着互联网的发展而不断发展。现今任何人都知道自媒体，因为其本身就带有一定的粉丝效应和分享特性。进入"互联网+"时代，自媒体的发展进入了高速期。为何自媒体会如此广泛地被大众接受和运用呢？究其根本，就是因为自媒体将用户体验和娱乐传播方式融为一体。也就是说，用户通过互联网，可以轻松、简单地将自己的体验、情感、娱乐等都传播出去，提高了他们的参与感。正是因为这些额外的娱乐感能够提高用户的存在度以及需求度，所以自媒体才会蒸蒸日上。

从自媒体的角度来分析，企业需要关注用户的娱乐性体验。现如今的唱吧、抖音、哔哩哔哩、今日头条等平台，之所以拥有不断增长且不断细化的用户群体，就是因为其本身具有提高用户娱乐性体验的效果。互联网时代，新一代的消费者所需要的不仅仅是产品的高质量和优质体验，还需要自我存在感，这种释放自我个性和需求的特性，同样是互联网的共享思维所赋予的。所以，企业不管是进行产品的研发还是销售，抑或是对企业的投资商业模式进行摸索和调整，一定要注重消费者的这种思维模式。如果企业的运作能够让消费者感受到愉悦，能够促使消费者去分享、去感受，那么企业必然能够以超出预期的姿态转变成为真正的互联网企业。

（四）全民营销思维

全民营销思维其实体现在两个方面：一个是以数据为基础的营销数据思维，另一个是以流量转化和分享为主的全民营销思维。

互联网时代，所有的信息、样本等都已经转化为数据，因此人们开始进入了大数据时代。面对互联网中的海量数据，人类思维产生了一定转变，如放弃追求精准性来应对数据的混杂，放弃追寻因果关系加强相互关系的数据分析。除此之外，大数据的重要性还体现在企业可以通过大数据分析进行客户行为和需求预测，这并非以思考总结的模式进行预测，而是以庞大数据为基准进行的客户行为和需求概率分析。虽然人的行为全部转化为互联网数据，但其行为本质和内心渴求并没有发生变化，企业可以通过大数据来获取更精准的客户行为和需求推测。同时大数据使得企业和市场原本隐藏在迷雾之后的不可见都转化为隐藏的数据，通过大数据分析就能够拨云见日，从而让企业对自身情况和市场情况有更加透彻的了解。正是因为大数据的这些特性，企业在进行经营和营销的过程中就必须以大数据为基础，这样才能通过大数据获取更详尽的商务信息，最终做出符合企业发展和市场走向的营销决策和产品规划。另外，大数据时代的企业生产模式已经转变为需求定制生产模式，即满足客户个性化需求的生产方式。以传统思维考虑，满足客户的个性化生产会对企业造成极大的成本负担，毕竟企业生产模式是以规模化为基准，以量取胜，但通过大数据进行生产却能够做到降低个性化生产的成本，满足客户的定制需求。例如，车企生产的量化车大多是同一种颜色贯穿车身，那如果消费者想要两种或两种以上颜色的车该如何？车企可以运用大数据技术与一些汽车加工作坊进行合作，车企将量化生产的车坯交给加工作坊进行颜色加工，这样一来，既能满足客户的个性需求，也能够使企业减少因为小规模加工造成的成本增长。

有了以数据为基础的营销数据思维，企业就能够牢牢抓住消费者的需求心理，对其进行点对点的定制服务。但有些消费者的需求并不会和其他消费者相契合，那么如何进行客户渠道拓宽，这就需要企业拥有全民营销的思维。企业要转化全民营销的思维，首先是要抛弃产品的促销和炒作，铺天盖地的各种产品的促销和炒作，夹杂在信息洪流之中，只会让用户反感；其次是要结合大数据分析实现定制化生产，同时匹配产品背后的服务提供，也就是企业要培养属于自身产品和客户的服务供应商；再次是要通过互联网技术实现全民营销，其方式就是让企业的消费者主动为企业的产品和服务进行营销推广，这是在企业产品口碑、服务口碑和品牌口碑综合效果下产生的消费者裂变，企业必须在建立好口碑的基础上，发挥消费者口碑营销的巨大优势，通过消费者背后的社交圈将企业推销出去，即发挥消费者的分享机制和分享欲望，实现企业产品的隐性营销；最后是合理利用消费者的碎片时间，互联网时代信息爆炸，如何在海量信息之中凸显出自身的优势，吸引消费者的注意力，是这个时代企业主要的竞争方向，各种文案、广告、活动，其最终目的始终是引得消费者关注从而实现品牌化宣传。

（五）外脑互联思维

互联网时代使得市场和消费者需求变化极为迅速，企业不可能独自拥有能够解决任何问题的全能型人才。因此，企业要合理运用外脑互联思维，即通过外部人才来帮助企业解决各种各样专业的问题。这就需要企业以互联网技术为依托，不断搜罗各种专业人才的信息，并和这些人才建立联系，通过外聘与合作的模式，实现外脑互联。一方面，企业能够借用这些专业人才的专业能力和专业手段帮助自身解决问题；另一方面，不需要彼此形成固化的雇佣关系，可以就事解决，解决之后即解约。这种外脑互联思维属于共享思维的一种，能够将原本完全无联系的事物和人，通过互联网连接到一起，彼此共享信息最终实现共赢。而且对于企业来说，这种外脑互联思维也不会给企业带来太大的成本压力。

（六）迭代创新思维

迭代创新思维其实在互联网初期就已经出现，具体来说就是 PC 端的系统更新迭代。从 Windows 系统界面被开发出来，其系统就一直处在不断迭代、不断创新的路上，移动互联网和移动智能终端的崛起更是将迭代创新思维催生到了极致。手机的更新迭代和功能模块的创新极为迅速，用互联网特性来分析，在"互联网 +"时代，产品的开发方法就是循序迭代，同时进行不断微创新的过程。产品在初步开发出来时或许有很多不足，但是企业能够通过互联网的催化快速试错、改错，从而不断完善产品。

在互联网时代，迭代创新思维主要展现在两个方面。一个是快，即迭代创新极为迅速。因为互联网时代消费者的特性，要求企业能够跟上消费者的需求变化速度，做到快速反应、快速更新，能够及时根据消费者的建议来迭代产品，满足消费者的个性化需求。例如，现今的很多系统和手机 App 时不时就会进行更新迭代，其目的就是快速对用户的需求做出反应，及时进行错误改正和弥补，以确保产品能够适应用户。另一个是微，即贴近消费者心理，从消费者反馈的信息之中进行逐步改进，从微小之处着手进行微创新。因为从消费者角度而言，某些企业感觉并不起眼的问题，消费者会觉得非常重要，这就是互联网的迭代创新思维。

迭代创新思维最具代表性的就是微信。当初微信第一版出现时，其功能和作用都非常有限，甚至和 QQ 相比都有巨大的差距。但是随着用户群体的不断扩充，微信凭借着迭代创新思维不断快速、微小地进行着创新，每次推出新一版微信之后，腾讯都会马上着手研发下一个版本。在此过程中，微信团队还会对用户反馈进行分析和整理，将用户的需求融入版本的更新之中，也正是因为这种量变的微小、快速迭代创新，让微信最终得以质变。互联网时代，迭代创新思维的关键和重点就是总结用户的反馈，然后基于用户反馈进行分析总结，这一切都是基于用户的体验，否则版本的迭代就会毫无意义。

二、"互联网+"时代产品塑造

在"互联网+"时代，企业产品进行宣传塑造已经不能像以前一般，用普通的视觉冲击性广告和简单的优势特点进行阐述，而是需要贴合互联网的特性以及着眼用户的体验需求。

（一）爆品体验化

任何企业都期望自己能够打造爆品。爆品具有供不应求、销量高涨的特点，企业想要开发出爆品，首先必须做好产品的定位，如能够满足用户的基本需求。同时，企业还要拥有一个其他同类产品无法做到但用户存在潜在需求的特征，针对用户的这些需求去挖掘其使用该产品时的痛点。企业要明白自己的产品能够为用户带来的最深层的需求到底是什么，这个需求被满足后，用户甚至能够容忍产品的某些缺陷，这就是爆品的关键性作用：不必做最完美的，做用户最需要的，甚至比用户想到的需求更加深入、更加基础。其次，企业需要用足够吸引用户关注的方式，将产品的优势和特性完美展现出来。很多企业会认为自己开发的产品明明优势明显，企业又做了活动、打了广告，可顾客依旧感受不到产品优势在哪。形成这种情况的主要原因就是互联网的信息爆炸特性。因为信息流的庞大性，很少有用户会耐心去看企业那些生硬的阐述产品优势的广告。企业想在信息爆棚的互联网中得到用户的关注，就需要别出心裁，分析目标用户到底对哪种宣传模式最感兴趣，然后以用户体验为核心，将产品优势完全融入场景进行展示，这才是互联网时代产品宣传的基本方法。

（二）优势最大化

在互联网时代，企业产品的研发需要做到优势最大化，不仅仅是产品自身的质量和功能，还有其整个生产线都要精益求精。企业想将自己的产品塑造成用户心目中的真正需求品，就必须将优势做到极致。因为在互联网时代，用户选择产品时仅仅需要连接互联网轻轻点击一下鼠标或屏幕即可，而企业却要为争取这一次点击付出许多心血。相对而言，互联网时代的企业竞争是赢家通吃的状态，也就是说企业只有将产品塑造到极致，才能够具有最大的竞争力，成为互联网市场的真正赢家。

百度的研发过程就是优势最大化的绝佳范例。其在对产品进行升级时，并不仅将产品和上一版本进行对比，还和市场上所有产品进行对比。百度想要实现的是比市场上所有产品都好，而且是好很多。在后期产品不断更新迭代时，其同样秉承的是将产品做到市场的最好状态这一原则。正是因为百度追求的是"做最好的中文搜索引擎"，所以最终才得以在众多搜索引擎中脱颖而出。

（三）个性化定制

随着人们生活水平的稳步提高，原本大众化、普遍型的商品已经无法再满足人们的需求，尤其是跟随互联网发展起来的"80 后""90 后"，以及被包裹在互联网技术浪潮中成长起来的"00 后"。这三代人是现今互联网经济中最主流的消费者，其最为期望的就是在寻求产品品质化的基础上实现个性化，完全随大流的商品已经不再具备任何优势。正是因为市场消费者的时尚观念出现了变化，所以企业的产品塑造也需要随之改变，要从原来的单一生产线和商品布局，转变为多元化产品发展，同时实现客户个性化定制的需求。例如，现今的微商，其本身的商业流程和以前先进行产品生产再进行售卖的模式完全不同，而是先将正在生产或尚未生产的产品置于互联网平台，用以寻求用户的想法、需求和意见，经过融入个性化的设计元素之后才会进行生产。这种模式不仅能够将分散却数量庞大的拥有个性化需求的客户集合起来，还能够通过微商的商业模式将个体小作坊式的生产商糅合起来，形成客户与商家共赢的经济模式。

（四）独特差异化

独特差异化的产品塑造其目的其实是架构出独特且和其他企业不同的差异化品牌。在互联网时代，企业想在客户心中留下稳固且长久的产品形象或企业形象，就需要对品牌进行差异化包装，当然这种包装也是基于企业产品的独特性风格。第一，海尔走的是高质量、优服务，其不仅对产品的质量把控严格，而且其在将产品销售出去后为客户所提供的增值性服务更是优秀且顶尖的，也正是这种特征才让客户在听到海尔或提到海尔时都能够想到它的优质服务；第二，拼多多本身就是以低成本低价格，以及团购形式形成的超低价格产品平台；第三，沃尔沃主打高安全性能，这仅仅是汽车产品质量中非常微小的一个方面，却被沃尔沃发挥到了极致，提到汽车的安全，人们首先想到的就是沃尔沃；第四，7-11便利店，其在成立之初所打造的经营理念就是在非正常时间进行商品零售服务，即晚7点到第二日上午11点，而随着互联网的发展，其也相应转变为24小时营业，也就是随时可以为消费者提供商品零售服务，这种差异化足以让消费者记住；第五，法国的香水、瑞士的手表、德国的汽车等，都是由于将地域性特征和本身产品特征相融合之后所形成的差异化；第六，京东自营本身通过储仓的布局实现了很大一部分商品的当日达和次日达。

所有这些让人耳熟能详的企业品牌，都是因为产品或企业独特的差异化形成了特定的品牌形象，这无形中就会影响客户对产品的选择。例如，工作到半夜的众多用户，想要购买一些急需品，第一个想到的就是7-11，因为它在任何时候都营业；再如想购买高质量的机械手表，多数客户第一个想到的就是瑞士手表；等等。这是在品牌独特差异化之下所形成一种购买趋势，在信息爆棚的互联网时代，这样的独特差异会为企业带来更多的客户，不需要和市场上的众多对手竞争，而是潜移默化地影响客户，这才是互联网时代最为高效且低成本的产品塑造方式。

（五）附加价值化

互联网时代，产品的价值不仅仅体现在质量和价格的匹配方面，用户所关注的还有产品所带来的附加价值，也就是说高性价比的产品才是现今最受用户青睐的产品。性价比在狭义角度所指代的就是产品的性能和价格之间的关系，高性价比所代表的就是高性能但低价格。而互联网时代的高性价比则范围更广泛，囊括了产品所带来的附加价值，如服务、产品使用体验性、是否契合用户感情。这些附加价值虽然看似不起眼，但在性价比中却完全转化为了产品的性能。当一个用户用相同的价格购买了质量相同的产品时，若其中生产某一个产品的企业能够关注到用户的体验，对用户使用时的感受进行跟进式服务，相信在下一次选择此类产品时，用户必然会毫不犹豫选择关注自身使用感受的产品，而最终所带来的则是用户对品牌的选择。

增加附加价值的产品塑造方式，其本身并不以完全低廉的价格为依托，即使产品定价稍高，但若能够让用户感到物有所值乃至物超所值，如让用户体验到温暖、舒适、愉悦、轻松，那么用户的选择就不会仅仅依据价格，而是将附加价值和产品本身价值进行累加来选择。这是互联网时代用户的一种生活方式和消费主张，同时也是企业应该努力的方向。虽然看起来这样的产品塑造模式是违反正常商业架构的，但是对于消费者而言，这种不仅关注价格而且关注性价比的购物方式，是一种潮流，更是一种个性化的表现。

（六）创新常态化

在互联网时代，任何企业的产品塑造都不可能是固态的，而是完全动态化、更新化和迭代化的，也可以称为"创新常态化"。互联网的信息爆炸特征，也使得用户有很强的审美疲劳。在网络信息不计其数的状况下，用户每时每刻都被同一形态的信息包裹，久而久之就会感觉毫无新意。就如同"80后"对智能手机、互联网普及等变化感受异常强烈，因为在他们生活的初期这些产品并未普及，当出现之后自然会受到巨大的冲击；而现在的"10后"，虽然他们还都是孩子，但对于各种新式的智能产品并不会有过多的感觉，因为他们就处在这样的环境之中，自然不会感觉到太多新意。

创新常态化的目的，就是要在用户无法感受到产品的新意和创意时，塑造产品的微型创意来刺激用户对信息的筛选和选择。在原本平淡无奇的环境中，一朵升腾而起的小浪花，也必然会吸引用户的目光，这就是互联网时代创新常态化的最根本原因。从企业角度而言，互联网时代的创新常态化不仅仅是为了吸引用户，更多的是以用户需求为核心，进行产品的创新和迭代。毕竟任何产品和企业都不是完美的，都需要通过一次次升华和创新完善自身，这才是互联网时代企业发展的潮流。

三、互联网导向营销原则

互联网的出现，让企业的营销模式发生了巨大的改变。尤其在移动互联网普及之前，多数企业想要走入大众的心目中，依靠的主要就是媒体广告。但随着互联网和移动互联网的发展，用户的信息接收面瞬间变广，图片信息、文字信息、视频信息、音频信息等层出不穷，而且仅仅需要一个小小的智能手机就能够使用户接收到来自世界各地的各种信息。这种海量信息覆盖是好事也是坏事，好处是信息的完善度越来越高，覆盖面越来越广，任何人需要任何较为专业的信息都能够轻松在互联网寻找到；但坏处也极为明显，尤其对企业而言更是如此，即互联网无法通过有限的信息对用户群体造成影响，在这样的情况下，企业就需要改变营销的原则。

（一）精准化营销

精准化营销是2005年由营销大师菲利普·科特勒（Philip Kotler）提

出的。具体来说，精准化营销就是运用互联网的现代化技术手段，先精准定位用户属性和用户行为，通过分析建立个性化服务体系，然后将包含用户痛点的广告精准传达和投放在平台上。

想要完成精准化营销，就必须采用基于大数据分析的互联网技术，即通过大数据分析用户留在互联网中的信息踪迹，预测消费者的消费行为和消费期望，从而进行精准化营销。也就是说，互联网时代的营销之路已经从原本的点对面营销方式，即广而告之的范围化营销模式，转变为点对点营销方式，即以用户需求为导向、以预测用户期望为基础的精准化营销模式。例如，2014 年，中粮集团就曾经针对"年味儿"进行了中国文化品牌营销活动，其所定位的就是国人对"年"的文化诉求。以"年味儿"为核心，以人流量巨大的地铁站为营销地点，结合线上营销平台渠道，覆盖整个传统媒体如电台、车载传媒，最终实现了销量翻数番的营销结果。

（二）场景化营销

互联网时代，不管是企业还是其开发的产品，非常重要的一项提高其虚拟价值的模式就是进行即时互动。在最初，企业和用户的互动仅仅存在于官网或各种论坛的非实时性交流，用户会将对企业或产品的感受、意见、建议等都分享出来，以期待企业能够通过各种平台看到、听到并做出改进。随着移动互联网的推进，这种互动方式已经完全调转，不再是用户去分享感受，而是企业靠各种方式和手段去激发用户的分享。因为互联网时代的信息量实在过于巨大，用户根本没有多余的精力去筛选信息，所以企业若想再与客户进行即时互动，就需要进行场景化营销，即围绕用户将企业开发的产品应用于用户所处的实际情境之中。

互联网的发展和各种智能技术的普及，使用户开始变得挑剔且慵懒。也就是说，现在的用户期望的是企业能够将他们的需求做好，然后直接送到他们的面前，这种对客户潜在需求的挖掘，促使饿了么、滴滴打车等场景化服务的诞生。当客户饥肠辘辘，又不想外出去寻找食物，那么其通过关键词查找就能够订餐,"饿了么"非常轻松地实现了用户足不出户、无需亲自动手就能填饱肚子的诉求;当用户想要外出却不想在寒风中拦截出租车,那么就可以通过滴滴打车来进行出行选择,车辆自然能够在接单后快速前往用户所在地接人,然后将其送达目的地,不仅方便而且高效。这种通过分析客户场景化需求的营销模式,是在为消费者考虑的基础上做出营销策略,想客户所想,最终帮助客户完成场景化需求。

(三)渗透式营销

"互联网 +"时代,移动互联网已经渗透到用户生活的方方面面,这种情况也促进了营销的移动化。也就是说,现今企业的营销不能仅仅依靠以前有限的媒体渠道,而是要渗入与互联网相关的各个角落,因此,广告移动化成了企业现今最主要且成本极低的营销方式。

营销移动化仅仅是渗透式营销的第一步,因为这一步对于企业而言没有任何门槛,谁都可以做到。而想让企业的广告能够被用户接受,就不能用广而告之的方式,要通过隐性广告的模式来实现转化,即将广告内容化,将其渗透在用户所关注的各种内容中进行渗透式营销。例如,结合短视频和微电影的广告营销模式,是如今较为火爆的一种渗透式营销方式,这种方式使用户在观看短视频或微电影时根本不会察觉到有生硬的广告植入,但是企业却会通过各种故事、形象、行为、背景等场景模式,将广告渗透到用户心里。

将企业或产品的广告渗透到用户心里,已经能够使企业实现一部分用户转化,获取到一定的收益。但其实渗透式营销的潜力还远远没有被开发出来,最后一步才是渗透式营销最大的蜕变,即通过已经形成信息渗透的用户,将渗透的信息传播出去,也就是社群化、社区化营销。这一步的蜕变属于裂变营销,即只要一个用户进行传播,那么在接收到信息的众多用户中就会有两个人再次进行传播,之后快速扩散。社群化营销并非传统的产品性能推荐,而是一种熟人之间的口碑相传,使用过、尝试过,也就拥有了一定的话语权。通过用户对产品感受和体验的分享，口碑相传的营销裂变模式就自然而然形成了。

（四）客户价值最大化

客户价值最大化最终体现出的效果就是，客户感到企业产品的价值在增值。互联网环境下，客户已经成为营销的中心主题，不管是产品还是服务，企业在进行营销时都需要围绕客户的深层需求。例如，阿里巴巴，其本质是电子商务，但其所有的营销都是以客户为导向，以实现客户的隐性需求为目标。淘宝能够让所有大企业或小加工作坊入驻，可以实现任何用户想当店铺老板的隐性诉求；支付宝能够令客户实现轻松支付，有安全保障而且极为方便。在阿里巴巴挖掘客户隐性需求的同时，客户也能够轻松通过淘宝的电商服务平台来挖掘自身的价值。与此同时，客户也能为淘宝带来巨大的潜在价值，因为客户在入驻淘宝后成为店主，其自身就是老板，为了自己店铺，他们自然会精心打理，这无疑也会为淘宝拉拢各种用户。这种方式能够使阿里巴巴增加信息流量，从而形成更大的集成性平台，这些庞大的数据流也能够快速转化为企业自身的价值。

在互联网时代，企业能够为客户考虑，帮助客户实现价值最大化，这就是在帮助企业自身，是在为企业的价值增值做贡献。

（五）增强黏性

互联网环境下，企业的营销模式也和产品一样，需要不断地变化和创新，唯有不断契合用户需求去改变自身，才能够提高客户的黏性。企业提高用户黏性的营销模式多种多样，但其核心均是以用户为导向，以互联网技术为手段。

例如，以便捷化提升用户黏性。当年微信开发支付方式时，支付宝已经被大众所熟知。按常理来思考，电子支付手段拥有一个其实就够了，但微信却另辟蹊径，没有针对点对点支付来进行开发和布局，因为这个方向已经被支付宝占据。其从微信的特性入手，以中国传统文化为导向，开发了发红包、抢红包功能，一个简单的小应用就将原本绑在支付宝的移动支付市场用户抢走了很大一部分。在之后的移动支付市场争夺中，支付宝也增加了红包口令功能，用以获取支付宝下发的红包，而这种便捷、有趣的支付模式，大大增强了用户的黏性。经过红包大战之后，原本并不使用支付宝和微信支付的一大批用户，纷纷涌入其中。现今阶段移动互联网用户的很多日常支付都能够通过小小的手机完成。

又如以提高关注度来增加用户黏性。现今较为常见的粉丝经济就属于借助"红人"自身的粉丝效应来提高关注度，像明星直播带货、网红直播等，其目标都是提高粉丝对企业或产品的关注度。另外一种提高关注度的方式就是小米所采用的饥饿营销，这种营销方式吊足了"米粉"的胃口，让"米粉"对小米即将发售的产品好奇心爆棚。

再如，以激励政策来提高用户黏性，这种方式的主要方向为物质、精神和功能方面。现如今，使用激励政策最多的就是拼多多、美团、饿了么等程序。拼多多主要是通过各种商品打折乃至免费来刺激用户，通过分享来实现打折或免费效果，从而让更多的人参与拼多多的产品拼单；美团则主要用优惠券的方式，如时不时推给老客户一些优惠券来提高客户的黏性。另外，还有一些娱乐类精神激励政策，如当年 QQ 升级之后产生了各种各样好玩、有趣的模块。

"互联网 +"时代，就是要依据以上思维修炼、产品塑造和营销原则来进行商业模式的架构和完善，最终通过商业模式的建立进行产品的营销。在整个商业模式执行的过程中，最为核心也最为重要的就是创新理念的贯彻，不仅有产品开发、生产、营销的创新，还有企业架构、财务管理模式等大方向的创新。只有将创新完全贯彻到企业发展的方方面面，才能做到契合互联网的发展，在提高企业竞争优势的同时不断壮大企业规模。

第八章 "互联网+"时代社区模式下的财务管理

第一节 社区O2O发展模式

互联网时代，市场环境中的产品和服务已经得到了极大的丰富，以前组建供应链"提升竞争"的企业发展模式已经不再是制胜法宝。现今的市场，主要是对客户群体的争夺，客户已经成为整个市场经济的核心，社区模式就是以此为基础的一种由互联网催生而出的企业发展方向。

一、社区O2O发展模式内涵

互联网时代，企业进行线上线下资源融合式发展已经成为常态，但相对而言，多数企业规模较小，其自身的资金和能力根本无法支撑庞大的线下资源架构。同时因为各种多边电子商务平台的飞速发展和完善，企业开始想方设法架构线上和线下资源融合式发展，而其最佳的突破口就是社区发展模式。社区发展模式就是企业通过对用户社区的互联网化，将社区内部的互联网商业体系激活，以互联网技术和各种平台为基础，整合线上和线下的资源，将原本社区内的线下零售、物业服务、生活服务等信息数据化，融合到线上进行互联网化，并对其进行整体数据化分析，获取社区内部用户的真实需求。再通过社区的线下服务体系，将线上的流量和资源导向社区内部，实现线下资源的重新整合。

从根本而言，社区O2O模式就是将社区生活场景打造为一个小型互联网中心，通过线上的信息提供、促销打折、服务预订等手段，将社区用户转变为线下商店的客户，尤其是餐饮、出行、汽车服务、电影、美容美发、娱乐、运动、教育等行业的客户。当然，其中还有一些完全可以凭借线上服务和交易就可以实现的生活化消费，如生鲜购买、家政服务、社区物流、器械维修。这些生活化消费能够通过社区O2O模式实现线上和线下的无缝融合，使得各种与家庭服务相关的行业真正进入社区。正是因为社区O2O模式这种在社区内形成完美闭环的经营特性，所以其也被称为电商模式"最后一公里"的竞争。

（一）社区O2O发展模式的必然性

从中国庞大的用户基数来看，互联网的便捷性、个性化、服务性等特性所影响到的依旧是部分人群，如在互联网发展之路上成长起来的年轻人，这部分人群相对整个中国人口而言依旧是少数。虚拟性极强的互联网企业的发展，对实体企业造成了巨大的冲击，而且大型互联网企业高调切入实体服务的态势，也令很多实体企业对市场的未来较为担忧。

从整个经济环境的发展来看，以互联网企业为代表的虚拟性服务型企业的发展，必然需要缓慢地与以实体经济为代表的产品生产、制造型传统企业相互融合，最终实现虚拟经济和实体经济的完美结合。居民聚集所形成的社区生活区，是我国最为主要的一个市场需求区。因为社区本身就和居民各种生活用度、服务需求等息息相关，所以针对社区聚集型用户的社区O2O模式就成了和用户关系最为紧密的一种运营手段。

1. 争夺生活服务控制权

互联网时代所发展起来的社交电商，其本身商品和服务的最终落地终究是依托用户的使用，也就是社区内用户的终端服务质量。相对而言，社区服务紧紧联系着最终用户，其用户群体稳定且消费密度极高，如果能够将这部分用户服务挖掘出来，用户的黏性会变得极高，且后期企业追加的投入也会较少。所以，社区就成了社交电商平台最终的争夺战场。

2. 最具潜力的消费领域

虽然互联网的兴起让企业和用户之间的距离得到了极大缩短，但缩短后企业依旧和用户之间阻隔着一个屏幕，不管是PC端还是移动端，企业终究没有和用户真正亲密接触。社区O2O最大的特点就是能够拥有更多的机会和用户近距离接触，而哪个企业能够实现与用户之间的无缝对接，也就意味着其能够最先了解用户最真实的需求，从而有针对性地面向用户进行专项服务，最终获得用户最大的认可。

（二）社区O2O发展模式价值

社区O2O发展模式是基于社区而形成的一个完美闭环型服务商圈，这也就意味着进入此模式中的企业要致力于从用户真实需求建立服务，解决社区服务弊端，完成支付闭环和配送落地，实现用户需求和服务体验完美融合，最终形成完整的社区服务链。社区O2O发展模式的价值主要有以下三个方面。

1. 综合型服务

社区生活中，用户的需求是最为多样也最为灵活多变的，因为社区相当于一个小型社会圈，社区内用户整体的需求不仅局限于商品的购买和各种产品的体验，还包括生活的各个方面。可以说，用户的衣食住行和娱乐等各种需求都融合在一个小小的社区之中。所以，社区 O2O 模式就是为了给社区用户提供综合型服务。

2. 增值型服务

社区主要是以一个个家庭为单位的小团体组成的，在这个小团体之中会包括各种家庭关系。当切入社区 O2O 的企业和社区物业进行深层合作，就能够通过对社区家庭详细情况的了解，进行有针对性的服务规划。例如，通过了解社区中的家庭组成、家庭收入、用户属性、用户消费偏好、用户消费习惯等，企业就能够以社区为中心、以家庭为主体、以个人用户为依托，向社区用户推荐更容易影响其消费决策的信息。同时，企业根据对社区群体的数据分析，还能够进一步为社区提供广告服务、金融服务、定制服务等各种增值型服务，挖掘社区中的潜在利润点，为企业提供稳定的客源。

3. 盘活社区社交

社区就如同一个小型社会，企业通过社区 O2O 发展模式中的各种营销和服务手段，如线下促销、团购商品、旅游服务、定点医疗服务，就能够盘活社区内的社交网络。企业的这种做法不仅可以促进社区的健康、稳定发展，还可以促进社区内用户关系的稳定，最终通过社区社交的盘活获取更多数据信息，从而有针对性地为社区用户提供各种增值型服务，为企业的长久发展提供帮助。

二、社区 O2O 发展模式市场分析

（一）社区 O2O 发展模式特性

社区 O2O 发展模式依托互联网技术，因此在很大程度上拥有互联网

的某些特性，同时这些特性也使社区 O2O 发展模式形成了最具特色的竞争优势。

社区 O2O 最大的优势和最显著的特性就是其在互联网经济便捷性的基础上，增加了精准性。社区 O2O 的服务对象是社区用户，因为其既能够综合线上的便捷和线下的体验两方面特性，又能够依靠互联网技术对社区用户的数据信息进行整合和分析，所以其能够针对社区不同人群的不同消费习惯、不同需求特点，极为精准地进行短时间的商品配送和为用户提供个性化服务。与普通电商相比，社区 O2O 更加倾向于点对点的服务模式。

针对社区的各种商业服务，社区 O2O 能够基于用户的真实需求，结合线上的便利和线下的体验，带给用户最为真实的服务体验，这和普通电商的区域差异性服务有非常大的不同。例如，在普通电商模式下，用户购买任何产品和服务，中间都隔着互联网这个电子化屏幕，用户所体验的多数为服务过程，如产品发货是否迅速、商家态度是否让用户舒适、产品送达服务是否恰当、适宜。用户对产品的使用体验多数需要他们收到产品之后才出现，很多时候用户可能会因为产品和自身期望不符，从而拥有较差的使用体验。但这种体验又主要是因为用户对自身内心需求掌控不足，所以即便产品和用户的期望有偏差，他们也只能无奈接受，这就会使用户的忠诚度和黏性大大降低。而在社区 O2O 发展模式之下，用户可以直接去线下进行体验，若其感受和期望有偏差，也能够通过及时反馈令企业进行产品的改进和迭代。当企业产品满足用户期望后，自然就能够提高用户的忠诚度和黏性。

从企业角度来看，社区 O2O 发展模式促使企业和用户形成了更加紧密的关系。虽然企业的销售和用户的购买通过移动终端就能够完成，但用户的真实体验和需求则只能够通过线下的方式进行反馈和数据搜集。这些关键性数据在互联网技术和大数据分析的作用下，可以让企业实现对社区用户的二次乃至多次市场细分。企业对用户更加了解，对用户需求把控更为精准，自然能够提供更契合用户需求的商品和服务。同时，企业也能够点对点地执行市场推广，以痛点营销的模式强化宣传效果，最终实现企业发展。

（二）社区O2O发展模式阻碍

虽然社区O2O发展模式是一块巨大的互联网红利蛋糕，但相较已经成型的普通电商模式，社区O2O有着推广难以及互动方式过分僵硬的弊端。

社区O2O模式的发展所依托的是粉丝经济，也就是需要庞大的客户量。毕竟社区O2O中涉及的各种商品和服务绝大多数拥有利润率低、流转速度快、受社区用户消费习惯影响大等特点。拿社区经济中最为活跃的食品来说，其受到用户个体和家庭单位制约，单独用户需求量极少，因此利润率极低，但同时又因为用户的需求多变，因此其供应没有任何规律。

社区O2O发展模式对企业而言也是一大挑战，尤其对于企业资源而言更是需要多样化和平面化，即能够给予用户的服务要多种多样，同时还要有极大的覆盖面。例如，社区经济中的维修服务和装修服务，其本身就具有多样性，毕竟每家每户所需要的服务都是不同的，这就需要企业向用户提供数量极为庞大的专业服务人员，所需要整合的资源也同样非常巨大。

在互联网发展以PC端为主导的时代，用户的互联网行为和消费行为多数以信息浏览为主。所以，当各种企业根据用户的浏览习惯进行定点广告或信息推送时，用户会根据自身需求进行信息的浏览，从而使企业对用户的浏览习惯越来越熟悉，形成了较有针对性的推送服务。但在社区O2O模式下，用户了解信息的方式主要是手机。手机本身虽然与PC端一样，可以为用户提供多种多样的服务，但用户在使用手机的过程中是极为反感打扰式信息推送的。对于移动端而言，企业和用户之间的消费纽带不再是信息推送，而是信息互动。也就是说，企业通过移动互联网来拉近与用户之间的距离，用各种用户感兴趣的活动或优惠来提高用户参与度，通过这种互动与用户产生情感交流，最终使用移动互联网的数据流来更好地了解用户的核心诉求，从而为用户提供接受度极高的消费服务。

线上互动式核心诉求挖掘方式虽然能够实现点对点服务，但企业要形成真正的用户黏性依旧需要线下互动，也就是点对点的用户服务体验。这无疑需要企业架构极为庞大的线下体验网络，同时也就提高了企业执行线下互动的人员需求数量。虽然线上结合线下的体验式互动能够加深企业和用户之间的了解，帮助企业提高用户黏性，但对企业而言也会形成极为巨大的成本压力。

三、社区 O2O 的企业盈利模式

根据社区 O2O 的发展特性，大体上可以将社区 O2O 发展模式下的盈利方向分为三类：一类是以效率为根本的价值实现，一类是以体验为基准的价值实现，一类是以减少供应链重构为依托的价值实现。当然，完善的社区 O2O 盈利模式必然是这三类方向相互融合的产物。但如今社区 O2O 还处于摸索阶段，成型的盈利模式并未展现出来，因此这里以分支的形式进行分析。

（一）提高效率带来的价值增值

企业的资源分配从经济学角度分析主要涉及公平和效率两个方面。其中公平是靠政府来调控，以实现资源的合理运用，其并不受企业控制；而效率则主要由企业和市场经济环境来调节。如果企业能够在适应市场经济环境的基础上提高资源的利用率，也就是提高资源使用效率，那么企业自然能够有效降低资本运作成本，取得市场优势，最终产生利润。以互联网技术为依托的互联网经济环境更加注重资源利用的效率，社区 O2O 模式就是一种快速连接用户和企业的商业运作方式。这种方式可以极大降低企业的运作成本，减少多余的中间环节，从而提高企业资源利用率。社区

O2O 提高效率的方式主要有以下四种。

1. 减少供需的中间环节

社区 O2O 依托互联网的信息传播特性，能够点对点实现企业和用户之间的对接，让企业更容易接触到用户，从而使企业和用户之间形成供需关系的效率大大提升。即用户随时随地释放出需求信息，企业则快速针对用户的需求进行产品的生产和流通，最终点对点地实现供应和需求相对接。这不但能够让企业减少资源流通的成本和时间，还能够让企业为用户提供更便捷、更低价且更具保障的生产和服务。

2. 减少供需的时间成本

通过社区 O2O 模式，企业能够和用户实现无缝对接，供需双方自然可以减少大量的时间成本，用户的紧急需求可以直接通过移动终端来展示，而企业提供的服务也可以直接通过电子平台进行点对点连接。例如，用户需要紧急打车外出，传统模式需要用户先寻找到出租车流量较大的区域，然后自行前往去寻找出租车，在此过程中还需要出租车恰好经过并且无人乘坐，最终方能形成供需关系。但在社区 O2O 模式下，用户只要提出需求，如五分钟后在社区门口上车，前往目的地，企业就可以根据用户的需求来匹配最恰当的供应点，不仅能够满足用户的需求，而且可以节省企业提供服务过程中的时间成本。

3. 削弱信息不对称性

互联网的信息共享性，让企业和用户之间的信息不对称性极大减弱，用户可以通过互联网对企业进行一定程度的了解，从而选择较为符合自身所需的产品和服务。而在社区 O2O 模式下，这种信息不对称性会再次得到削弱。企业可以通过对社区用户的了解和分析，开发出最适合用户的产品和服务。依旧以用户打车为例，用户可以通过社区 O2O 服务平台尽可能详细地提出自己的需求，而企业也可以通过用户详细的需求来实现点对点定向服务。例如，用户需要在较短的时间内到达目的地，因为追求速度，所以用户对车辆的款式、品牌、车饰等没有过多要求，这样企业就可以通过资源分析，为用户提供最佳的服务，从而让用户得到最大的需求满足。同时企业也可以通过内部资源的不同特性，将可以提供的产品和服务进行深层细化，以满足不同用户的不同个性需求。

4. 提高社会资源利用率

互联网本身就具有共享特性，这种信息的共享特性也能够延伸到社区 O2O 模式之中。社区 O2O 模式可以让社区对接整个互联网资源，包括各种不同风格、不同特性、不同服务理念的企业，从而最大限度增加资源的流通。依旧以用户出行用车为例，如果某个提供出租车服务的企业无法满足用户的个性化需求，那么用户还可以寻找其他资源。例如，用户此次不仅需要个人乘车，还需要进行货物搭载，那么以人员乘车服务为主的企业自然不易满足用户，而以搬家和货物服务为主的企业则较容易满足用户。在以整个互联网为背景的社区 O2O 共享经济模式下，企业和用户的供需关系可以极大地实现点对点对接。由此可见，这种经济模式不仅能够提高用户的体验度，还能够提高整个社会的资源利用率。

（二）提高体验感带来的价值增值

社区 O2O 模式之下，用户在使用产品和享受服务过程中的体验感是最为直接也最为真实的，所以通过提高用户体验感，社区 O2O 模式也能够获得一定的价值增值，从而帮助企业盈利。

用户体验感主要体现在三个方面。其一是使用产品或服务的体验，也就是消费者直接使用产品或享受服务时的行为及感受。社区 O2O 模式下，用户可以更快捷、更直接地享受到产品或服务，而且这种体验还会随着用户之间的分享形成信息流。而通过分析用户的体验反馈，企业不仅能够得到第一手用户需求信息数据，还能够通过反馈来定向改善产品或服务，用以提高用户体验，最终实现创新和用户黏性双丰收。其二是表演性消费体验。从人类学和社会学角度来研究消费者的交易行为，其中会有一定的表演性成分，就如参与交易的双方，他们在交易过程中拥有一定表演性的权利和义务，如出现意料之外的事双方该如何处理，一些用户的特定需求该如何满足。以送餐服务为例，若一位用户恰逢生日，却孤单一人，为了让用户的消费体验更好，进行送餐服务的企业就可以委派有一定表演性特长或表演性喜好的人员，在用户接餐时为其送上一个小小的祝福性表演，给用户带来愉悦和温暖。其三是情绪状态的连带体验。人都是感情生物，不同的体验和不同的感觉会带给人不同的情绪状态。在社区 O2O 模式下，用户的消费行为并不是以时间点的形式存在，而是以过程来呈现的，在这个过程中发生的事情必然会对用户的情绪有所影响，而用户的情绪状态则反过来会影响其对产品或服务的总体评价。例如，用户本来的整体体验是很舒适的，但收到产品时发现产品包装有些许损坏，虽然这只是整体消费环节中非常微小的一个部分，却会对用户的情绪造成极大的影响，很可能原本心情舒适的用户会因为这个小瑕疵对整个服务环节都产生不满情绪。

相对而言，用户的消费体验其实在很大程度上和产品或服务的实际质量并不相关，用户在消费过程中的主观感受才是影响其消费体验的主要因素。社区 O2O 模式的一个潜在目标就是通过企业和用户的亲密连接，快速解决实际问题，提升和优化消费者的消费体验。同时，企业也希望社区 O2O 模式能够从情感、个性、过程、互动、内涵、情怀、环境生态等各种潜在体验方面，让用户和企业产生更紧密的连接纽带。

（三）减少供应链重构提高价值

虽然说互联网时代，市场经济模式已经从传统的供应链模式转化为需求链模式，但企业自身的发展依旧存在明显的供应链痕迹，只是因为互联网的存在，原本烦琐的供应链架构已经得到了巨大提升。而供应链重构就是在企业原本供应链的基础之上，将某些环节剔除，甚至将供应链的节点顺序打乱重组，这在互联网出现之前是非常困难的。传统企业供应链经过长期发展，已经形成了一定的最佳组合，而且一般情况下都是一环扣一环，缺少其中一环也许整个供应链就会完全崩溃。

在互联网时代，用户和产品之间的连接方式不再完全依托于传统的供应链，这就使得传统企业的供应链重构成为可能。从餐饮行业来分析，以前传统餐饮行业首先需要选址、装修、设计菜单，然后进行服务人员、厨师、采购人员等的招聘，再进行原材料采购，接取订单进行食物烹饪，最终将食物提供给用户，这个过程中可能还需要进行广告营销，和竞争对手打价格战等。但如今很多步骤都可以通过互联网实现，大大提高了餐饮企业的效率。社区O2O模式的发展进一步促进了整个供应链的变化，餐饮行业完全可以省掉一些关键性步骤，甚至还能够将某些关键步骤交换顺序。例如，传统的供应型菜单，完全可以转化为以用户需求为核心的需求型菜单，即用户想吃什么和想什么时候吃，完全由用户来决定，再由能够接单的餐饮企业进行订单接取，之后进行一条龙服务。其他能够服务于社区用户的行业同样如此。例如，生鲜，在社区O2O模式下，原本的生产、汇集、用户海选、购买的整个流程完全可以变化为O2O推荐、用户选择、社区O2O平台按需求采集、快速物流、将生鲜交付到用户手中。也可以理解为社区O2O模式整合了线上和线下的所有资源，然后对其进行重新分配，这种形式不仅降低了整个供应链的运营成本，也加快了供应链各个环节的响应速度，从而在根本上减少了供应链的重组，却实现了供应链的价值增值。

第二节　互联网时代企业财务亏损战略

互联网时代的社区O2O模式，是互联网市场经济发展的必然方向。在此背景的影响下，将进一步促进企业的互联网化，同时促进各种领域、各个行业和企业的融合型共赢。企业在切入社区 O2O 模式之前，必须有所准备，因为在社区 O2O 模式下，企业的财务管理方式将更加趋向亏损战略模式，即通过企业某些方面的亏损，来争夺社区用户的认可度，从而形成具有黏性的用户基数，最终将这些用户转化为企业产品或服务的消费者。

一、企业财务经营阶段分析

从财务的角度而言，企业的经营阶段共分为三个：第一个是企业利润最大化，第二个是企业价值最大化，第三个是客户价值最大化。

（一）企业利润最大化

企业在发展过程中，风险是和利润相携而行的，而且彼此之间呈正关联，即风险越大的投资项目，其利润必然也会越高；风险越小的投资项目，其利润相对来说也会越小。也就是说，企业的利润增加以市场风险增大为代价，如果企业无法把控好利润和风险的关系，就很容易陷入生存危机。追求利润是企业的终极目标，但是当企业以追求利润最大化为目标来进行决策时，往往会因为只看利润而将企业的长久发展和市场环境置于脑后。例如，假冒伪劣产品的层出不穷，其根本就是企业为了追求利润最大化而做出的损人不利己的行为。在互联网时代，信息的多样化和共享性已经使得追求利润最大化的企业无所适从。

（二）企业价值最大化

以实现企业利润最大化为目标的阶段，使企业无法适应社会经济的发展，于是很多企业开始步入企业发展的第二个阶段：企业价值最大化。这一阶段企业的财务管理目标转变为实现企业的价值最大，就是在保证企业长久稳定发展的基础之上，充分平衡企业资产、生产模式、销售方法、营销手段等，结合经济市场风险和利润之间的关系，最终让企业的价值越来越大。能够体现企业价值的因素有很多，从财务管理的角度来看，企业内部主要是由企业固定资本、流动资本、债务资本，以及投资决策价值预估等来体现，而企业外部则主要由市场经济环境、金融市场环境等来体现。在实现企业价值最大化过程中，企业需要考虑到现金性收益的时间因素和风险因素，通过对时间价值的考量来反映企业的预期获利能力，并以此为基准进行企业内部的资本分配、投资决策、筹资活动安排以及长远发展规划。

企业价值最大化能够在一定程度上避免企业在追求高利润时的不当行为，属于从长远角度来为企业进行长久性规划。企业在这一发展阶段不会因为短期的利润减少而轻易更改自身的发展模式，而是去预测未来现金性利润的高低会对企业价值造成多大的影响，以此来调整企业的经营发展策略。因为企业价值最大化充分考虑了市场风险和利润之间的关系，所以其在一定程度上为企业提供了得以长久发展的基础背景。

（三）客户价值最大化

企业价值最大化虽然在一定程度上避免了企业激进发展，但同时，企业也容易因为布局过大、想得太远做出不切实际的战略决策，超出企业本身可以承受的极限，最终使得企业无力执行战略，不堪重负被压垮。移动互联网的快速发展，使得市场的竞争核心从供应链转移到了需求链。用户的内心需求已经成为企业最需摸清的目标，这时企业继续追求价值最大化就已经不再适合。因此，企业进入了下一个发展阶段：追求客户价值最大化，即满足客户需求乃至主动给予客户附加价值，从而让客户的价值最大化，让客户真正感受到物超所值。在这样的市场环境下，社区 O2O 发展模式就成了企业经营的主要方向。企业通过社区模式来关注用户的生活方式、生活习惯、行为模式等，从而根据大数据分析得到用户的需求链，然后以整合用户需求链的方式满足大部分用户的需求，最终实现客户价值最大化。

二、财务亏损战略的市场回报

企业实现客户价值最大化的代表性财务模式就是财务亏损战略，虽然企业的终极目标是获得利润，但阶段性的财务亏损战略却是企业布局中非常重要的一个步骤。老子曾言：将欲去之，必固举之；将欲夺之，必固予之；将欲灭之，必先学之。[①] 其中被现今企业运用最多的就是"将欲取之，必先予之"，其深层的含义就是想要得到，就要先付出。

其实进入互联网时代后，当初很多互联网企业一开始都是烧钱型企业，即投资者针对企业的经营和运作投入了大量资金，但是初期的企业完全无法带来丝毫的利润。例如，现在大家耳熟能详的阿里巴巴、百度、腾讯等，在发展初期完全是烧钱型企业，上亿元的融资在短短数年就会消耗殆尽，那为何投资者依旧会不断向其投入大量的资金呢？其根源就是财务亏损战略。此战略的核心是以短期内的企业亏损，换取互联网的信息掌控权，之后再通过海量数据的转换来获取长期收益。对于企业而言，这是一种非常大胆的战略，尤其是在网络经济模式下。现如今，用户被海量信息包围，企业想从海量信息中脱颖而出，就必须先占据一定的市场份额。即使无法占据市场份额，企业也要在庞大基数的用户群体中留下属于自己企业或产品的深刻痕迹，以一种近乎烧钱的营销方式来吸引用户注意力，在用户心中留下印象，从而获取一定市场主动权，这样才能够在后期的信息流量转化中获得更多利润。当然，企业财务亏损战略的弊端是非常巨大的，尤其对于一些资金本就不够充裕的企业而言，不断地投入资金却完全看不到收益，无疑会令企业的债务资本越来越重，当企业无法继续承担债务压力时，就会一败涂地。但是有一些企业同样采用财务亏损战略却会在后期获得极大的市场回报，从而获取大量收益。为何会有这么大的区别？其根源就是企业运用财务亏损战略所得到的回报到底能否转化。

[①] 老子.道德经 [M].高文芳，译.北京：北京联合出版公司，2015.

（一）创造顾客并留住顾客

在互联网时代，任何企业想要获得利润，就必须争夺市场中的顾客，只有吸引到顾客并留住顾客，企业才能够最终形成收益。如今的企业环境和市场环境，都是围绕顾客需求来运作的，如生产出高质量、高性能的产品，提高企业的服务质量来满足顾客的体验需求，精准把控顾客的内心需求等，来进行有针对性的营销。这种运作模式并没有任何错误，但是却忽视了市场中的某类顾客。

互联网时代的消费者在逐步成长的过程中，会形成较为极端的两类主群体。一类是理性群体，这些消费者会在广阔的市场环境中，用理性思维去引导自身的消费，他们在进入市场前就已经十分清楚自己的购买需求和服务需求。这类消费群体其实并不会受到企业营销方式的太大影响，而是会以理性的态度去有针对性地选择所需。相对而言，注重提高产品质量和用户服务体验的企业，和这类消费者群体较为契合。还有一类则是感性群体，这部分消费者或许并不知道自己需要什么产品或服务，他们进入市场甚至都并非为了购物。但是进入市场环境之后，这部分消费者比较容易被市场环境因素影响，从而产生消费欲望，最终为企业贡献利润。如果理性群体需要某类衣服，他们会分析自身需求，选择一定的款式、材质、颜色、时尚度等，然后到线上购物平台或线下实体店进行精准选择和购买；而感性群体可能并不需要买衣服，但是在进行市场参与时，偶然有一件衣服引起了消费者内心的悸动，或受到营销模式的影响，从而进行了购买，这类消费者群体就是创造型客户。

这两类主要的消费者其实在一定程度上会有相互转化的可能。理性消费者虽然主要针对自己的需求去浏览、选择并形成购买，但有时也会在市场中发现一些感兴趣的商品，而感性消费者虽然不习惯去挖掘自身需求，但针对某些必不可少的需求也会进行理性思考。相对而言，这两类消费者的特性还是较为明显的，而财务亏损战略的目标，就是先凝聚感性消费者，再通过他们的宣传和分享来提高客户基数，之后通过亏损战略实现一定的顾客黏性，最终实现消费者转化获得利润。

（二）以亏损带动资本增值

对于企业来说，企业的价值体现在多个方面，如企业的现金流、企业的固定资产、企业的项目潜力、企业的品牌口碑、企业的技术手段，这些都是企业资本价值的体现。很多时候，企业在营销过程中采取亏损战略最直接的体现就是优惠、折扣、礼品乃至产品完全免费等，这种亏损虽然看似是企业的巨大损失，但相对而言，这种亏损能够带动企业品牌口碑的提升以及客户基数的提高，这些都能够转化为企业的资本，从而实现企业的资本增值。

（三）以亏损战略创造现金流

企业利用亏损战略虽然会令企业利润减少，但相对来说，其也能够因为亏损战略吸引更多客户进行消费。当企业现金流过少、企业经营受限时，亏损战略就能够为企业创造现金流，这会令企业获得良好的销售数据和回款数据，即拥有良好的经营状况。企业在这种情况下也会更容易获得银行的贷款，从而以亏损得来的部分现金流撬动金融市场的现金流，促使企业进行资本扩张。

苏宁电器当年进行门店扩张时，就采用了亏损战略。当时，苏宁没有充足的现金流，无法进行门店扩充，而且因为初期的企业规模较小，也无法从银行借到足够的扩张资金。于是苏宁以令企业亏损的产品销售价格，吸引了大量的客户，从而获得了充足的经营现金。之后，苏宁通过层级连带的模式，一步步完成了全国范围内的门店扩张，以亏损战略完成了企业全国布局，形成了六级连锁销售网络。随着网络布局的完成，苏宁的市场真正铺开，营业额开始连年提升，最终完成了企业利润增速。

三、企业采用亏损战略的条件

亏损战略虽然能够帮助企业吸引大量用户，但企业也并非在任何条件下都能够采用亏损战略，其存在和发挥作用也须有一定的适宜条件。

（一）经营策略要聚焦化

任何企业的人力、财力都是有限的，企业要想采用亏损战略，就必须先确认企业自身是否存在经营方面的聚焦化。关于这一点，企业可以从两个方面来进行验证：一个是企业品牌营销方面，另一个是企业产品营销方面。

企业的品牌营销主要体现在诉求、阶段和区域方面。诉求的聚焦化就是指企业品牌营销要围绕一个核心诉求去展开，而不能过度分散，而且这个核心诉求要和市场其他企业具有一定差异。例如，淘宝的品牌核心诉求就是涉及面广泛，只要想成为店长的用户都能够入驻开店，哪怕你是个体户乃至代理都可以。淘宝也不管你的产品到底是哪种类型，虚拟产品、实体产品、普通产品、高性价比产品都可以，只要能够产生价值即可。再如，拼多多的品牌核心诉求就是廉价，其平台所有的产品都会通过不同的方式进行价格优惠，如团购、发放优惠券、分享折扣。阶段的聚焦化就是指企业在进行品牌营销的过程中，要阶段性地进行发力，渡过这些阶段后企业就要放松，掌握一张一弛的节奏。例如，微信红包功能的推广，就是在过年时进行发力，利用中国的拜年文化，从而使得微信的用户黏度大大提升。而且即使是同一个品牌营销创意，也要有所差异，要让人感觉到区别。依旧以红包功能为例，微信红包推广的模式是方便、简单、直接加祝福语，而支付宝进行红包功能推广时，则采用的是红包口令、分享获取的模式。区域的聚焦化主要体现在企业线下的战略布局方面，尤其是以分店布局为主的企业，要考虑到战略纵深，针对自身的实力和发展模式去斩获市场，而不能轻率地启动全国市场布局。这类企业可以将全部精力集中在一个区域或数个区域市场，在有限的区域内形成最猛烈的品牌营销攻势。

企业的产品营销则主要体现在产品单品突破、系列产品组合竞争和单品专一经营等方面。产品单品突破就是企业以某一类单品来完成市场的主竞争，在打开市场后再进行其他产品的布局。例如，当年娃哈哈切入市场时，就是靠销售娃哈哈儿童营养液打开市场，待拥有一定市场份额之后，才开始开拓其他饮品、新功能饮料等产品的布局。系列产品组合竞争主要靠的是完整的产品线，这种模式最具代表性的企业就是华为。当年华为进军智能手机市场，就曾使用完整产品线进行市场竞争：华为系列主打中高端市场，荣耀系列主打中低端市场，华为 nova 系列主打时尚市场。由此可知，华为几乎涵盖了整个手机市场，也因此占据了非常庞大的市场份额。单品专一经营就是将一种产品不断更新迭代和完善，这种模式最具代表性的企业就是苹果。苹果在手机和电脑两个方向，都是以单品专一经营的模式来不断扩大市场份额。例如，苹果智能手机自 2007 年开始推出第一代，之后差不多以一年一迭代的方式进行产品更新，直到 2013 年才在单一产品线上增加了一个新产品，但这个新产品也只是在外观、尺寸方面有所改变。

不管采用何种营销方式进行竞争，企业想要进行亏损战略布局，就必须符合聚焦化的特性。企业只有具备这样的特性才能够在实行亏损战略时快速占据市场份额，获取到大量用户来进行黏性转化。

（二）经营战略价值引领性

不论是在日常生活中还是在竞争激烈的商业活动中，众人印象最为深刻的永远都是"第一"。在互联网时代，这种情况更加突出。互联网时代，企业建立一个新的营销模式或者架构一个新的经营战略，必须具有一定的引领性，也就是说排在前列，否则必然会被市场中的其他企业淹没。在天猫商城和京东商城兴起之后，很多颇具实力的企业也一直在架构自己的网上商城。但相对而言，所有后续架构的网上商城都不如天猫商城和京东商城火爆，即使新架构的网上商城其产品定位、网站设计、用户体验、各种活动等不弱于天猫或京东，甚至比它们还要具有优势，可到头来所拥有的客户基数却远远低于天猫或京东，造成这种情形的根本原因就是争夺流量时其他企业的经营战略不具备引领性。只有占据引领优势，企业的战略价值才会快速提升，从而捕获到更多用户。

当然，并不是说只有第一才具有引领性，只是在当今这个信息爆炸的市场环境下，"二八"法则的体现更加清晰可见：任何企业想在互联网时代占据引领优势，就必须争当"二八"法则中的"二"。只有占据一定的主动性和引领性，企业才有概率争夺到大批量的用户群体，从而为自身的未来发展打下坚实的消费者基础。

（三）潜在盈利因果关系

企业实施亏损战略最终的目的还是为了盈利，所以若企业打算进行亏损战略，就必须捋顺企业和用户背后潜在的盈利因果关系。这是指企业运用亏损战略之后，若能够拉拢到用户群体，就必须将这部分用户群体转化为可以给企业带来利润的消费者，这种转化就需要有一定的因果关系。

当年奇虎 360 在上市时曾宣称 360 杀毒永久免费。当时很多投资者认为这是在炒作，因为 360 杀毒是奇虎旗下非常重要的一款产品，如果永久免费，投资人很可能赚不到利润，于是很多投资者纷纷抛掉了手中的股票。但这些投资者却忽略了这一方式虽然属于完全亏损战略，但其能够吸引庞大的用户群体，并将这些用户过渡到 360 网址导航，即 360 浏览器，而 360 浏览器能够为奇虎 360 带来巨大收益。也正是因为这种流量转化，为 360 杀毒的永久免费提供了坚实的流量基础，同时部分消费者的引流，也为奇虎 360 带来了可观的利润。同样，字节跳动旗下的今日头条、抖音、西瓜阅读等，全部都是免费的。但这并不影响字节跳动赚取利润，甚至每个加入其中的用户，还能够通过自身的运作和特性创作，为自己带来一些收益。这完全属于多方共赢的盈利模式，其根基是完全免费的平台服务，也就是以财务亏损战略为核心的企业运营布局。

四、亏损战略的生财之道

企业采用亏损战略的最终目的还是为了赚钱，那么亏损战略又靠什么方式来赚取利润呢？主要有以下四种思路。

（一）某项业务亏损，但其他项目赚钱

在互联网时代，这种赚钱模式属于最为普遍的亏损战略。例如，前文提到的奇虎360，其360杀毒的项目是永久免费的状态，也就是时刻处于亏损状态，却可以通过流量转化，保持360网址导航来获取利润。互联网时代，由于互联网信息一直处于开放共享的状态，所以企业大部分与信息相关的项目都是亏损战略的一部分。例如，百度搜索引擎的信息搜索服务是免费开放的，但百度搜索引擎的其他服务如百度推广、百度文库、百度游戏等都是收费的。企业实行此类亏损战略的生财之道就是用亏损项目来吸引流量和保证用户基数，然后用其他可以获取利润的项目来实现流量转化。

（二）项目某处亏损，但其他处赚钱

这种赚钱思路和前一种思路有异曲同工之妙。稍有不同的是，这种赚钱思路可能是同一种项目的不同区域，也可能不限于项目和企业，而是跳出企业的范畴，作用于关联企业。

关联企业模式的亏损战略则是上市企业通过关联企业之间的交易来实现规模效应和共赢。关联企业交易是上市公司进行盈余管理的主要途径，在这个过程中，关联企业中的一方在很多人看来是只会吃亏的冤大头，其本身一直处在亏损状态，但是从整个集团来看，这种亏损却能够使集团获得更多的利润。上市公司通过调整产品交易价格来获取收益时，如以低价从关联企业购买原材料，或高价向关联方销售产品，关联方是完全亏损的，但对整个集团而言，收益却是上涨的；如以高价从关联企业购买

原材料，这样上市公司就是亏损方，而关联方则是受益方。这种靠关联企业来实现亏损战略的模式需要企业有一定的运作限度，如果使用得当，则能够为整个集团带来建设性的提高。其中最需要注意的就是企业要将彼此的资源配置平衡好，在彼此关联的模式之中相互促进，合理完成集团资源的分配，最终使得集团能够得到巨大收益。

（三）当前阶段亏损，但未来赚钱

前面曾经提到在互联网兴起时，绝大多数互联网企业都处于初期疯狂烧钱的状态，其实这样的模式就属于亏损战略中投资未来的策略。这种策略是指在企业的创建期和成长期，其一直处于亏损状态，直到企业完成布局走向成熟期，才会实现最终的赚钱目的。

阿里巴巴成立之初，一直在疯狂地烧钱，多年未获得一分收益，随着其布局的完善，阿里巴巴才开始赚取利润。2004 年成立的京东，其初期同样是疯狂烧钱、疯狂亏损的状态，因为其需要投入海量资金进行物流渠道的构建，直到 2013 年，京东布局初步成功后，才实现了扭亏为盈。而在 2014 年，京东又再次出现 50 亿元亏损，这样的亏损不由令人怀疑京东的状况，但京东其实只是在布局金融业等新涉足的产业，而京东商城电商平台早已实现了盈利。从京东的发展可以看出，现今的互联网企业，尤其是龙头企业，其本身就处于不断完善布局、不断在新产业亏损，并以此投资未来的状态。例如，阿里巴巴和腾讯曾经分别投资快的打车和滴滴打车，两者甚至为了竞争曾在一日内亏损上千万元，但是随着两者的合并，滴滴打车开始盈利，源源不断为阿里巴巴和腾讯带来收益。

（四）经营项目亏损，但企业资本增值

经营项目亏损，但企业资本增值主要体现在地产行业和综合性、地域性服务行业。如各种商业生态圈的构建，其本身的投资量不仅极为巨大，而且前期完全处于亏损状态，只有等商业生态圈搭建完成，然后通过

市场流量转化，让用户达到一定的数量，最终经过经营才能够获取到利润。就像位于各种商业中心的影院，单独从影院的角度来看，他们完全是亏损的，但从整个商业圈来看，影院能够使客流量增加。再在商业圈辅以各种服装门店和各种饮食门店，整个商业圈的收益自然会得到提高。客流量的提高能够使商业圈楼盘价位和商业租金的上涨，这也自然会令商业圈的资本价值得到巨大的增值。

企业财务亏损战略的实施，并非简简单单的"先吃亏"，还需要从企业自身的角度、市场的环境等方面综合分析，将企业亏损后所能够带来的优势和如何获取盈利融合起来，适当规划亏损战略模式，最终才能够为企业带来收益。

第三节　社区 O2O 模式下的财务管理创新

任何企业的发展都离不开自身的各种财务活动，而企业财务管理的水平则是体现企业核心竞争力的重要元素之一。在社区 O2O 模式之下，企业不仅需要在盈利模式以及经营模式上实现改革和转型，还需要进行财务管理模式的创新。企业的财务管理模式，很大程度上和企业所有者的财务态度，以及企业 CEO 的财务风格息息相关。其中企业所有者的财务态度只是目标，真正带领企业实现财务目标的则是企业 CEO 的财务风格。在这个过程中，如果 CEO 能够利用自身的能动性，对不平衡的财务模式进行校准和修正，使得企业的财务管理模式和企业的战略目标相吻合，那企业就有很大可能取得成功，也就是获取更多利润。

一、企业 CEO 的财务风格

企业的财务管理模式在很大程度上受到 CEO 财务风格的影响，CEO 的财务风格并非指 CEO 的个性和行为模式，而是其对企业的资本分配以及对市场经济环境的敏感度，不同财务风格的 CEO 对企业资源的利用程度以及能够带给企业价值增长的程度也会有所不同。美国佩斯领导力研究院创始人、知名领导力导师泰德·普林斯博士（Ted E. Prince）曾将 CEO 的财务风格划分为三大类九种，通过 CEO 对企业价值增值的重视程度与对企业资源利用的模式，可以大体确定其财务风格。例如，开拓者风格、套利者风格、平价商风格的 CEO 偏向低资源利用，但他们对企业价值增值的重视程度依次减弱；又如，盈利者风格、批发商风格和交易商风格则偏向中等资源利用，他们对企业价值增值的重视程度依次减弱；再如，风投者风格、整合者风格、工业家风格则偏向高资源利用，并对企业价值增值的重视程度依次减弱。

（一）开拓者风格

具备这种财务风格的 CEO 习惯以小搏大，一般会为了以低成本支出获取暴利，寻找一些寻常人想象不到的方法。这种财务风格的 CEO，其创新能力和架构新营销模式的能力极强，若能够找到一个契合市场发展和企业文化的经营模式，就能够使企业短期内快速发展，实现整体价值暴增。这种财务风格的代表人物就是比尔·盖茨（Bill Gates），其本身的强烈好奇心和好胜心，让他非常具有冒险精神。

（二）套利者风格

具备套利者风格的 CEO 对财务管理的观点较为稳健。他们习惯在中高端市场进行经营，并不会追求爆发式企业价值增长，而是比较习惯追求中等程度的赚取利润的机会。也就是说，企业只要能够获得适中的盈利以及长久而缓慢的增长，就能够不断发展壮大。这种财务风格的代表人物是股神沃伦·巴菲特（Warren E. Buffett）。

（三）平价商风格

具备平价商风格的 CEO 对财务管理的观点极为保守，他们比较厌恶市场财务风险，且不追求控制市场。这种风格的 CEO 会通过分析市场占有率以及降低资源利用率来维持企业的利润。由于这种类型的 CEO 拥有过于稳健的风格，所以他们较为看重现金流，同时也不习惯参与市场投机。

（四）盈利者风格

具备盈利者风格的 CEO 通常是市场经济的野心家，他们希望通过风险较低的产品和服务来撬动高收益。但经济市场的核心就是高风险带来高收益，为此他们会调整策略，适当降低对收益的追求，接受发展周期较短、毛利率较低的项目，同时通过控制成本来维持企业稳定发展。

（五）批发商风格

具备批发商风格的 CEO 他们的投资风格偏向中庸，所以他们带领企业所走的财务管理路线也较为中庸。他们不会进行大规模的蓝图规划，却也不满足于低毛利回报。他们会带领企业走中间路线，不去主攻低端产品和底层市场，也不会加大投入进行高性能产品研发去竞争高端市场。这种风格虽然可以让企业有效规避市场风险，但对企业的发展而言稳定性较差。

（六）交易商风格

一般在资源较为匮乏的小型企业中，具备交易商风格的 CEO 占比较多。小型企业拥有的资源少，所以只能进行低毛利运营，如通过压低进价成本和生产成本来获取低价产品，进行低价销售从而获得较低利润。但因为小型企业的产品附加价值较低，容易出现产品没有竞争力的弱点，而且因为企业资源有限，所以这类企业成长较慢，增长速率和发展潜力较小。

（七）风投者风格

具备风投者风格的 CEO 不会较为激进和拥有极大野心，其核心风格是拥有耐心。一般具备风投者风格的 CEO 会认为长期的投资通过高附加值和高利润产品可以获得预期的大量收益，不过他们对企业资源的利用率较高，会令企业的整体资本负荷维持在一个较高的水平。而且因为具备这种风格的 CEO 不善于精打细算，所以他们一般可以带领企业获得间歇性高收益，但无法长久保持下去。

（八）整合者风格

具备整合者风格的 CEO 习惯通过内部发展或兼并收购的模式来提升企业规模，然后通过建立产品线和提升产品服务来提高企业的收益。因为这种方式对企业资源利用率较高，所以容易出现产品线过长，无法形成市场产品差异化的问题，从而难以提高企业的竞争优势。但如果具备整合者风格的 CEO 能够通过资源整合以及激发创新点，形成拳头产品组合，则能够带领企业稳步发展。

（九）工业家风格

具备工业家风格的 CEO 看重销售和管理，因此企业在财务管理中会向这两个方向投入大量资本，从而依靠对企业资源的高利用率让产品获得极大的市场占有率。但是这类风格的 CEO 却因为不看重产品研发和提高产品附加价值，所以其企业的产品不易具备碾压性竞争力。

从整体而言，具备这九种不同财务风格的 CEO 会带领企业走向不同的发展方向。从企业整体发展角度来分析，具备开拓者风格、套利者风格和盈利者风格的 CEO，比较偏向盈利型，即他们对市场机会的获取以及投资导向都较为大胆；而具备平价商风格、批发商风格和风投者风格的 CEO，则比较偏向平衡型，就是习惯衡量利润和风险，他们在引领企业发展时习惯以稳健求突破；具备整合者风格、交易商风格和工业家风格的 CEO 则偏向亏损型，因为他们在对企业资源的利用和市场的风险协调方面不够平衡，所以很容易致使企业走下坡路。虽然企业 CEO 在带领企业发展时会有不同的财务风格，但 CEO 也并非一直保持同一种风格不产生变化。相对而言，企业在发展初期资源不足，需要具备开拓者风格的CEO来带领企业；而待企业进入稳定发展期，企业则需要让具备盈利者风格的CEO带领，使企业稳中求胜；当企业进入成熟期，企业则更需要具备套利者风格的CEO带领，这样能够在一定程度上降低企业发展的风险，同时让企业获得利润。

二、社区O2O模式下架构财务共享

"互联网+"时代，市场经济的一大特点就是共享性。现如今，互联网技术的发展使得企业获取数据的成本大幅度降低，因此更加契合用户需求的共享服务模式得以快速发展。共享服务模式不仅能够提高企业的效率，节约企业的资本成本，还能够提高企业的服务质量。共享服务的前提就是企业财务共享。

企业财务共享就是在企业内部各种流程精简化和标准化的基础上，进行财务整合及流程管理再造。企业财务共享本身具有的优势就是能够通过财务集中式管理，将企业各个分部和分公司的财务管理工作进行集中处理。企业财务共享具有极为明显的优势，主要表现在以下三个方面。其一，能够减少企业整体运作的人员数目，同时减少中间管理层级，从而实现企业运作成本降低的效果。而且企业财务共享能够通过财务共享管理模式提高企业各部门的工作效率，若企业能够搭配合理的激励制度、架构新型组织结构，则能够显著提高企业的管理效率，激发企业整体性成长。其二，能够提高企业财务管理的效率和水平。例如，对集团性公司而言，全公司在财务共享体系下会采用相同标准的作业流程，这样一些原本无法管理到位的子公司或分部门就能够摒弃原本冗余的财务管理步骤和流程，从而真正实现整个企业财务管理工作跨区域、跨部门同时进行。其三，可以让企业整个财务管理体系处于随时在线、随时可控的状态。当企业开展规模性发展战略时，如收购企业或建立子公司，就能够通过财务共享体系直接管理子公司或收购的企业。

在社区 O2O 模式下，企业财务共享必不可少。企业切入社区 O2O 模式后，在前期必然会出现资金链拉长、地域分布广泛、企业资本规模膨胀等情况，这就需要企业拥有足够强大的财务管理体系，实现对企业财务的高效、高质量管理。

三、社区 O2O 模式下的财务管理创新

社区 O2O 发展模式促使企业进入了一个多变又复杂的市场环境。针对不同的用户群体和多变的用户需求，企业必然要通过灵活的管理来适应这个新型市场环境，这就要求企业必须具有战略灵活性。而达成这种效果，就必须实现企业财务管理的创新，让企业财务管理具有可变性和一定弹性，即财务适应力。

（一）实物期权型投资战略

投资作为企业财务管理活动中最重要的一项组成，其本身的战略价值极为重要。而在社区 O2O 模式下，企业的投资战略必然需要契合新型市场的变化。在传统企业财务管理工作中，企业进行投资决策主要靠的是净现值法，但这种分析法的灵活性较差，因为其不能通过修改最初的资金投入来影响未来现金流。但是在实际投资过程中，很多项目的投资并非一成不变，如果在投资执行过程中，企业发现项目与预期不符，那么通过净现值法根本无法有效做出投资决策调整。

企业若想在投资过程中具备灵活性，可以运用实物期权理论来规划和管理企业的投资战略。实物期权理论是一种将金融市场的规则引入企业内部投资战略决策的理论，其核心就是依靠企业基础资产的价值变化来确定投资战略是否合理。这种理论能够让企业决策者在不可预见的未来条件出现时积极调整自身的投资决策，从而通过调整企业运作来匹配市场的变化。因为企业在投资过程中加入了变化的因素，所以企业决策者能够更加灵活地评估投资机会，增强企业对意外事项的判断力和决策力。

（二）将投资可扩展性与可逆性引入投资决策

企业的任何投资其实都需要考虑长远的投资环境的变化，因为企业在进行市场投资时，市场环境一直是不断发展和变化的。因此在调整投资决策时，企业需要将投资的可扩展性和可逆性所体现的价值引入。投资的可扩展性的价值体现在当企业初始投资成功后，为了扩大投资收益，可以在后续追加投资，而如果初期投资失败，则可以在投资时及时止损；投资的可逆性同样能够为企业创造价值，其是指当初期投资失败，企业在进行投资止损时要考虑投资可逆性，以此来提高企业财务管理的弹性。

（三）平衡财务适应力与核心竞争力

企业在提升财务适应力时，难免要投入一定的资本成本，而且提高财务适应力是一个持续的投入，会在一定程度上拉低企业的利润率。所以在提升财务适应力时，企业要平衡好其与核心竞争力的关系，不能为了提高财务适应力而让企业的核心竞争力受损。企业需要根据所投资项目的情况和市场环境的变化程度，定期做出相应的判断，以此来平衡建设财务适应力的价值和成本。如果适当提升财务适应力能够让企业抓住一定发展机会，且此机会能够整体提高企业利润，那么就要提高企业财务适应力。同时，企业也要定期评估核心竞争力，若发现继续提高财务适应力会影响企业核心竞争力的维持，就要相应稳定核心竞争力，并调整财务管理模式，确保企业在保证核心竞争力的基础上合理提高财务适应力。

（四）平衡财务杠杆与财务适应力

企业在进行项目投资的过程中，必然会借助筹资活动来实现财务杠杆的作用。需要注意的是，企业在筹资时的融资方式和资金分配模式，会在一定程度上影响企业的财务适应力。当企业债务资本提升时，财务杠杆会随之提升，同时债务提升也会给企业的现金流带来很大压力，这时企业的财务适应力会相应降低。所以企业在投资过程中，一定要平衡好财务杠杆与财务适应力。平衡财务杠杆与财务适应力可以通过借力打力和套期保值的方式。借力打力就是通过分析企业供应链，将企业的资本成本转嫁到供应链中的需求企业，从而在一定程度上提高企业财务适应力，实现财务杠杆和财务适应力的平衡；套期保值就是企业通过降低未来的利润，来稳定产品或服务的价值，从而在维持财务杠杆和财务适应力平衡的同时，提高企业的市场竞争力，稳固企业的客源，依靠用户的黏性和企业发展规划来提高企业资本价值。

（五）灵活利用财务适应力

在社区 O2O 模式下，市场的变动会非常频繁，企业决策者不能仅仅将财务适应力作为财务状况不佳时的调节工具，而是要灵活运用财务适应力，根据社区 O2O 模式下的市场状况进行企业微调整。例如，当社区 O2O 模式下产品或服务的价格出现变化时，企业就需要通过分析用户需求和市场变动，适当对企业产品生产投入和产出的数量进行调整。若产品或服务价格降低，企业就可以相应减少生产投入和产出数量；若产品或服务价格攀升，企业则可以适当增加生产投入和产出数量。这样一来，企业能够更加灵活地面对市场变化，减少销量和价格的波动对自身造成的影响。

社区 O2O 模式是互联网发展的一个必经阶段，也是一个机遇和风险并存的巨大投资圈。企业若想随着"互联网 +"时代的发展切入社区 O2O 的市场之中，就必须拥有灵活的互联网思维和与"互联网 +"时代相匹配的企业调节能力，确保自身能够针对社区用户提供线上和线下的综合型服务。

参考文献

[1] 朱朝庆. 互联网 + 商业模式创新 [M]. 北京：中国商务出版社，2017.

[2] 曾俊平，李淑琴. "互联网 +" 时代下的财务管理 [M]. 长春：东北师范大学出版社，2017.

[3] 李永延，赵一蕾，王馨. 短处竞争 社区模式下的财务管理 [M]. 北京：机械工业出版社，2016.

[4] 祁梦昕. 云计算与大数据环境下的互联网金融 [M]. 武汉：武汉大学出版社，2016.

[5] 黄娟. 财务管理 [M]. 重庆：重庆大学出版社，2018.

[6] 熊彩. "场景" 在移动互联时代品牌传播中的应用研究 [D]. 苏州：苏州大学，2018.

[7] 商惠. 营运资金管理的持续改进：以海尔集团为例 [D]. 青岛：中国海洋大学，2015.

[8] 宗美汛. A 互联网企业财务风险管理研究 [D]. 北京：中国财政科学研究院，2019.

[9] 李欢. "互联网 +" 背景下企业财务共享平台的构建研究 [D]. 绵阳：西南科技大学，2017.

[10] 贺星 . 互联网环境下企业财务管理模式创新研究 [D]. 西安：陕西科技大学，2017.

[11] 徐雯 . 移动互联时代品牌传播的场景化研究 [D]. 南昌：江西财经大学，2017.

[12] 张晓静 . B 社区 O2O 盈利模式与营销策略研究 [D]. 大连：大连海事大学，2016.

[13] 刘楠 . O2O 经营模式分析 [D]. 天津：天津大学，2015.

[14] 罗永方 . "互联网 +"时代企业财务管理转型性思考 [J]. 中国乡镇企业会计，2020（12）：218-219.

[15] 焦丽娟 . "互联网 +"背景下企业财务管理的创新路径 [J]. 决策探索（下），2020（12）：77-78.

[16] 周节，毕文文，李红菊 . 互联网 + 背景下的财务管理 [J]. 大众投资指南，2020（23）：178-179.

[17] 戴璐 . "互联网 +"背景下企业财务管理模式研究 [J]. 现代商业，2020（32）：168-169.

[18] 张汪洋 . "互联网 +"企业财务管理新机遇 [J]. 大众投资指南，2020（22）：61-62.

[19] 蒋纪红，夏丹颖 . "互联网 +"环境下企业的财务管理改革的探索 [J]. 商场现代化，2019（20）：149-150.

[20] 邹华敏 . 财务管理中筹资风险的控制分析 [J]. 中国市场，2020（33）：133-134.

[21] 李梦 . 中小企业筹资管理现状及建议 [J]. 财经界，2020（14）：16-17.

[22] 胡锐昭 . 财务管理中筹资风险的控制分析 [J]. 中外企业家，2020（5）：48.

[23] 江淼 . 资金管理包括筹资、融资在企业管理中的应用研究 [J]. 现代经济信息，2019（19）：308.

[24] 李敏 . 企业营运资金管理的思考 [J]. 全国流通经济，2019（15）：64-65.

[25] 吴继良 . 企业筹资管理中存在的问题及对策浅探 [J]. 现代交际，2018（22）：120-121.

[26] 朱瑞芳.企业财务管理存在的问题及解决对策[J].中国商论,2018(30):145-146.

[27] 王东升.平台商业模式企业成长阶段的财务战略:基于创新扩散理论视角[J].会计之友,2019(11):37-44.

[28] 张炜.基于价值投资的商业模式分析[J].现代商业,2019(34):20-21.

[29] 朱林.企业筹资管理的问题及对策[J].现代商贸工业,2018,39(18):133-134.

[30] 汤杰.财务管理筹资方式比较探究[J].经贸实践,2018(4):301.

[31] 汤红.浅析企业财务管理的几个问题[J].中国集体经济,2017(30):101-102.

[32] 陈黎笋.企业财务管理探讨[J].全国流通经济,2017(19):26-28.

[33] 董丽丽.互联网金融下中小企业筹资的风险管理[J].中国乡镇企业会计,2016(11):39-41.

[34] 李琴.企业营运资金管理问题浅析[J].中国集体经济,2020(32):40-41.

[35] 徐腾娟.浅析企业营运资金管理中存在的问题及应对举措[J].中国市场,2020(28):84-85.

[36] 朱振峰.企业营运资金管理与研究[J].财经界,2020(27):80-81.

[37] 韩丽辉.内部控制对营运资金管理的影响以及分析[J].中外企业家,2020(18):54.

[38] 张艳.基于营运管理视角的资金管控研究[J].中国市场,2020(16):85-86,94.

[39] 张可.企业营运资金管理探析[J].现代经济信息,2020(10):47-48.

[40] 陈浩然,陈凯,曹文韬,等.社区O2O电商模式现状及改进研究[J].产业科技创新,2020(2):54-55.

[41] 张桃.新零售背景下社区生鲜O2O运营模式分析[J].上海商业,2019(4):50-52.

[42] 雷平."新零售"下社区O2O电商零售表现及其市场发展趋势[J].商业经济研究,2019(2):76-78.

[43] 段嘉豪，冉彪，朱晋蜀.智慧社区 O2O 电商平台的设计与分析 [J].成都工业学院学报，2018，21（4）：39-42.

[44] 王肖.共享经济背景下社区 O2O 商业模式比较分析 [J].合作经济与科技，2018（19）：74-77.

[45] 李韶驰.社区 O2O 的发展困境及其破解路径 [J].价值工程,2018,37（19）：54-57.

[46] 邢力文，陈美娇.社区 O2O 在物业管理中的 SWOT 分析及建议 [J].基建管理优化，2017，29（4）：41-47.

[47] 佟志强.社区 O2O 瓶颈问题探讨 [J].城市开发，2017（20）：78-79.

[48] 张沙琦.智慧社区中物业 O2O 的运营价值探析 [J].南方农机，2017，48（18）：119-120.

[49] 钟远晖，马涛.从社区 O2O 看互联网与实体经济的虚实结合 [J].通信企业管理，2017（8）：9-11.

[50] 刘黎明，孙杨，刘凤奇.社区 O2O 服务切入模式解析与比较 [J].商业经济研究，2017（14）：77-79.

[51] 李胜刚.社区 O2O 电子商务模式需求分析 [J].信息与电脑（理论版），2017（6）：39-40.

[52] 柴涛磊.社区 O2O 市场现状研究 [J].现代商业，2017（7）：29-30.

[53] 喜崇彬.社区 O2O 中的末端物流 [J].物流技术与应用，2016，21（9）：110-112.

[54] 张晓静，邱春龙.社区 O2O 的物流与营销策略研究 [J].中外企业家，2016（24）：5-6，8.